应用型本科高校"十四五"规划经济管理类专业数字化精品教材

- 教育部供需对接就业育人项目（编号：20220102762）成果
- 湖北省教育规划一般课题（项目编号：2020GB141）成果
- 中国物流学会物流教改教研课题（项目编号：JZW2020154）成果
- 武汉学院校级科研重点项目（项目编号：KYZ202003）成果

MODERN LOGISTICS MANAGEMENT

现代物流管理

主 编 ◎ 杜 娟　范 堃
副主编 ◎ 于建红　谢奔一

华中科技大学出版社
http://press.hust.edu.cn
中国·武汉

内 容 简 介

本书在借鉴国内外现代物流的基本理论和研究成果的基础上,结合我国物流业发展和物流管理专业教学实际,从基本理论入手,全面介绍了现代物流基础知识体系,并通过案例介绍与分析,提供可供参考的物流企业运作经验,为我国现代物流的发展提供了有效的理论和方法。

本书共11章,主要从现代物流的基本理念入手,系统介绍现代物流的基本理论知识与应用,主要内容包括现代物流管理概述、运输管理与技术、仓储管理与库存控制、包装作业与技术、装卸搬运作业与技术、流通加工、配送业务管理、物流信息管理、物流外包与第三方物流、供应链管理和综合案例分析。

本书可作为普通高等学校物流管理专业学生的教学用书,也可作为工商管理、市场营销等经济管理类专业学生的基础教材,还可作为企业物流工作者的阅读参考书或培训教材。

图书在版编目(CIP)数据

现代物流管理/杜娟,范瑾主编. —武汉:华中科技大学出版社,2023.9
ISBN 978-7-5772-0018-7

Ⅰ.①现… Ⅱ.①杜… ②范… Ⅲ.①物流管理 Ⅳ.① F252.1

中国国家版本馆 CIP 数据核字(2023)第 178819 号

现代物流管理
Xiandai Wuliu Guanli

杜 娟 范 瑾 主编

策划编辑:周晓方 宋 焱
责任编辑:江旭玉
封面设计:廖亚萍
责任校对:张汇娟
责任监印:周治超

出版发行:华中科技大学出版社(中国•武汉)   电话:(027)81321913
　　　　　武汉市东湖新技术开发区华工科技园   邮编:430223
录　　排:华中科技大学出版社美编室
印　　刷:武汉科源印刷设计有限公司
开　　本:787mm×1092mm　1/16
印　　张:18.25
字　　数:430千字
版　　次:2023年9月第1版第1次印刷
定　　价:58.00元

本书若有印装质量问题,请向出版社营销中心调换
全国免费服务热线:400-6679-118　竭诚为您服务
版权所有　侵权必究

应用型本科高校"十四五"规划经济管理类专业数字化精品教材

编 委 会

顾 问

潘 敏

主任委员

张捍萍

副主任委员

黄其新　王 超　汪朝阳

委 员（以姓氏拼音为序）

何 静　李 燕　刘 勋
肖华东　邹 蔚

总 序

在"ABCDE＋2I＋5G"(人工智能、区块链、云计算、数据科学、边缘计算＋互联网和物联网＋5G)等新科技的推动下,企业发展的外部环境日益数字化和智能化,企业数字化转型加速推进,互联网、大数据、人工智能与业务深度融合,商业模式、盈利模式的颠覆式创新不断涌现,企业组织平台化、生态化与网络化,行业将被生态覆盖,产品将被场景取代。面对新科技的迅猛发展和商业环境的巨大变化,江汉大学商学院根据江汉大学建设高水平城市大学的定位,大力推进新商科建设,努力建设符合学校办学宗旨的江汉大学新商科学科、教学、教材、管理、思想政治工作人才培养体系。

教材具有育人功能,在人才培养体系中具有十分重要的地位和作用。教育部《关于加快建设高水平本科教育 全面提高人才培养能力的意见》提出,要充分发挥教材的育人功能,加强教材研究,创新教材呈现方式和话语体系,实现理论体系向教材体系转化,教材体系向教学体系转化,教学体系向学生知识体系和价值体系转化,使教材更加体现科学性、前沿性,进一步增强教材的针对性和时效性。教育部《关于深化本科教育教学改革 全面提高人才培养质量的意见》指出,鼓励支持高水平专家学者编写既符合国家需要又体现个人学术专长的高水平教材。《高等学校课程思政建设指导纲要》指出,高校课程思政要落实到课程目标设计、教学大纲修订、教材编审选用、教案课件编写各方面。《深化新时代教育评价改革总体方案》指出,要完善教材质量监控和评价机制,实施教材建设国家奖励制度。

为了深入贯彻习近平总书记关于教育的重要论述,认真落实上述文件精神,也为了推进江汉大学新商科人才培养体系建设,江汉大学商学院与华中科技大学出版社开展战略合作,规划编写应用型本科高校"十四五"规划经济管理类专业数字化精品教材。江汉大学商学院组织骨干教师在进行新商科课程体系和教学内容改革的基础上,结合自己的研究成果,分工编写了本套教材。本套教材涵盖大数据管理与应用、工商管理、物流管理、金融学、国际经济与贸易、会计学和旅游管理7个专业的20门核心课程教材,具体包括《大数据概论》《国家税收》《品牌管理:战略、方法与实务》《现代物流管理》《供应链管理理论与案例》《国际贸易实务》《保险学基础与应用》《证券投资学精讲》《成本会计学》《管理会计学:理论、实务与案例》《国际财务管理理论与实务》《大数据时代的会计信息化》《管理会计信息化:架构、运维与整合》《旅游市场营销:项目与方法》《旅游学原理、方法与实训》《调酒项目策划与实践》《茶文化与茶艺:方法与操作》《旅游企业公共关系理论、方法与案例》。

本套教材的编写力求凸显如下特色与创新之处。第一,针对性和时效性。本套教材配有数字化和立体化的题库、课件PPT、知识活页以及课程期末模拟考试卷等教辅资源,力求实现理论体系向教材体系转化,教材体系向教学体系转化,教学体系向学生知识体系和价值体系转化,使教材更加体现科学性、前沿性,进一步增强教材针对性和时效性。第二,应用性和实务性。本套教材在介绍基本理论的同时,配有贴近实际的案例和实务训练,突出应用导向和实务特色。第三,融合思政元素和突出育人功能。本套教材为了推进课程思政建设,力求将课程思政元素融入教学内容,突出教材的育人功能。

本套教材符合城市大学新商科人才培养体系建设对数字化精品教材的需求,将对江汉大学新商科人才培养体系建设起到推动作用,同时可以满足包括城市大学在内的地方高校在新商科建设中对数字化精品教材的需求。

本套教材是在江汉大学商学院从事教学的骨干教师团队对教学实践和研究成果进行总结的基础上编写的,体现了新商科人才培养体系建设的需要,反映了学科动态和新技术的影响和应用。在本套教材编写过程中,我们参阅了国内外学者的大量研究成果和实践成果,并尽可能在参考文献和版权声明中列出,在此对研究者和实践者表示衷心感谢。

编写一套教材是一项艰巨的工作。尽管我们付出了很大的努力,但书中难免存在不当和疏漏之处,欢迎读者批评指正,以便在修订、再版时改正。

丛书编委会
2022年3月2日

前 言

物流业是支撑国民经济发展的基础性、战略性和先导性产业。现代物流是连接生产与消费的经济命脉。党的二十大指出,高质量发展是全面建设社会主义现代化国家的首要任务,我们要坚持以推动高质量发展为主题,把实施扩大内需战略同深化供给侧结构性改革有机结合起来,增强国内大循环内生动力和可靠性,提升国际循环质量和水平,加快建设现代化经济体系,着力提高全要素生产率,着力提升产业链供应链韧性和安全水平,着力推进城乡融合和区域协调发展,推动经济实现质的有效提升和量的合理增长。

本书在借鉴国内外现代物流的基本理论和研究成果的基础上,结合我国物流业发展和物流管理专业教学实际,从基本理论入手,全面介绍了现代物流基础知识体系,并通过案例介绍与分析,提供可供参考的物流企业运作经验,为我国现代物流的发展提供有效的理论和方法。本书共11章,主要从现代物流的基本理念入手,系统介绍现代物流的基本理论知识与应用,主要内容包括现代物流管理概述、运输管理与技术、仓储管理与库存控制、包装作业与技术、装卸搬运作业与技术、流通加工、配送业务管理、物流信息管理、物流外包与第三方物流、供应链管理和综合案例分析。

本书由杜娟、范瑾任主编,于建红、谢奔一任副主编。其中,杜娟撰写第一章、第七章和第十一章;范瑾撰写第二章、第四章、第五章和第六章;于建红撰写第三章和第十章;谢奔一撰写第八章和第九章。全书由杜娟负责统稿。在书稿撰写中,我们参考并引用了相关专家学者的观点和文献,在此表示感谢。本书受江汉大学"城市圈经济与产业集成管理"学科群资助,在此表示感谢。

物流学的理论与方法在不断发展。由于编者水平有限，书中难免存在不足之处，欢迎广大专家和读者批评指正。

本书在编写过程中使用了部分图片，在此向这些图片的版权所有者表示诚挚的谢意！由于客观原因，我们无法联系到您。如您能与我们取得联系，我们将在第一时间更正任何错误或疏漏。

编　者

2023 年 8 月

目 录

第一章 现代物流管理概述 ... 3
- 第一节 物流的产生与发展 ... 3
- 第二节 物流与物流服务 ... 8
- 第三节 现代物流概述 ... 11
- 第四节 物流学说 ... 15
- 第五节 现代物流的发展趋势 ... 18

第二章 运输管理与技术 ... 23
- 第一节 运输概述 ... 25
- 第二节 运输方式的类型与选择 ... 32
- 第三节 集装箱多式联运 ... 47
- 第四节 运输合理化 ... 58

第三章 仓储管理与库存控制 ... 66
- 第一节 仓储管理概述 ... 68
- 第二节 仓库 ... 80
- 第三节 库存控制管理 ... 92
- 第四节 仓储合理化 ... 103

第四章 包装作业与技术 ... 112
- 第一节 包装概述 ... 114
- 第二节 包装材料、包装容器及包装技术 ... 127
- 第三节 包装合理化 ... 139

第五章 装卸搬运作业与技术 ... 145
- 第一节 装卸搬运概述 ... 146
- 第二节 装卸搬运机械的使用与管理 ... 153
- 第三节 装卸搬运的组织与合理化 ... 157

第六章　流通加工 …… 166
第一节　流通加工概述 …… 167
第二节　流通加工合理化 …… 176

第七章　配送业务管理 …… 181
第一节　配送概述 …… 182
第二节　配送的分类和模式 …… 184
第三节　配送合理化 …… 186
第四节　现代物流配送中心 …… 190
第五节　配送中心规划与设计 …… 195

第八章　物流信息管理 …… 204
第一节　物流信息概述 …… 206
第二节　物流信息技术 …… 208

第九章　物流外包与第三方物流 …… 216
第一节　物流市场概述 …… 217
第二节　业务外包及物流业务外包 …… 222
第三节　第三方物流 …… 227

第十章　供应链管理 …… 233
第一节　供应链概述 …… 235
第二节　供应链管理概述 …… 240
第三节　供应链物流管理 …… 247

第十一章　综合案例分析 …… 261
第一节　宜家家居全球化的外包物流系统 …… 261
第二节　马钢的绿色物流 …… 263
第三节　京东物流的发展 …… 268
第四节　顺丰的成长之路 …… 270
第五节　百世和极兔"联姻" …… 273
第六节　从宝供物流看第三方物流的发展 …… 276

参考文献 …… 280

第一章 现代物流管理概述

◇ 学习目标

■ **知识目标**

了解物流的产生与发展;理解物流与物流服务的含义;掌握现代物流中的经济活动;了解现代物流的发展趋势。

■ **能力目标**

了解现代物流与传统物流的区别;阐述物流学说及观点,包括物流冰山学说、第三利润源学说、效益背反学说、绿色物流学说等;了解各国物流的发展。

■ **情感目标**

通过学习本章内容,对我国现代物流有了一定的认识,知道物流对经济的重要作用,理解建设中国式现代物流体系对实现中国式现代化的意义。

◇ 学习重难点

1. 对物流和物流服务的理解
2. 对现代物流的理解
3. 现代物流的发展趋势
4. 现代物流的价值
5. 现代物流的经济活动

◇ 本章导读

本章将对物流的产生与发展、物流的概念和功能、物流与物流服务进行介绍,简要梳理几种知名的物流学说,并介绍现代物流的发展趋势。

◇ 导入案例

构建现代物流体系，赋能城市高质量发展

我国《"十四五"现代物流发展规划》提出，我国将建设"通道＋枢纽＋网络"的运行体系，建设"四横五纵、两沿十廊"物流大通道。对内，我国将建设"四横五纵"9条国内物流大通道，串接东中西部，连接南北方，提升相关城市群、口岸城市物流综合服务能力和规模化运行效率；对外，将建设"两沿十廊"国际物流大通道，包括沿海、沿边物流走廊以及10条国际物流通道，为构建新发展格局奠定坚实基础。《"十四五"现代物流发展规划》是我国现代物流领域第一个国家级五年规划，不仅为物流服务构建新发展格局提供了重要指引，也对促进城市经济高质量发展具有重要意义。

经过多年发展，我国已成为名副其实的物流大国，拥有全球最大的物流市场。2021年，社会物流总额超过330万亿元，物流业总收入近12万亿元。与此同时，我国现代物流"大而不强"的问题也较为突出，规模经济效益释放不足，组织化、集约化、网络化、社会化程度不高。解决这些问题，既是国家物流枢纽的重要使命，也需要各城市尤其是国家物流枢纽城市共同努力。截至2022年底，国家发展和改革委员会已牵头发布4批年度国家物流枢纽建设名单，共包括95个国家物流枢纽，覆盖30个省（区、市）及新疆生产建设兵团。对国家现代物流体系塑造以及城市经济社会高质量发展而言，这些城市能否发挥好现代物流先导性、基础性、战略性作用都至关重要。

加快构建现代物流体系，将助力城市实体经济发展。物流兴则产业兴，产业兴则城市兴。研究表明，现代物流的发展涉及运输、配送、仓储、装卸、包装、流通加工及相关信息活动，贯穿生产与流通的各个环节，可带动国民经济32个部门、100多个行业的发展，促进城市经济新增长点的形成。加快构建现代物流体系，能适应扩大内需、消费升级的趋势。物流不仅是撬动内需的重要杠杆，而且已经成为群众生活密不可分的一部分。当前，社会物流需求扩张与中国制造迈向价值链中高端以及人民群众对美好生活的向往相适应。无论是实现扩大内需战略，还是促进消费升级，都要求国家物流枢纽城市尽快"动起来""活起来""串起来"，充分实现需求同步培育和供需适配发展。加快构建现代物流体系，要以智慧物流为智慧城市赋能。没有物流业的现代化，就没有城市发展的现代化。放眼实践，无人仓、无人码头、无人配送等技术加快应用；数字货运、数字园区、数字仓库等新基建推广建设；高铁快运动车组、大型货运无人机、无人驾驶卡车等装备设施起步发展……新一代信息技术与传统物流融合，不断推动城市经济社会发展在新的基础设施上重构。这也预示着，只有抓住技术变革和应用的趋势，以数字化转型、智慧化改造、网络化升级为抓手，国家物流枢纽城市才能夯实智慧物流发展基础，助力智慧城市建设升级。

"十四五"时期,是我国由物流大国迈向物流强国的关键时期,也是国家物流枢纽城市打造高含金量城市名片、发展枢纽经济的战略机遇期。各城市要全力打通"大动脉"、畅通"微循环",围绕融入构建新发展格局,加快建设现代化物流体系,为城市高质量发展提供坚实支撑。

资料来源:《构建现代物流体系,赋能城市高质量发展》(https://www.sohu.com/a/640314636_121106842),内容有改动。

第一节 物流的产生与发展

一、商物分离

社会的三大经济领域是生产领域、流通领域和消费领域。生产领域是将生产资料进行物理变化或化学变化,制成各种产品,满足社会消费需求的经济活动领域,生产的结果为有形产品。在经济不发达的社会,生产产品基本上在原地消费。但在今天,某地所生产的各种产品几乎被全国,甚至全世界消费。消费领域是消耗产品或商品的使用价值,满足社会的某种需求。流通领域是将生产和消费连接起来的领域,流通的结果是产品或商品的所有权转移,以及产品或商品在时间和空间上的转移。随着消费领域与生产领域的间隔逐渐变大,连接二者的流通领域的作用逐渐突出。自现代文明产生伊始,物流就存在了,但人们对物流的最早认识是从流通领域开始的。

商物分离是物流科学赖以存在的先决条件。商流是产品或商品的所有权转移过程。物流是产品或商品在时间和空间上的流动。物流的特征是物品运动和停滞。在物流概念产生以前,产品本身流动和停滞的全过程是由不同的部门运作独立完成的,这些不同部门的运作被称为物流环节。在商物分离产生前,商流和物流是紧密结合在一起的。商物分离产生后,商品在交换时可以不产生物流,只有在最终环节产生物流,产品才能从生产商直接到消费者。正是商流与物流的分离产生了物流。

二、物流的产生

物流概念经历了三个发展阶段。第一阶段从 20 世纪初到 50 年代中期，是物流概念的孕育阶段，在此阶段，physical distribution 和 logistics 两个说法同时存在。physical distribution 的概念由营销学派提出，代表学者有阿奇·萧（Arch W. Shaw）、威尔德（L. D. H. Weld）和弗莱德·E. 克拉克（Fred E. Clark）。营销学者阿奇·萧 1915 年在《经营问题的对策》一书中，初次论述物流在流通战略中的作用。威尔德指出，市场营销能产生三种效用：所有权效用、空间效用和时间效用。与此同时，他还提出了流通渠道的概念，应该说这是早期学者对物流活动一种较全面的认识。阿奇·萧于 1921 年提出了物流的概念，他认为，物流是实体物资的流动。在《市场分销中的若干问题》一书中，阿奇·萧指出，在市场分销中，存在两类活动：一类是创造需求，另一类是物资实体分配（physical distribution of goods）。营销专家弗莱德·E. 克拉克于 1929 年在所著的《市场营销的原则》一书中，将市场营销定义为商品所有权转移所发生的各种活动以及包含物流在内的各种活动，从而将物流纳入市场经营行为的研究范畴之中，将流通机能划分为交换机能、物流机能和辅助机能三部分。这一时期可以说是美国物流的萌芽和初始阶段。总的来看，在这一时期，尽管物流已经开始得到人们的普遍重视，但是在地位上，物流仍然被作为流通的附属机能看待，也就是说，物流是流通机能的一部分。logistics 的说法由琼西·贝克（Chauncey B. Baker）提出，最早应用于军事后勤领域。在第二次世界大战中，美国军方邀请著名的管理学家、运筹学家、军事专家共同组成课题组，研究军事物资采购、运输、储存、分配、保养以及废弃后处理的一体化方案，并把此方案称为 logistics，即"后勤学"。这一阶段的特点有三个：一是研究在局部范围展开，主要是在美国；二是研究者为少数人，相关概念是由几个人提出来的；三是意见不统一，即关于物流有两种意见、两个提法。

第二阶段是从 20 世纪 50 年代中期至 80 年代中期，是分销物流概念阶段。此阶段，physical distribution 的概念继续在美国得到发展和完善，基本形成了比较完整的物流管理学。同时，physical distribution 概念从美国走向世界，成为世界公认的物流概念，在世界范围内形成了物流管理学的理论体系。在分销领域各专业物流理论竞相发展的同时，企业内部物流理论异军突起。这一阶段的特征是：分销物流学的概念继续在美国得到了发展并占据了统治地位；物流的概念从美国走向全世界，获得了世界各国和地区的承认，形成了一个比较普遍统一的物流概念，物流管理学形成并获得发展，因而也形成了物流学派、物流产业和物流领域；随着人们对物流概念的认识不断深化，非分销领域（供应物流、生产物流）的物流概念逐渐兴起。

第三阶段是从 20 世纪 80 年代中期至今，是现代物流概念阶段。1985 年，威廉姆·哈里斯（William Harris）和斯托克·吉姆斯（Stoke James）在密歇根州立大学发表了题为"市场营销与物流的再结合——历史与未来的展望"的演讲，他们指出，从历史上看，物流近代化的标志之一是商物的分离，因此他们认为非常有必要强调营销与物流的再结合，该演讲对现代物流的本质进行了高度总结，也推动了物流顾客服务战略以及供应链管理战略的研究。从物流实践来看，20世纪80年代后期，电子计算机技术和物流软件的发展日益加快，推动了现代物流实践的发展。物流外包和第三方物流的产生，进一步导致物流专业化、技术化和集成化，实现了生产和物流的分工合作，提高了各自的核心竞争力。90年代，供应链管理系统的形成进一步导致物流管理的联合化、协同化、集约化和协调化。其中，最具有历史意义的是1985年美国物流管理协会正式将原有名称 National Council of Physical Distribution Management 改为 National Council of Logistics Management，这标志着现代物流观念的确立，以及物流战略管理的统一化。这一阶段的特征是，随着物流业的发展，物流已经不仅仅局限于分销领域，而是涉及包括企业物资供应、企业生产、企业分销以及企业废弃物再生等的全范围和全领域。这个时候的物流概念的基础是各种专业物流全面高度发展，涉及企业供、产、销等全范围、全方位物流问题，因此，这个阶段的 logistics 应当译为"现代物流学"，它是一种适应新时期所有组织（包括企业、军队、学校、事业单位）的集成化、信息化、一体化的物流学。

三、物流的发展

（一）美国物流的发展

美国物流的发展分为四个阶段：第一阶段是20世纪初至40年代，是物流观念的产生和萌芽阶段；第二阶段是50年代至60年代，是物流的应用与推广阶段；第三阶段是70年代至80年代，是物流管理的兴起阶段；第四阶段是90年代至今，是物流国际化、信息化及迅速发展的现代化阶段。

1. 第一阶段：物流的产生和萌芽

物流最初是军事术语，最初的应用是在军事领域。第一次世界大战后，西方国家的工业生产能力得到迅速提高，1924年，第一辆量产型柴油发动机卡车问世，内燃机汽车逐步在运输领域中得到广泛使用；至第二次世界大战期间，卡车已经成为陆路运输的主力之一。经历了两次世界大战，美国的运输行业得到了迅速发展，此外，美国航空机队也开始从事进出口商品和服务的商业运输。

2. 第二阶段：物流的应用与推广

第二次世界大战后，物流从军事领域快速延伸至商业领域，许多美国企业开始意识到物流的重要性，从1960年起，物流行业在美国迅速发展。完善的公路网络为美国公路运输崛起提供了保障。第二次世界大战期间，铁路运输仍然是美国陆路运输的重要支柱，特别是在邮政快递行业。但第二次世界大战结束后,美国政府为了能够提高军队调动的灵活性,加快物资供应效率,大力开发国内的高速公路路线,优化与调整高速公路布局。此外,美国国民经济快速恢复,汽车行业的繁荣发展带动了公路建设的不断完善。公路运输具备了许多铁路运输所不具备的优势,因此公路运输逐渐取代了铁路运输在物流行业中的主体地位。

3. 第三阶段:物流管理的兴起

自20世纪70年代以来,政策的制定与调整为美国物流行业带来了许多机遇,最突出的是美国政府1980年前后实行的放松管制,极大地激发了物流行业的潜力,推动了美国国内物流行业往更高的水平发展。1985年前后,物流服务已成为人们日常生活中不可或缺的一部分,人们对物流行业有了更充分的了解与认识。美国国民经济的飞速发展、科学技术的进步为物流行业带来更多的资金与技术支撑。人们逐渐意识到物流、经营以及生产三者之间的关系,并将其作为提高企业竞争力的核心内容。这一时期,石油价格上涨导致运输成本增加,库存增加导致的仓储管理成本增长,这两项因素成为推动物流行业发展的重要推手。同一时期,计算机网络与物流系统飞速发展,为物流管理提供了更多有利的环境和技术基础,最突出的特点是电子数据交换(electronic data interchange,EDI)、专家系统以及即时编译(just in time,JIT)生产方式的利用,以提高效率、降低成本为核心的供应链管理在这一时期萌芽。

4. 第四阶段:物流的现代化

进入20世纪90年代,美国企业的物流系统更加系统化、整合化,物流行业也从物流向供应链管理转化。物流与供应链管理的区别在于,物流强调的是单一企业内部的各物流环节的整合,而供应链并不仅是一个企业物流的整合,它所追求的是商品流通过程中所有链条企业的物流整合。这个区别具体指的是,商品要到达消费者手中,中间有零售商、批发商、制造商、原材料零件的供应商等,而物流则处于流动的整个环节中。为了能够以低成本快速地提供商品,仅考虑单一企业内部的物流整合是远远不够的,人们必须对链条上的所有企业的物流进行统一管理、整合,才能实现上述目标,这就是供应链管理的基本概念。

(二)日本物流的发展

日本的物流概念是20世纪50年代从美国引入的,但其发展迅速,形成了自己独特的物流系统。

1. 物流概念的导入和形成时期(20世纪50年代末至60年代初期)

1956年,日本流通技术考察团到美国考察,并引入了物流的概念,1958年,日本相关部门组织考察团对日本国内的物流状况进行了考察,这推动了物流在日本的发展。这一时期,日本将物流称为 physical distribution。

2. 物流近代化时期(20 世纪 60 年代末至 70 年代中期)

这一时期,日本经济飞速发展,进入大量生产、大量销售的时代,日本政府开始在全国范围内建设高速道路网、港湾设施、流通集聚地等各种物流基础设施设备。这一时期是日本物流建设的大发展时期。同时,日本开始推广货台、叉车等机械化装卸设备,同时引入装卸系统和物流管理系统。

3. 物流合理化时期(1974—1984 年)

1973 年,第一次全球石油危机爆发,全球物流行业都受到了影响。日本迎来了减量经营的时期,降低成本成为这一时期的重要关注点。这一时期的物流开始从系统的角度降低物流成本。互联网的发展促进了订货、发货业务的迅速发展,减少了劳动力成本,人们建设了以大型量贩店为中心的网上订发货系统,该系统发展迅速。在物流管理政策上,1977 年,日本公布了物流成本算定统一基准。这一政策推进了企业物流管理的发展。物流企业制定了自己独特的成本控制体系。这一时期,日本开始设立专门的物流部门和物流子公司。

4. 物流现代化阶段(1985 年至今)

这一阶段,日本的经济和物流都进入国际化时代。20 世纪 80 年代以来,日本企业的生产经营发生了重大变革,消费需求差异化更加明显。1992 年,日本两大物流团体合并,成立了日本物流系统协会。在这一阶段,企业在激烈的竞争和经营环境中,提高服务质量和水平,同时降低成本,加强物流管理,调整物流体系,追求综合效益。

(三)欧洲物流的发展

欧洲物流的发展比美国稍晚,比日本早一些。欧洲在港口物流和国际航运中心建设方面处于领先地位,在供应链管理方面有独到之处。欧洲早在古代希腊和罗马时期,利用水路和桥梁系统,对基础设施进行改善,促进交通畅通,使物流变得更加便捷。欧洲中世纪的物流发展史至关重要。在中世纪,交通依赖马车、石板、人力车辆或船只,这些是极为低效的,人们常常需要几个月的时间才能完成一次运输。后来,各项基础设施不断完善,这为人们进行物流活动提供了便利。18 世纪,集装箱在欧洲出现,使运输效率大大提高,欧洲物流进入一个新的发展时期。

（四）我国物流的发展

1979年,我国物资工作者代表团赴日,在考察报告中第一次引用"物流"这一术语。改革开放后,1989年,第八届国际物流会议在北京召开,"物流"一词在我国得到推广,理论界开始对物流进行较深入的讨论。1996年,为满足宝洁公司物流配送的需要,宝供物流公司成立,这标志着我国物流企业的诞生。目前,我国已建成了全球最大的高速铁路网、全球最大的高速公路网和世界级的港口群,航空航海通达全球,综合交通网络总里程突破600万千米,中国高铁、中国路、中国桥、中国港、中国快递成为亮丽的"中国名片"。

第二节　物流与物流服务

一、物流的含义、功能、分类、价值

（一）物流的含义

我国国家标准（GB/T 18354—2021）将物流定义为："根据实际需要,将运输、储存、装卸、搬运、包装、流通加工、配送、信息处理等基本功能实施有机结合,使物品从供应地向接收地进行实体流动的过程。"[①]这一定义明确了物流的基本功能。

美国物流管理学会认为,物流是供应链运作的一部分,是以满足客户要求为目的,对货物、服务和相关信息在产出地和消费地之间实现高效且经济的正向和反向的流动和储存所进行的计划、执行和控制的过程。

欧洲物流协会认为,物流是一个系统内,对人员及商品的运输、安排及与此相关的支持活动进行计划、执行与控制,以达到特定目的的过程。

日本综合研究所编著的《物流手册》指出,物流是物质资料从供给者向需要者的物理性移动,是创造时间性、场所性价值的经济活动。从物流的范畴来看,它包括包装、装卸、保管、库存管理、流通加工、运输、配送等多种活动。

本书认为,我们可以从三个方面来理解物流。第一,物流是一种广泛的实践。第二,物流的目标是追求效率和效益,效率和效益可以从以下七个方面进行评价:合适的数量（right

---

① 参见 https://openstd.samr.gov.cn/bzgk/gb/newGbInfo？hcno=91434A17CE8256349F50E069590E7070。

quantity)、合适的时间(right time)、合适的商品(right commodity)、合适的质量(right quality)、合适的地点(right place)、合适的价格(right price)、优良的印象(right impression)。第三,物流是外包,具有专业化、规模化、标准化特征,涉及资源整合、业务流程重组、组织再造、核心竞争力和企业战略等管理思想的集成。

(二)物流的功能

物流具有运输、仓储、装卸搬运、包装、流通加工、配送和物流信息处理的功能,其中运输和仓储是主要功能,其他功能是伴随着运输和仓储过程发生的辅助性功能。

(三)物流的分类

1. 按照物流所起的作用分类

按照物流所起的作用,我们可以将物流分为生产物流、供应物流、销售物流、回收物流和废弃物流。生产物流是指在生产过程中,原材料、在制品、半成品、产成品等在企业内部的实体流动。供应物流是指为生产企业提供原材料、零部件或其他物品时,物品在提供者与需求者之间的实体流动。销售物流是指生产企业、流通企业出售商品时,物品在供给者和需求者之间的实体流动。回收物流是指不合格物品的返修、退货以及周转使用的包装容器从需求者返回到供给者所形成的物品实体流动。废弃物物流是指将经济活动中失去原有使用价值的物品,根据实际需要进行收集、分类、加工、包装、搬运、储存等,并分送到专门处理场所时所形成的物品实体流动。

2. 按照物流系统的层次分类

按照物流系统的层次,我们可以将物流分为宏观物流、中观物流和微观物流。宏观物流是指社会再生产总体的物流活动,是从社会再生产角度来认识和研究物流活动。宏观物流主要研究社会再生产过程中物流活动的运行规律以及物流活动的总体行为。中观物流即产业物流,可分为第一产业物流、第二产业物流和第三产业物流。微观物流指消费者、生产者所从事的具体的物流活动,其主要特点是具体性和局部性。

3. 按照物流系统的性质分类

按照物流系统的性质,我们可以将物流分为社会物流、行业物流、企业物流、自营物流和第三方物流。

（四）物流的价值

物流的价值主要体现在创造时间价值和空间价值两个方面，随着流通加工、包装等功能在物流活动中的比重不断提高，物流创造的形质价值也得到了体现。

1. 时间价值

物品从供给者到需求者之间存在时间差，改变这一时间差所创造的价值，被称为"时间价值"。时间价值可以通过物流获得，主要途径有缩短时间、弥补时间差和延长时间差。

2. 空间价值

物品从供给者到需求者之间有一定的空间差，供给者和需求者往往处于不同的场所，由于改变物品的不同场所而创造的价值，被称为"场所价值"，也称"空间价值"。空间价值的具体表现形式为：物品从集中生产场所流入分散需求场所，从而创造价值；物品从分散生产场所流入集中需求场所，从而创造价值；物品从低价值地流入高价值地，从而创造价值。

3. 形质价值

在流通领域内，通过流通加工、包装等特殊生产形式，使处于流通加工过程中的物品增加价值，这就是物流创造的形质价值。例如，根据消费者的要求对钢板进行剪裁，对生鲜食品进行包装，对家具进行组装等，改变了物品的形质状态，从而产生增值。

二、物流服务的含义、特点、本质

物流服务是处于产品和服务之间的一种中间过渡状态的服务形式。这是需要用一定的设施、设备和技术支持的服务，即需要用辩证的思维方式来认识和运作的服务形式。物流运作过程所涉及的设施有运输通道、港航（车）站、货场仓库等；涉及的设备有装卸设备、载运工具、仓储设备、分拣设备等；涉及的技术有信息技术、定位技术、分拣技术、配载技术、滚装技术等。物流服务是衡量物流系统为某种商品或服务创造时间价值和空间价值的尺度，这包括从接收顾客订单开始到将商品送到顾客手中为止而发生的所有服务活动。

物流服务与实体产品的区分在于，物流服务具有无形性（非实体性）、同时性、无存货性、差异性和人为性。

1. 无形性

无形性是指物流服务是非实体性的,人无法触摸感知,但可以看到物流服务的过程和结果。

2. 一致性

一致性是指物流服务的生产与消费同时进行,服务结束了,其服务的消费过程一般也结束了。

3. 无存货性

无存货性是指物流服务不可大量生产并加以储存,而只是在客户需要的时候为其提供服务或服务的结果。

4. 差异性

差异性是指物流服务相对于不同客户对象会有很大差异,即不同客户有不同的需求,物流商可以为客户量身定制所需的物流服务。

5. 人为性

人为性是指物流从业人员直接参与服务过程,从业人员的职业素质、服务态度和操作技能对服务质量和效果影响很大。

第三节 现代物流概述

一、现代物流与传统物流

(一)现代物流与传统物流的概念

传统物流一般指产品出厂后的包装、运输、装卸、仓储,而现代物流提出了物流系统化或总体物流、综合物流管理的概念,并付诸实施。具体地说,就是现代物流使物流向两头延伸,并融入新的内涵,使社会物流与企业物流有机结合在一起,从采购物流开始,经过生产物流,再进入销售物流,与此同时,产品要经过包装、运输、仓储、装卸、加工配送,最后到达用户(消费者)手中,之后还有回收物流。可以这样讲,现代物流包含了产品从"生"到"死"的整个物理性的流通全过程。现代物流指的是将信息、运输、仓储、库存、装卸搬运以及包装等物流活动综合起来的一种新型的集成式管理,其任务是尽可能降低物流的总成本,为用户提供最好的服务。

(二)现代物流的特点

1. 物流反应快速化

物流服务提供者对上游、下游的物流、配送需求的反应速度越来越快,前置时间越来越短,配送间隔越来越短,物流配送速度越来越快,商品周转次数越来越多。

2. 物流功能集成化

现代物流强调将物流与供应链的其他环节进行集成,这包括物流渠道与商流渠道的集成、物流渠道之间的集成、物流功能的集成、物流环节与制造环节的集成等。

3. 物流服务系列化

现代物流强调物流服务功能的恰当定位与完善化、系列化。除了传统的存储、运输、包装、流通加工等服务外,现代物流服务在外延上向上扩展至市场调查与预测、采购及订单处理,向下延伸至配送、物流咨询、物流方案的选择与规划、库存控制策略建议、货款回收与结算、教育培训等增值服务;在内涵上则提高了以上服务对决策的支持作用。

4. 物流作业规范化

现代物流强调功能、作业流程、作业、动作的标准化与程式化,使复杂的作业变成简单的、易于推广与考核的动作。

5. 物流目标系统化

现代物流从系统的角度统筹规划一个企业整体的各种物流活动,处理好物流活动与商流活动及企业目标之间、物流活动与物流活动之间的关系,不求单个活动的最优化,但求整体活动的最优化。

6. 物流手段现代化

现代物流使用先进的技术、设备与管理,为销售提供服务,生产、流通、销售规模越大,范围越广,物流技术、设备及管理就越现代化。计算机技术、通信技术、机电一体化技术、语音识别技术等得到普遍应用。世界上最先进的物流系统运用了全球定位系统、卫星通信、射频识别装置(RF)、机器人,实现了自动化、机械化、无纸化和智能化,如 20 世纪 90 年代中期,美国国防部为在巴尔干半岛执行维和行动的多国部队提供的军事物流后勤系统就采用了这些技术,当时,这些技术的复杂与精确程度堪称世界之最。

7. 物流组织网络化

为了保证为产品促销提供快速、全方位的物流支持,现代物流需要完善、健全的物流网络体系,网络上点与点之间的物流活动保持系统性、一致性,这样可以保证整个物流网络有最优的库存总水平及库存分布,运输与配送快速、机动,既能铺开,又能收拢。分散的物流单体只有形成网络,才能满足现代生产与流通的需要。

8. 物流经营市场化

现代物流的具体经营采用市场机制,无论是企业自己组织物流,还是委托社会化物流企业承担物流任务,都以服务和成本的最佳配置为总目标,谁能提供最佳的服务-成本组合,企业就找谁服务。国际上,既有大量企业自办物流相当出色的例子,也有大量利用第三方物流企业提供物流服务的例子,比较而言,物流的社会化、专业化已经成为主流,即使是非社会化、非专业化的物流组织,也都实行严格的经济核算。

9. 物流信息电子化

由于计算机信息技术的应用,现代物流过程的可见性(visibility)明显增加,物流过程中库存积压、延期交货、送货不及时、库存与运输不可控等风险大大降低,这可以加强供应商、物流商、批发商、零售商在组织物流过程中的协调和配合,加强各方对物流过程的控制。

(三)传统物流与现代物流的区别

随着高新技术的突飞猛进和计算机信息网络的日益普及,传统物流在不断地向现代物流转变。传统物流主要在消费领域以商品的销售为对象,主要指商品到达消费者的过程中所发生的各种活动。现代物流提出了物流系统化、整体化和综合化的概念。现代物流在传统物流的基础上,引入高新技术,提高物流效率、准确率,减少库存,降低成本。相比传统物流,现代物流在功能上有所延伸,形成了完整的供应链,为用户提供多功能、一体化的综合性服务。传统物流与现代物流的区别主要表现在以下几个方面。

1. 服务功能的差异

传统物流的服务功能相对独立,现代物流强调对供应链的全面管理和有效控制。

2. 服务模式的差异

传统物流的服务模式是,与客户建立短期合约关系,以价格竞争和标准服务赢得客户;现代物流的服务模式是,与客户建立双赢的战略合作伙伴关系,通常以降低成本、提供增值和定制物流服务满足客户的需求。

3. 服务标准的差异

传统物流没有统一的标准,现代物流实施标准化服务。现代物流建立了一系列标准化的服务规范,使客户对物流服务水平能够做出合理的预期,减少了交易成本。

4. 物流企业管理差异

传统物流企业管理松散、分散,以人工处理为主。现代物流企业采用信息化、现代化、智能化、智慧化的管理机制。

二、现代物流经济活动的性质

现代物流具有经济活动的双重性质:一方面,物流具有增值性;另一方面,物流增加了企业成本,对环境造成一定的影响。

(一)物流的增值性

物流的增值性体现在时间价值、场所价值和附加价值三个方面。

物流的时间价值体现在时间的缩短、延长及时间差。场所价值指的是产品从供给者到需求者之间有一定的空间差,供给者和需求者往往处于不同的场所,由于改变产品的存在位置而创造的价值被称作"场所价值"。物流创造场所价值,这是由现代社会产业结构、社会分工决定的,主要原因是供给者和需求者之间的空间差,商品在不同地理位置有不同的价值,通过物流将商品由低价值区转移到高价值区,便可获得价值差,即"场所价值"。物流的附加价值指流通加工和物流服务的附加价值。

(二)物流占用成本,增加环境负担

无论是在国民经济领域还是在企业经济领域,物流都是成本中不可忽略的一部分。物流对环境有比较大的负面影响,这种负面影响会随着物流量的增大而增大,随着物流的合理化而降低。

三、现代物流对经济发展的作用

(一)现代物流与国民经济

现代物流在国民经济中占有重要的地位,支撑着国民经济活动特别是物质资料运动的经济活动的运行。现代物流是国民经济的动脉系统。任何一个社会的经济,都是由众多产业、部门、企业组成的,这些产业、部门、企业分布在不同的城市和地区,属于不同的所有者,它们之间相互供应产品,用于对方的生产性消费和生活性消费,它们相互依赖,又互相竞争,形成错综复杂的关系,现代物流是维系这种复杂关系的纽带。

(二)现代物流与区域经济

现代物流有助于提高区域经济的核心竞争力,形成新的产业形态,调整、优化区域产业结构,促进区域产业发展。现代物流业的发展能增加就业机会,整合物流资源,促进区域市场的形成和发展。

第四节 物流学说

一、物流成本的冰山学说

日本早稻田大学的西泽修教授提出了物流成本的冰山学说,其含义是,人们对物流费用的了解实际上并不多,企业的物流成本具有很大的虚假性,就像一座漂浮在水上的冰山。人们提到的物流费用仅仅是露出水面的冰山一角,而人们却看不见潜藏在水里的整个冰山,潜藏在水中的冰山才是物流费用的主体部分。物流成本的冰山学说也被称为成本中心学说。该学说指出,物流是降低成本的宝库,潜藏在水下的冰山正是尚待开发的领域,是物流的潜力所在。这无疑激发了人们对物流成本的关注,推动了企业物流的发展。

二、"黑暗大陆"学说

1962年4月,美国管理学家彼得·德鲁克(Peter F. Drucker)在《财富》杂志上发表了题为"经济领域的黑暗大陆"的文章。文章认为,人们对物流的认识就像拿破仑当年对非洲大陆的认识;人们知道它确实存在,而且规模很大,但除此之外,人们便一无所知。这篇文章被公认为首次明确提出物流领域的潜力,具有划时代的意义,这篇文章也标志着企业物流管理领域的正式形成。"黑暗大陆"学说包含两个含义:其一,在这个领域,人们未知的内容有很多,其理论和实践还不太成熟;其二,在该领域内,有很多可供开发的内容。

三、"第三利润源"学说

"第三利润源"学说最初是由日本早稻田大学西泽修教授提出来的。1970年,西泽修教授将其著作《流通费用》的副标题写作"不为人知的第三利润源泉",认为物流可以为企业提供大量直接或间接的利润,是形成企业经营利润的主要活动。同样的解释还反映在日本另一位物流学者谷本谷一先生编著的《现代日本物流问题》一书和日本物流管理协议会编著的《物流管理手册》中。后来,"第三利润源"学说才逐步在其他国家流传开来。"第三利润源"学说是对物流价值(或物流职能)的理论评价,它从一个侧面反映了当时人们重视物流管理和深化理论研究的实际情况。

四、服务中心学说

鲍尔索克斯(Donald J. Bowersox)在其著作《物流管理——供应链过程的一体化》中指出,物流活动存在的唯一目的是向内外顾客提供及时而又精确的产品递送服务,因此,顾客服务是发展物流战略的关键要素;当物流活动发展到顾客合作的程度时,就能以增值服务的形式开发更高水准的服务。此外,还有其他学者持同样的观点,他们都认为物流活动的目的在于向顾客提供及时而又准确的产品递送服务,物流是一个广泛满足顾客的时间效用和空间效用需求的过程。

五、"效益背反"学说

"效益背反"学说表明,在物流系统中的功能要素之间,存在着损益的矛盾,也就是说,在物流系统中的某一个功能要素发生优化和利益增加的同时,必然会存在系统中的另一个或另外几个功能要素的利益损失,这是一种此消彼长、此盈彼亏的现象,往往导致整个物流系统效率低下,最终会损害物流系统的功能要素的利益。

这种思想在不同的国家和地区、不同的学者中有着不同的表述,如在美国,有学者用"物流森林"的概念来表述物流的整体观点,指出物流是一种"结构",人们对物流的认识不能只见功能要素而不见结构,即不能只见树木而不见森林;物流的总体效果是森林的效果,即使是和森林一样多的树木,如果各自孤立存在,那也不是物流的总体效果。"物流森林"学说可以归纳成一句话:物流是一片森林,而非一棵棵树木。

六、物流战略学说

鲍尔索克斯在《物流管理——供应链过程的一体化》中指出,物流的战略整合是一个企业成功的基础,为了获得领先优势,企业管理重点应从预估为基础转移到以反应为基础的运作理念上来;获得领先优势的地位和成就通常意味着一个企业能够同时使用各种物流战略去满足特定的主要客户的要求。马士华教授则从供应链管理的角度,提出物流管理战略全局化的观念。美国物流管理协会在1998年,把物流定义为供应链过程的一部分,在2002年,该协会进一步将物流定义为供应链运作的一部分。

七、绿色物流学说

物流系统是与外界环境密切联系的复杂的、动态的、开放的大系统,同时它又是联系生态系统与经济系统的重要桥梁。因此,一个完整的物流系统应该是一个涉及生产、分配、消费三大领域,包括经济系统和生态系统的循环系统。绿色物流学说认为,要克服目前物流研究中的"阻塞"现象,即改变原来由"资源—产品—废弃物排放"构成的开环型物质单向流动模式,重新构建一种"资源—产品—再生资源"的闭环型物质流动系统。

第五节　现代物流的发展趋势

一、现代物流发展的基础

新技术、新科技涌现,推进物流智慧化,经历机械化与自动化,物流行业迈入智慧化发展阶段。技术是现代物流发展的基础。在物流产业链中,无人车、3D 打印、人工智能技术等科技广泛应用于仓储、运输、配送等物流活动中。

数字资源 1-1
京东无人仓,
亚马逊智能仓储:
智慧物流时代的兴起

二、"互联网＋"物流

"互联网＋"代表着一种新的经济形态,它指的是依托互联网信息技术实现互联网与传统产业的联合,以优化生产要素、更新业务体系、重构商业模式等途径来完成经济转型和升级。"互联网＋"计划的目的在于充分发挥互联网的优势,将互联网与传统产业深入融合,以产业升级提升经济生产力,最后实现社会财富的增加。2015 年,国务院印发的《关于积极推进"互联网＋"行动的指导意见》明确指出了之后 3 年以及 10 年的"互联网＋"发展目标,提出包括高效物流、电子商务、便捷交通等 11 项重点行动。针对如何应用"互联网＋"发展高效物流,该意见重点提出要加强互联网与交通运输、仓储配送、互联网平台的融合发展。

数字资源 1-2
"互联网＋"助力
铁路进军现代物流

三、智慧物流

智慧物流是利用集成智能化技术,使物流系统能模仿人的智能,具有思维、感知、学习、推理判断和自行解决物流中某些问题的能力。云计算、大数据、物联网、人工智能和移动互联网是智慧物流的基础支撑技术。智慧物流具有协同共享赋能、大数据驱动、供应链整合、自动化的特征。智慧物流可以通过平台和跨界得以发展,即用平台思维对所有的资源进行跨界整合,同时利用新的技术实现商业模式的创新。这要求物流行业从过去的向设备、向人工要红利,升级为向智能技术、向开放协同要红利,要求物流企业升级为技术型、数据型企业。

四、区块链与物流

区块链是一种分布式数据库,以保护数据或事件的方式记录。尽管许多用户可以访问,检查或添加数据,但他们不能更改或删除数据,原始信息保持不变,留下永久性的公共信息线索或交易链。区块链在物流中的应用有快递保价、溯源等。

数字资源 1-3
如何在物流行业中
应用区块链?

五、共享理念在物流中的应用

2017 年,共享经济开始呈现爆发式增长,并深刻影响着处在降本增效改革中的物流行业。共享经济指以获得一定报酬为主要目的,基于陌生人且存在物品使用权暂时转移的一种新的经济模式,是整合分散的闲置资源,利用网络信息技术,通过互联网平台将资源进行优化配置,提高利用效率,释放资源价值的新兴经济形态。共享物流的本质是物流资源共享,可以共享的物流资源有运力资源、设施资源、设备资源、单元载具资源、信息与知识资源等。除了资源共享外,还有集成资源的物流系统服务能力的共享。共享主体众多,有物流企业的共享,也有制造企业、流通企业与物流企业之间的资源共享。共享理念在物流中的应用体现在物流众包、云仓、共同配送等方面。传统物流在信息、资源、系统等方面都无法做到互联互通,带来严重的资源浪费。共享经济的出现,为物流行业带来的变革是颠覆性的,通过共享物流资源,人们可以大幅度降低物流成本,并提高效率。

六、物流产业的发展趋势

我国物流产业的发展趋势体现在服务专业化、运营平台化和发展生态化几个方面。

(一)服务专业化

城市物流、逆向物流、冷链物流、应急物流等物流业态的研究相对成熟。我国物流将融合多种物流业态和多种物流模式,提供更加精准、更加细致的服务。我国物流发展将集聚资源,群策群力,构建服务产业链,促进物流业与制造业等关联产业的联动发展。

(二)运营平台化

在大数据、人工智能、物联网等新兴技术快速发展的背景下,我国物流服务模式也随着技术的发展和应用不断创新。我国物流将贯彻共享、协同、创新理念,在"新零售"场景下集聚信息、资源和能力要素,构建社会化物流协同平台。

(三)发展生态化

党的二十大报告指出,要坚持"绿水青山就是金山银山"的理念,提升生态系统质量和稳定性,坚持系统观念,从生态系统整体性出发,推进山水林田湖草沙一体化保护和修复,更加注重综合治理、系统治理、源头治理。要全方位、全地域、全过程加强生态环境保护,生态文明制度体系更加健全,污染防治攻坚向纵深推进,绿色、循环、低碳发展迈出坚实步伐。在低碳减排发展要求下,我国物流业正朝着低能耗、低消耗、低污染的方向发展。在物流运输、仓储方面,依托智能算法优化车辆运输线路、仓库选址,依托社会化物流协同平台提高车辆装载率、仓储资源利用率;在逆向物流方面,构建物流企业与制造企业、零售企业的联动机制,推进可回收物的有效回收和环境污染物的无害化处理,鼓励快递、外卖等行业采用可重复使用的包装物,降低资源浪费和损耗。

◇ 本章小结

商物分离是物流产生的基础。本章主要介绍了物流的产生与发展历史,物流的含义和基本功能,物流服务的含义和特点,现代物流与传统物流的区别;阐述了相关物流学说理论,包括物流成本的冰山学说、"黑暗大陆"学说、"第三利润源"学说、服务中心学说、"效益背反"学说、物流战略学说、绿色物流学说。技术是现代物流发展的基础,现代物流的发展趋势体现为"互联网"+物流、智慧物流、区块链物流以及共享理念等在物流中的应用。

◇ 思考与练习

1. 查阅资料,比较不同国家和地区的学者对物流的定义,分析其不同之处。
2. 如何理解物流服务?
3. 现代物流与传统物流有什么区别?
4. 举例说明"效益背反"学说在物流活动中的体现。
5. 如何理解物流是"第三利润源"?
6. 举例分析不同行业中物流的作用。
7. 调查你所在地区的物流发展情况。
8. 查阅武汉市(你所在城市)物流发展现状,分析其与经济发展之间的关系。

◇ **案例分析**

京东物流启用亚洲规模最大一体化智能物流中心

2019年12月18日,京东物流全面启用亚洲规模最大的一体化智能物流中心——东莞亚洲一号。该中心建筑面积近50万平方米,单日订单处理能力达到160万单,自动立体仓库可同时存储超过2000万件商品。

早在2014年6月,京东物流就在东莞麻涌自建了第一个拥有全自动机器人设备的分拣中心。此次东莞亚洲一号全面启用,集自动入库、存货、打包、分拣、出库等全流程作业于一体,同时配备现代化生活配套设施,在世界电商一体化智能物流园区建设中具有重要示范意义。东莞亚洲一号是目前已知的亚洲地区最大的一体化智能物流中心,面积近50万平方米,相当于两座鸟巢(国家体育场)的面积,其核心功能是处理中件及小件商品,单日订单处理能力达到160万单,自动立体仓库可同时存储超过2000万件商品。同时,东莞亚洲一号拥有78台"身高"22米的堆垛机,其大型交叉带分拣系统全长22千米,相当于港珠澳大桥跨海段桥梁的总长度;分拣机上的800多个分拣滑道将包裹分别分拣运送到全国各地的亚洲一号和分拣中心,准确率达到99.99%,代表全球顶级水准。东莞亚洲一号在各个环节均大规模应用了机器人和自动化设备,京东自主研发的"智能大脑"更是具备调度、统筹、优化以及数据监控全方位功能,利用京东物流十几年来积累的复杂订单处理能力和算法优化,极大地提高了各环节的运转效率和质量。启用后,东莞亚洲一号将全面提升华南地区的物流服务时效和商品在周边各个大区间的调拨转运效率。据预测,东莞亚洲一号投用以后,华南地区"睡前下单、醒来收货"的"半日达"辐射范围将大幅增加;"千县万镇24小时达"也将加速推进,超过1亿人口将享受"24小时达"带来的便捷服务。此外,高标准的绿色物流将贯穿东莞亚洲一号运营全环节,黑灯仓库、人机配对、减量包装、新能源车等环保举措和创新模式将成为标配,也将助力东莞以及麻涌当地实现环境保护和经济发展的双线并行。

京东物流很早就开始布局智能物流,东莞亚洲一号是京东物流自建的亚洲范围内建筑规模最大、自动化程度最高的现代化智能物流项目之一。2014年10月,上海亚洲一号正式投入应用,之后,北京、广州、沈阳、武汉、西安、成都、重庆、杭州等国内一二线城市陆续建成25座亚洲一号物流项目。2017年10月,京东在上海建成全球首个全流程无人仓,为智能物流行业树立了标杆。2019年12月18日,东莞亚洲一号全面启用,作为亚洲最大的一体化智能物流中心,全面启用后,可实现800多个滑道同时分拣,并存储超过2000万件商品,比传统仓储设备运营效率高5倍,分拣准确率达到国际最高水平,这对整个智能物流行业具有里程碑式的意义。

目前,京东物流已经实现在仓储配送各环节大规模应用自动化设备、机器人、智能大脑,根据全国各区域商品属性和分拣需求进行统筹规划,针对性地解决大、中、小件订单不均衡,场景复杂等难题。从2014年上海亚洲一号落地,到2019年东莞亚洲一号全面启用,在短短几年时间内,京东物流已形成亚洲电商物流领域规模最大的智能化仓储群,成为中国物流基础设施智能化迭代的标志和世界范围内一体化智能物流园区建设的标杆。

资料来源:《立足大湾区,京东物流启用亚洲规模最大一体化智能物流中心》(https://developer.jdcloud.com/jd-industry-news/article/850),内容有改动。

■ 思考题:
1. 结合案例,分析什么是智能物流。
2. 分析京东智能物流的功能、作用。
3. 分析智能物流发展的方向。

第二章　运输管理与技术

◇ **学习目标**

■ **知识目标**

了解运输的概念、分类和地位;理解运输的原理及功能;理解各种运输方式的特点;理解多式联运的概念及分类;掌握选择运输方式的方法及运输合理化的措施。

■ **能力目标**

能够选择合理的运输方式;能够制定合理的运输方案。

■ **情感目标**

培养学生的创新精神。

◇ **学习重难点**

1. 运输的原理及功能
2. 各种运输方式的特点
3. 多式联运
4. 运输方式的选择
5. 运输合理化措施

◇ **本章导读**

运输管理是物流的核心业务,是物流运作与管理不可或缺的一环。选择合适的运输方式,对满足运输的安全、迅速、准时和低成本要求有重要意义。本章将对运输的概念及分类、各种运输方式的特点及选择、集装箱多式联运,以及运输合理化的措施进行全面阐述。

◇ **导入案例**

我国建成了全球最大的高速铁路网、高速公路网和世界级港口群

　　2022年6月10日上午,中共中央宣传部就新时代加快建设交通强国的进展与成效举行发布会。交通运输部相关负责人介绍,多年来,我国综合立体交通网加速成型,有力保障了国内国际经济循环畅通,我国建成了全球最大的高速铁路网、高速公路网、世界级港口群,航空航海通达全球,综合交通网络总里程突破600万千米,中国高铁、中国路、中国桥、中国港、中国快递成为亮丽的"中国名片"。

　　规模巨大、内畅外联的综合交通运输体系有力地服务、支撑了我国作为世界第二大经济体和世界第一大货物贸易国的运转。交通运输缩短了人们的时空距离,深刻改变了城乡面貌,加速了物流和经济流,不仅有力支撑、保障了国内经济循环畅通,也为世界经济发展做出了重要贡献。

　　近几年,我国铁路系统在铁路建设中引入了现代物流理念,逐步建设了一批有别于传统货运场站的物流节点,并在实践中取得了较好的成绩。2020年,中国国家铁路集团有限公司发布的《新时代交通强国铁路先行规划纲要》提出,到2035年,全国铁路网将达到20万千米左右,其中高铁7万千米左右,20万人口以上城市实现铁路覆盖,其中50万人口以上城市实现高铁通达,全国1、2、3小时高铁出行圈和全国1、2、3天快货物流圈全面形成;到2050年,形成辐射功能强大的现代铁路产业体系,建成具有全球竞争力的世界一流铁路企业。

　　资料来源:《交通运输部:我国建成了全球最大高速铁路网、高速公路网、世界级港口群》(https://www.chinanews.com.cn/cj/2022/06-10/9776525.shtml),内容有改动。

第一节　运输概述

一、运输的概念、分类和地位

（一）运输的概念

国家标准（GB/T 18354—2021）对运输的概念进行了说明。运输是指利用载运工具、设施设备及人力等运力资源，使货物在较大空间上产生位置移动的活动。[①] 运输涉及将物品从一个地点向另一个地点运送，包括集货、分配、搬运、中转、装入、卸下、分散等一系列操作。

广义的运输包括所有物品的移动，因此，涉及距离长或短、物品数量大或小的运输都应在广义的运输范畴之内。而短距离、小批量的运输在物流领域又有其专有的称谓，即配送。对于配送，本书将于第七章具体论述。本章所讲的运输，主要是指在流通领域内不包括配送在内的长途运输。

运输是物流的主要功能之一，是物流的核心，是有效组织物流的保证。人们提到物流，首先想到的便是运输。运输与物流中的采购、仓储、配送、包装及加工等各个环节有机结合，共同组成了整个物流过程。运输对物流全过程的总费用有重大影响，便利、可靠、迅捷的运输可以节约物流成本，这是因为，有效组织运输在整个物流系统中的运作，可以大大减少物流过程中的不必要的环节，减少物流过程中不衔接的现象，缩短物流停滞时间，从而避免物流效益、价值的减损，从而实现物流过程总费用的节约。

（二）运输的分类

从不同的角度，我们可以将运输分为不同的类型，常见的有以下几种分类方法。

1. 按照运输工具分类

按照运输工具，我们可以将运输分为公路运输、铁路运输、水运运输、航空运输和管道运输，这是最常见的分类方法。我们将在本章第二节对各种运输方式的详细内容进行介绍。

---

① 参见 http://c.gb688.cn/bzgk/gb/showGb？type＝online&hcno＝91434A17CE8256349F50E069590E7070。

2. 按照运输路线分类

按照运输路线,我们可以将运输分为干线运输、支线运输、二次运输和厂内运输。干线运输是指利用道路的主干线路,以及远洋运输的固定航线进行大批量、长距离的运输。干线运输因为运输距离长,运力集中,使得大量的货物能够迅速进行大跨度位移,长期以来是我国运输的主要形式。尤其是铁路运输,往往承担着国家干线运输的使命。

当然,光有干线运输还不足以形成整个运输链,我们还需要其他运输形式进行补充。支线运输是与干线相连接的分支线路上的运输,它是干线运输与收货、发货地点之间的补充性运输形式。相较于干线运输,支线运输路程较短,运输量相对较小,建设水平往往低于干线运输,运输工具水平也往往低于干线运输,因而速度较慢。

二次运输也是一种补充性的运输形式,主要用于干线运输、支线运输到站后,站与用户仓库或指定接货地点之间的运输,因此路程较短。由于二次运输涉及单个单位的需要,所以运量也较小。

厂内运输是在制造企业范围内,直接为生产过程服务的运输,一般在车间与车间之间、车间与仓库之间进行,因此其是整个生产活动的重要组成部分。要注意的是,在小企业中,以及大企业车间内部、仓库内部,我们一般不称"运输",而称"搬运"。

3. 按照运输的作用分类

按照运输的不同作用,我们可以将运输划分为集货运输和疏货运输。所谓集货运输,指将分散的货物集聚起来集中运输的一种方式。集货运输的作用就是将货物进行集中,然后利用干线进行大批量、远距离的运输,以充分发挥运输的规模效应。所以集货运输是干线运输的一种补充性运输,通常是短距离、小批量的运输。

疏货运输的运输方向与集货运输相反。它是为了将集中运达的货物分送到不同的收货点而进行的一种运输方式。配送运输是疏货运输的典型形式,它是由配送经营者按用户的要求,从配送据点出发,将配好的货物分别送到各个需求点的运输形式。

4. 按照协作程度分类

按照协作程度不同,我们可以将运输分为一般运输、联合运输。

一般运输主要是指在运输的全部过程中,单一地采用同种运输工具,或是孤立地采用不同种运输工具,在运输过程中没有形成有机协作整体的运输形式,如汽车运输、火车运输等为一般运输。一般运输通常成本较高,常见于短距离运输,不太适用于远距离运输。所以在合理的运输里程范围内,人们总是寻找各种合理的运输手段,使它们相互配合使用。

联合运输简称联运,就是各种运输方式在运输过程中遵照统一的规章或协议,使用同一运输凭证或通过代办中转业务,将各种运输方式紧密协调和衔接起来,共同完成两程以上的运输工具的联运。不同于一般运输,联合运输具有组织运输的全程性、运程凭证的通用性和托运手续的简易性等特征。实行联运后,货主托运货物,只要一次托运一次结算,就可以在目的地收货。

多式联运是联合运输的一种现代形式,是在集装箱运输的基础上产生并发展起来的现代运输方式。在倡导节能减排的背景下,多式联运作为一种集约高效的运输组织方式,具有资源利用率高、绿色低碳等特点。这种运输方式既能提高物流企业的运作效率,又能降低其经营成本,是我国现代物流发展的必然趋势。关于多式联运的详细内容,我们将在本章第三节介绍。

5. 按照中途是否换载分类

按照中途是否换载,我们可以将运输分为直达运输和中转运输。直达运输是指物品由发运地直接运输到接收地,中途不需要换装和储存的一种运输方式。直达运输的作用在于,避免中途换载所出现的运输速度减缓、货损增加、费用增加等一系列弊病,能缩短运输时间,加快车船周转,降低运输费用。

中转运输是指物品由生产地到最终使用地,中途经过一次以上落地并换装的一种运输方式。其作用在于,中转往往可以化整为零或集零为整,将干线、专线运输有效地衔接起来。该运输方式可以充分发挥不同运输工具在不同路段上的最优水平,从而有助于节约成本,获得效益,也有助于加快运输速度,但是中转运输在换载时会降低运输速度,增加货损,因而会增加费用。

(三)运输的地位

1. 运输是物流的主要功能要素之一

依据物流的概念,我们知道,物流是物的物理性运动,这种运动不但改变了物的时间状态,也改变了物的空间状态。运输承担了改变空间状态的主要任务,运输是改变空间状态的主要手段,运输和搬运、配送等活动协调起来,就能圆满完成改变物的空间状态的全部任务。

2. 运输是社会物质生产的必要条件之一

运输是社会经济发展的"先行官"。马克思将运输称为第四个物质生产部门,即将运输看成生产过程的继续,这种继续虽然以生产过程为前提,但如果没有这种继续,生产过程则不能最后完成。所以,运输作为社会物质生产的必要条件,可以从两个方面来理解:在生产过程中,运输是生产的直接组成部分,没有运输,生产内部的各环节就无法连接;在社会上,运输是生产过程的继续,这一活动连接生产与再生产、生产与消费的环节,连接国民经济各部门和企业,连接城乡、不同国家和地区。

3. 运输可以创造场所效用

同种物由于空间场所不同,其使用价值的实现程度则不同,其效益的实现也不同。运输由于改变了产品的场所,使其发挥最大使用价值,最大限度地提高了投入产出比,这就被称为场所效用。通过运输,人们将物运到场所效用最高的地方,就能发挥物的潜力,实现资源的优化配置。从这个意义来讲,人们通过运输提高了物的使用价值。

4. 运输是第三利润源的主要源泉

运输是第三利润源的主要源泉,这是从成本节约的角度考虑的。就运输成本来看,其在全部物流费用中占最高的比例。有学者综合分析计算社会物流费用后得出结论:运输费用在其中占接近50%的比例,有些产品运费甚至高于产品的生产费。因此,合理化运输的成本节约的潜力是非常大的。

二、运输的原理和功能

(一)运输的原理

1. 规模经济原理

这是指装运规模的增长,会使每单位重量的运输成本下降。例如,整车运输的每吨成本低于零担运输。铁路或水路运输方式等的运输能力较大,其每单位重量的费用要低于汽车或飞机之类运输能力较小的运输工具。规模经济之所以存在,是因为与转移一票货物有关的固定费用可以按整票货物的重量分摊。因而,一票货物越重,就越能"摊薄"成本,由此使每单位重量的成本更低。与货物转移有关的部门的固定费用包括运输订单的行政管理费用、定位运输工具的费用、开票以及设备费用等。这些费用之所以是固定的,是因为它们不随装运的数量而变化。集中运输就应用了规模经济原理。企业在实际运输生产经营活动中,就某一次运输对货物进行适度集结,可以降低运输成本。但是管理者要注意,集运过程也会增加货物集结成本,影响运输速度,可能降低服务水平。

2. 距离经济原理

距离经济原理是指每单位距离的运输成本随运输距离的增加而减少。这是因为分摊到单位运输距离上的固定费用会随运输距离增加而降低。根据距离经济原理,长途运输的单位运距成本低,短途运输的单位运距成本高。但是管理者要注意,长途运输中,如果涉及中转,则会增加装卸和搬运次数以及货损,这将会带来成本的增加。因此,在运输条件允许的情况下,应优先考虑直达运输。直达运输可以提高送达速度,减少中转换装,节省装卸费用,并减少货损货差。例如,沃尔玛在中国完全采用公路运输,如何降低卡车运输成本是沃尔玛物流管理面临的一个重要问题,直达运输就是其降低运输成本系列措施之一。沃尔玛拥有自己的车队,并采用尽可能大的卡车货柜,厂商可以使用沃尔玛的卡车将产品从工厂直接运送到商超,这大幅节省了产品流通过程中的仓储成本和转运成本。

(二)运输的功能

运输是物流的关键功能之一。我们可以从运送功能和储存功能两个角度来深刻理解运输在物流中的重要作用。

1. 运送功能

运输在物流活动中提供两大功能:商品转移和商品储存。商品在价值链中不断从一级转移到下一级,这一切都离不开运输。运输的主要功能就是将商品在价值链中不断移动。由于运输要利用包括时间、资金、环境在内的各种资源,所以,只有当运输确实能提高商品价值时,这样的移动才是有价值的、重要的。

运输之所以涉及利用时间资源,是因为运输过程的商品也属于企业的存货,它是各种供应链战略,如准时化和快速响应等战略所要考虑的一个因素,以减少配送中心的存货。

运输过程中,不论企业使用的是自己的车队还是使用商业运输公司或公共运输承运人,都必须支出费用。这些费用包括驾驶员的工资津贴、运输工具的运行费用,以及一般杂费和行政管理费用。此外,还要考虑到商品灭失损坏的风险,以及因此而必须补偿的费用。

运输使用环境资源。运输业是能源(燃料和石油)消费大户。目前,政府正在积极推广燃效更高的运输工具,及新型节能燃料,这样的实践虽然能够缓解运输中的能源消耗水平,但由于全球化经营的快速增长,运距不断延长,所以在未来运输业中,能源的消耗量仍可能稳定在一定水平。同时,运输还会造成道路拥挤、交通效率下降、空气污染和噪声污染等问题,从而产生环境保护费用。

从以上分析可以看出,在企业中,运输的主要目的就是以最少的时间、资金和环境资源成本,将商品从供应地点转移到需要地点。此外,还要保证商品完好率尽可能高。同时,在进行运输决策时,必须满足门店和客户的有关交付履行、装运信息的可得性等多方面的要求,从而保证物流服务质量。要实现这些目标,关键在于提高运输生产过程中的劳动生产率和设备的利用率,在一定时间内,用相应的人力和设备条件完成最大的货物周转量。

2. 储存功能

运输体现的储存功能,是指把运输工具作为临时储存商品的场所。但要注意,这是成本相当高的储存设施。然而,在有些特殊情况下,这种决策还是有实际意义的。例如,送往上海的商品,在短时间后又要送往另一个地点,我们就可以将商品在仓库卸下来和再装上去的成本与储存在运输工具中的成本进行比较,也许储存在运输工具上的成本会更低。

在仓库空间有限的情况下,利用运输车辆储存也许不失为一种可行的选择。可以采取的一种方法是,将商品装到运输车辆上去,然后采用迂回线路或间接线路运往目的地。因为迂回线路的运输时间将大于直接线路,当起始地或目的地仓库的储存能力有限时,这样做是合情合理的。这种情况下,运输车辆被用作临时储存设施,但它不是静止的,而是移动的。

有时,我们还可以采用改道的方法,解决商品临时储存的问题。这是当交付的货物处在转移之中,而原始的装运目的地被改变时才会发生的。例如,假定某车商品最初计划从上海装运到北京,但是,在运输过程中,相关人员在信息系统中了解到天津对该商品的需求量更大,于是就有可能要求运输工具改道,将天津作为目的地。人们可以通过利用企业总部与运输工具之间的卫星通信来有效处理这类任务。

总之,虽然利用运输工具作为临时储存设施是高成本的,但如果考虑到装卸成本、固定设施的有限的储存能力、营销机会、交付时间的约束等条件,从总成本的角度来看,这样的做法有可能是正确的。

三、运输工具

运输工具是指完成旅客和货物运输的客货车辆、轮船、飞机等。由于这些运输工具是完成旅客和货物位移的工具,故人们又将它们称为交通运输移动设备。根据运输工具从事运输活动的独立程度,我们可以将运输工具分为三类:没有装载客货容器,只提供原动力的运输工具,比如机车、推车(拖船)、牵引车等;没有原动力,只有装载客货容器的从动力运输工具,如车辆、挂车、驳船等;既有转载客货容器,又拥有原动力的独立式运输工具,如轮船、汽车、飞机等。

从运输对象来看,任何运输方式的运输工具都可按用途分为旅客运输工具和货物运输工具两类。旅客运输工具是专门为运送旅客设计的,是提供旅客坐的座位或卧的铺位的车船机;货物运输工具主要是为运送货物设计的,指提供供货物堆码空间的车船机。接下来,笔者从运输方式的角度,介绍几种基本的运输工具。

1. 铁路运输工具

铁路运输工具主要包括铁路机车、铁路车辆和列车等。铁路机车为铁路运输提供动力。列车和车辆在铁路线路上做有目的地的移动,都需要机车的牵引或推送。从原动力看,机车分为蒸汽机车、内燃机车和电力机车。铁路车辆分为客车和货车两大类,均由车体、走行部分、车钩缓冲装置和制动装置等组成,客车有软座车、硬座车和卧车,货车主要有棚车、敞车、平车、罐车、冷藏车、散料车等。其他车辆有编挂在旅客列车上的餐车、邮政车、行李车和特种用途车等。列车是指按照有关规定编挂在一起的若干车辆,车列挂上机车,并配备列车乘务员和列车标志,即为列车。

2. 公路运输工具

在道路运输体系中,运输车辆主要包括客运车辆和货运车辆。轿车、微型客车、轻型客车、中型客车、大型客车以及特大型客车(如铰接客车、双层客车等),都属于客运车辆的范畴。敞车、箱车、罐车(液槽车)、平板车等货运汽车以及由多节挂车组成的汽车列车都属于载货车辆的范畴。

3. 水路运输工具

水路运输工具也称浮动工具(浮动器),包括船、驳、舟、筏。船和驳是现代水路运输工具的核心,分别是货船和客船。

货船按其功能可以分为以下类别:① 杂货船,即专门用来装运包装、箱装、袋装、桶装、捆扎等杂件货物的船舶,在运输船舶中占较大比重;② 集装箱船,包括杂货-集装箱两用船、散货-集装箱两用船、驶上驶下集装箱船、子母船和吊上吊下型集装箱船;③ 散货船,即专门用来装运谷物、煤炭、矿石、盐等散装货物的船舶;④ 油船,即专门用来装运散装石油(原油和成品油)类液体货物的船舶;⑤ 液化气船,即专门用来装运液化天然气和液化石油气的船舶;⑥ 冷藏船,指设有冷藏设备,专门用来装运易腐鲜货的船舶;⑦ 运木船,指专门用来装运木材的船舶;⑧ 滚装船,指专门用来装运以汽车(一般为汽车客车、汽车列车或挂车)为货物单元的船舶;⑨ 驳船,指本身没有动力装置,依靠其他船舶(拖船、推轮或载驳船)拖带、顶推或装载完成运输的船舶;⑩ 载驳船,又称子母船,指专门用来装运以载货驳船为货物单元的船舶。

客船是专门用来运送旅客及其携带的行李的船舶,客船分为以下类别:① 过宿型客船,常被称为远洋客轮,一般配有数量众多的各种等级的客舱、一定数量的盥洗室,设有娱乐和餐饮场所;② 客货船,这是以载运旅客为主,兼运一定数量货物的船舶;③ 双体船,这是一种小型客船,主要用于内河与沿海运输;④ 水翼船,这是指船体下装有水翼,高速行驶时靠水翼产生的升力支撑船重,使部分或全部船体脱离水面的船舶;⑤ 气垫船,这指用压缩空气在船底和支撑表面(如水面)之间形成气垫,使全部或部分船体脱离支撑表面的船舶。

4. 航空运输工具

航空运输工具通常是指专门用于运送旅客或货物的民用飞机。根据国际上的统一定义,航空机还包括直升机、气球和汽艇等。按照运输对象,民用飞机可以分为客机和货机两类,客机以运送旅客为主,运送货物为辅(腹舱载货),而货机则专门用于运送各类货物。

5. 管道运输工具

管道运输是一种特殊的运输方式,其运行方式有别于其他运输方式。它的载货容器与原动机的组合较为特殊,载货容器为干管,原动机为泵(热)站,总是固定在特定的空间内,可将其视为运输工具。

第二节 运输方式的类型与选择

一、现代运输方式的类型

(一)铁路运输

铁路运输是以固定轨道作为运输线路,由机械动力牵引车辆,运送旅客和货物的运输方式。它是现代运输主要方式之一,也是构成陆上货物运输的两种基本运输方式之一,它在整个运输体系中扮演主导角色。

1. 铁路运输的特点

(1)铁路运输的优点

从技术性能来看,铁路运输有两个突出的优点:运行速度快,我国一般列车的速度为80~120km/h,高速铁路最高可达 200~350km/h;运输能力大,一般每列客车可载旅客1800人左右,一列货车可装 2000~3500 吨货物,重载列车可装 20000 多吨货物,京沪线、京广线等已开行 5000 吨列车,大秦线的运煤重载列车已达万吨。此外,铁路运输过程受自然条件限制较小,连续性强,能保证全年运行;通用性能好,既可运客,又可运各类不同的货物;火车客货运输到发时间准确性较高,运行比较平稳,安全可靠;在运输距离方面,平均运距分别为公路运输的 25 倍,为管道运输的 1.15 倍,但不足水路运输的一半,不到民航运输的 1/3。

从经济指标来看,铁路运输成本较低,能耗较低,每千吨千米耗标准燃料为汽车运输的 1/11~1/15,为民航运输的 1/174,但是这两种指标都高于沿海和内河运输。因此,铁路运输对自然环境和生态平衡的影响较小,特别是电气化铁路,噪声小,环保性更强。

(2)铁路运输的缺点

铁路运输也表现出非常明显的缺点,即投资太高,金属消耗量大,建设周期长,而且占地太多。随着人口的增长,这些不利表现将为社会增加更多的负担。此外,因为受轨道线路的限制,大多数铁路运输的货物难以实现"门到门"运输,必须依靠其他运输方式将其集散或中转,因此会增加装卸搬运作业,货损货差率也比较高。

综合考虑铁路运输的优缺点,我们认为,其适于在内陆地区运送中长距离、大运量、时间性强、可靠性要求高的一般货物和特种货物;从投资效果看,在运输量比较大的地区之间建设铁路比较合理。

2. 铁路货物运输的组织分类

(1)整车运输

整车运输指的是一批货物的重量、体积、形状和性质需要以一辆或一辆以上的货车装运的运输形式。整车运输有两种情况:一是一批货物无论总重还是总体积,能装足一辆货车标记载重量,或充满一辆货车的容积,此时都应按整车办;二是一件货物的形状不适合进入棚车或敞车,或不能与其他货物拼装,或受货物的性质影响,或有特殊的运输要求,或不能清点件数的货物等,也应按整车办理。

(2)零担运输

零担运输是指当一批货物的重量或容积不够装一车(不够整车运输条件)时,与其他几批甚至上百批货物共享一辆货车的运输方式。零担运输灵活机动、方便简捷,适合数量少、品种杂、批量多的货物。但是我国铁路部门对零担货物也有相关限制,如需要保温、加温、冷藏的货物,规定按整车办理的危险货物,不易计件的货物等,不能办理零担运输。

(3)集装箱运输

集装箱运输,是指以集装箱这种大型容器为载体,将货物集合组装成集装单元,以便在现代流通领域内运用大型装卸机械和大型载运车辆进行装卸、搬运作业和完成运输任务,从而更好地实现货物"门到门"运输的一种新型、高效率和高效益的运输方式。

铁路集装箱运输可分为通用型集装箱运输和专用型集装箱运输。通用型集装箱一般用来装运普通成件有包装的货物,如交电类、仪器仪表类、小型机械类、玻璃陶瓷建材类、工艺品类、文教体育用品类、医药类、烟酒食品类、日用品类、化工类、针纺织品类、小五金及其他适合集装箱装运的货物。专用型集装箱是用来装运特定的货物,包括带自卸功能的集装货物箱,运输液体货物的罐装集装箱,运输易腐货物的冷藏集装箱和装运牲畜、家禽等货物的牲畜集装箱等。

(二)公路运输

1. 公路运输的特点

公路运输主要指汽车在公路上运送旅客和货物的运输方式,它是交通运输系统的组成部分之一。现在,人们所用的运输工具主要是汽车。

(1)公路运输的优点

公路运输的优点非常明显,主要表现为以下几点。

一是适应性强。由于公路运输网一般比铁路网、水路网的密度大十几倍,分布面也更广,因此公路运输车辆可以实现"无处不到、无时不有"。公路运输在时间方面的机动性也比较大,车辆可随时调度、装运,各环节之间的衔接时间较短。公路运输对客、货运量的多少具有很强的适应性,汽车的载重吨位可小(0.25~1吨左右)可大(200~300吨左右),既可以单个车辆独立运输,也可以由若干车辆组成车队同时运输,这一点对抢险、救灾工作和军事运输具有特别重要的意义。

二是易于实现直达运输。由于汽车体积较小,中途一般也不需要换装,除了可沿分布较广的公路网运行外,还可离开公路网,深入到工厂企业、农村田间、城市居民住宅等地,即可以把旅客和货物从始发地门口直接运送到目的地门口,实现"门到门"直达运输。这是其他运输方式无法与公路运输相比的特点之一。

三是运送速度较快。在中短途运输中,由于公路运输可以实现"门到门"直达运输,中途不需要倒运、转乘,就可以直接将客货运达目的地,因此,与其他运输方式相比,公路运输的客、货在途时间较短,运送速度较快。

四是资金周转快。公路运输与铁路、水路、航空运输方式相比,所需固定设施简单,车辆购置费用一般也比较低,因此,投资兴办容易,投资回收期短。有关资料表明,在正常经营情况下,公路运输的投资每年可周转1~3次,而铁路运输则需要3~4年才能周转一次。

五是技术易掌握。与火车司机或飞机驾驶员的培训要求相比,汽车驾驶技术比较容易掌握,公路运输对驾驶员的各方面素质要求相对也相对较低。

(2)公路运输的缺点

相较于其他运输方式,公路运输的缺点表现为以下几点。一是运量较小。世界上最大的汽车是美国通用汽车公司生产的矿用自卸车,长20多米,自重610吨,载重350吨左右,但仍比火车、轮船小得多;由于汽车载重量小,行驶阻力比铁路大9~14倍,所消耗的燃料又是价格较高的液体汽油或柴油,因此,除了航空运输,汽车运输的成本最高。二是持续性差。有关统计资料表明,在各种现代运输方式中,公路的平均运距是最短的,运行持续性较差。三是安全性低。据历史记载,自诞生以来,汽车已经吞噬掉了3000多万人的生命,特别是20世纪90年代开始,死于汽车交通事故的人数急剧增加,平均每年达50多万人。这个数字超过了艾滋病、战争和结核病人每年的死亡人数。汽车所排出的尾气和引起的噪声也严重地威胁着人类的健康,是大城市环境污染的最大污染源之一。

综合公路运输的优缺点,我们认为,其不适宜运输大宗和长距离货物,公路运输比较适宜在内陆地区运送短途旅客、货物,在远离铁路的区域从事干线运输,可以与铁路、水路联运,为铁路、港口集疏运旅客和物资,可以深入山区及偏僻的农村进行旅客和货物运输。

2. 公路运输的组织分类

(1) 多班运输

多班运输,是指在昼夜时间内,车辆工作超过一个班以上的货运形式。组织多班运输的基本方法是每辆汽车配备两名或两名以上的驾驶员,分日、夜两班轮流行驶,它也是提高车辆生产率的有效措施之一。为了开展多班运输,管理者要特别注意组织好货源,并与收发单位建立良好的协作关系,创造良好的装卸现场条件,修整现场道路,安排照明设备等,以保证顺利地开展多班运输。

(2) 定点运输

定点运输,是指按发货点固定车队、专门完成固定货运任务的运输组织形式。在组织定点运输时,除了根据任务固定车队外,还实行装卸工人、设备固定,调度员固定在该点进行调度等工作。实行定点运输可以加速车辆周转、提高运输和装卸工作效率、提高服务质量,并有利于行车安全和节能。定点运输组织形式既适用于装卸地点比较固定集中的货运任务,也适用于装货地点集中而卸货地点分散的固定性货运任务。

(3) 定时运输

定时运输,是指运输车辆按运行作业计划中所拟定的行车时刻表来进行工作。要在汽车行车时刻表中规定汽车从车场开出的时间、每个运次到达和开出装卸地点的时间,以及装卸工作时间等。车辆按预先拟定好的时刻表进行工作,这就加强了各环节工作的计划性,提高了工作效率。要组织定时运输,必须做到各项定额的制定和查定工作,包括:车辆出车前的准备工作时间定额,车辆在不同运输路线上重载、空载行驶时间定额,以及不同货种的装卸工作时间定额等。同时,还应合理确定驾驶员的休息和用餐等生活时间,加强货源调查和组织工作,加强车辆调度、日常工作管理以及装卸工作组织等。

(4) 甩挂运输

甩挂运输,是指利用汽车列车甩挂挂车的方法,以减少车辆装卸停歇时间的一种拖挂运输形式。在相同的运输组织条件下,汽车运输生产效率的提高取决于汽车的载重量、平均技术速度和装卸停歇时间三个主要因素。实行汽车运输列车化,可以相应地提高车辆每运次的载重量,从而显著提高运输生产效率。采用甩挂运输时,需要在装卸货现场配备足够数量的周转挂车,周转挂车的装卸工作时间应小于汽车列车的运行时间间隔。甩挂运输适用于装卸能力不足、运距较短、装卸时间占汽车列车运行时间比重较大的运输需求。

(5) 直达联合运输

直达联合运输,是指以车站、港口或供需物资单位为中心,参照货物运输的全过程,把供销部门、多种运输工具组织起来,将货物从生产地一直运输到消费地。其可以减少货物运输的中间环节,加速物资周转,提高港站的通过能力,节省运力,降低运输成本,有利于促进综合运输网的形成。以汽车为主体的中短途货物联合运输,是汽车运输企业与产销部门之间的运输协作,或汽车运输与其他运输方式之间的协作。

(6)集装箱运输

集装箱运输,是指把一定数量的货物集中于一个便于运输、搬运、装卸、储存的集装箱内来进行货物运送的运输组织形式。公路集装箱运输多为公路集装箱直达运输,此外还有公路、铁路集装箱联运,以及公路、水路集装箱联运等运输形式。由此可见,除了可独立承担集装箱运输任务外,汽车运输在集装箱多式联运流程中通常处于第一个和最后一个运输环节,以实现集装箱运输"门到门"服务,是多式联运中不可缺少的运输环节。

(7)零担货物运输

公路运输也有零担运输的形式。其一般采用定线定站式货运班车,或客运班车捎带货物挂车的形式,将沿线零担货物集中起来运输。零担货物具有运量小、流向分散、批数较多、品类繁杂的特点。零担货物以件包装货物居多,包装质量差别较大,有时几批甚至十几批货物才能配装成一辆零担车(零担货物以每张托运单为一批)。因此,零担货物运输组织工作要比整车货运复杂得多。

(三)水路运输

水路运输是利用船舶和其他浮运工具在河流、湖泊、海洋运送旅客和货物的运输方式。它是我国综合运输体系中的重要组成部分。经过多年发展,我国已经成为世界上最具有影响力的水运大国。数据显示,2020年我国港口货物吞吐量完成145.5亿吨,港口集装箱吞吐量完成2.6亿标箱,港口货物吞吐量和集装箱吞吐量都位居世界第一位。

1.水路运输的特点

(1)水路运输的优点

和其他几种交通运输方式进行比较,我们发现,水路运输的特点是非常鲜明的,水路运输的优点有运量最大、运费低廉、能耗小、污染少,因此水路运输素有环保航运之称。在推进碳达峰、碳中和等重大决策的过程中,水路运输发挥了很大的作用。下面从技术经济指标角度和绿色环保角度分析水路运输的优势。

从技术经济指标角度来看,水路运输主要利用江、河、湖泊和海洋的"天然航道"来进行。水上航道四通八达,通航能力几乎不受限制,而且投资较少。它还可以利用天然的有利条件,实现大吨位、长距离的运输。因此,水路运输的主要特点是运量大,成本低,非常适合于大宗货物的运输。

水路运输的绿色环保性表现在两个方面。一是能耗低。对比铁路、公路运输,由于水路运输是利用天然的河流、海洋作为运输通道,所以相较于铁路、公路运输,水路运输对天然资源与环境的破坏小得多,单位长度的施工周期也短得多,在这期间,耗费的资源也相应少,对环境的污染也小。此外,在运行期间,比起公路运输,水路运输消耗更少的能源。相关研究显示,普通载货汽车的耗油量是水路运输的8倍多。二是碳排放低。水路运输产生的对环境有害的气体或其他废物少。近年来,低碳经济进一步发展,在国家碳达峰和碳中和的目标管控下,水路运输的能源消耗相对较少,对于环境的污染也非常小。由此可见,在低碳经济背景下,水路运输的发展与社会整体经济发展是一致的。

(2)水路运输的缺点

水路运输的缺点在于,其受自然条件的限制与影响大,即水路运输受海洋与河流的地理分布影响,也明显受到地质、地貌、水文与气象等条件和因素的制约,冬季结冰,枯水期水位变低,难以保证全年通航。此外,因受到河流与海洋的地理分布影响,水运航线无法在广大陆地上任意延伸,因此对综合运输的依赖性较大。水路运输因为运送速度慢,在途中的货物多,会增加货主的流动资金占有量。总的来说,水路运输综合优势较为突出,适用于运距长、运量大、时间性不太强的各种大宗物资运输。

2. 水路运输的组织分类

按船舶营运组织形式,我们可以将水路运输分为班轮运输和租船运输,这两种营运组织形式是相辅相成的。

(1)班轮运输

班轮运输又称定期船运输,简称班轮,是指船舶公司将船舶按事先制定的船期表,在特定海上航线的若干个固定挂靠的港口之间,定期为非特定的众多货主提供货物运输服务,并按事先公布的费率或协议费率收取运费的一种船舶经营方式。

班轮运输因为其"四固定"的特点,即固定航线、固定港口、固定船期和相对固定的费率,为贸易双方洽谈价格和装运条件提供了方便,也能够为客户提供专门的、优质的服务,有利于开展国际贸易。船舶只要有舱位,不论货物数量大小、挂港多少、直运或转运,都可接受承运,特别适用于一般杂货和不足整船的小额贸易货物的运输。

(2)租船运输

租船运输是指船舶所有人与租船人通过洽谈,将光船以或定期或航次租赁方式出租给租船人,根据租船合同规定来安排货物运输的方式。租船方式主要有定程租船和定期租船两种。定程租船,又称程租船,是以航程为基础的租船方式。船方必须按租船合同规定的航程完成货物运输任务,并负责船舶的运营管理及其在航行中的各项费用开支。定期租船,又称期租船,是按一定时间租用船舶进行运输的方式。船方应在合同规定的租赁期内提供适航的船舶,并负担与保持适航有关的费用。

租船运输的特点是,营运安排视合同而定,因此无固定航线,无船期表,租金率或运费率根据租船市场行情而变化,货物装卸费的分担按租船合同规定来划分,各种租船方式均有相应的标准合同格式供其采用,合同条款由双方自由商定,国家对此少有强制性法律规定。租船费用较班轮低廉,且可选择直达航线,因此非常适用于大宗货物运输。

(四)航空运输

航空运输又称飞机运输,简称"空运",它是在具有航空线路和飞机场的条件下,利用飞机作为运输工具进行货物运输的一种运输方式。航空运输在我国运输业中,其货运量占全国运输量比重还比较小,主要是承担长途客运任务,伴随着物流的快速发展,航空运输在货运方面也将会扮演重要的角色。

1. 航空运输的特点

(1)航空运输的优点

与其他运输方式相比较,航空运输的优势表现在以下几个方面。一是时效性高。在各种运输方式中,航空运输速度是最快的,这是其最大的优点,这一优势在远距离运输中极为显著,体现了航空运输的高时效性。二是安全性好。航空运输的作业环节要比其他运输方式严格得多,且飞机发生事故的概率远远低于地面运输,因此安全性要高于其他运输方式。三是破损率低。航空运输空中飞行比较平稳,较少的中转降低了装卸搬运的频率,因此在整个货物运输环节之中,货物的破损率是很低的。四是辐射广。航空运输利用天空这一自然通道,不受地理条件的限制,空间跨度大,辐射面广,方便本地与世界的连接。五是投资小。航空运输的基础设施投资就是飞机和机场建设,与陆地运输方式相比,其设施建设占地少、投资少,建设周期比较短。

(2)航空运输的缺点

航空运输最明显的缺点是运输成本高。因为飞机的机舱容积和载货量都比较小,飞行中燃油的消耗量非常大,运输作业环节要求高,因此运载成本和运价比地面运输高出许多。此外,由于飞行受天气条件的限制,其准时性也受到了影响。综合航空运输的优缺点来看,其适用于价值高、体积小的长距离运输。

2. 航空运输的组织分类

(1)班机运输

班机是指定期开航,有固定航线,有固定的始发站、目的港、途经站的飞机。班机运输有固定航线、固定停靠港,定期开航,因此方便收货人、发货人确切掌握货物起运和到达的时间,这对市场上急需的商品、鲜活易腐货物以及贵重商品的运送是非常有利的。国际货物流通多使用班机运输方式,能安全迅速地到达世界上各通航地点。

(2)包机运输

包机运输方式可分为整包机和部分包机两类。

整包机即包租整架飞机,指航空公司按照与租机人事先约定的条件及费用,将整架飞机租给包机人,从一个或几个航空港装运货物至目的地。整包机的费用通常较高,且一次一议,随国际市场供求情况变化。原则上,包机运输按每一飞行千米固定费率核收包机费用,并按每一飞行千米费用的80%收取空放费。因此,大批量货物使用包机时,均要争取来回程都有货载,这样费用比较低。只使用单程,运费就比较高。

部分包机是由几家航空货运公司或发货人联合包租一架飞机,或者由航空公司把一架飞机的舱位分别"卖"给几家航空货运公司装载货物。它主要应用于托运不足一整架飞机,但货量又较重的货物运输。与整包机相比较,部分包机因降落地点、降落时间受限,其时效性不高。

(3)集中托运

航空运输中的集中托运,是指将若干票单独发运的、发往同一方向的货物集中起来,作为一票货,填写一份总运单,发运到同一到站的做法。集中托运的优势是节省运费,航空货运公司的集中托运运价一般都低于航空协会的运价。通过集中托运,航空公司可将其服务延伸到其航空网络节点以外的地方,方便了货主。

集中托运方式已在世界范围内普遍开展,形成了较完善、有效的服务系统,为促进国际贸易发展和国际科技文化交流起到了重要的作用。集中托运已经成为我国进出口货物的主要运输方式之一。

(4)联运方式

这里的联运方式主要指陆空联运。陆空联运是火车、飞机和卡车的联合运输方式,简称TAT(Train-Air-Truck),或火车、飞机的联合运输方式,简称TA(Train-Air)。我国空运出口货物通常采用陆空联运方式。这是因为,我国幅员辽阔,而国际航空港口岸主要有北京、上海、广州等,虽然省会城市和一些主要城市每天都有班机飞往上海、北京、广州,但班机所带货量有限,费用比较高。如果采用国内包机,费用更贵。因此,在货量较大的情况下,往往采用陆运,将货物运送至航空口岸,再与国际航班衔接。由于汽车具有机动灵活的特点,在运送时间上可掌握主动权,因此一般都采用 TAT 方式。

(五)管道运输

管道运输是将管道作为运输工具的一种长距离运输方式,是统一运输网中干线运输的特殊组成部分。传统的管道运输常见于城市生活和工业生产的自来水输送系统、污水排放系统、煤气或天然气输送系统及工业石油输送系统等。新兴的管道运输主要指用管道来输送煤炭、矿石、邮件、垃圾等固体货物的运输系统。在一些国家和地区,管道运输已成为一个独立的交通运输部门——管道运输业。随着管道运输技术的发展,管道运输将有巨大的发展空间。

数字资源 2.1
管道运输

1. 管道运输的特点

(1)管道运输的优点

管道运输的优点与缺点都很突出,随着技术的改进与升级,在未来物流领域中,管道运输具有巨大的发展空间。相较于其他运输方式,管道运输有以下独特的优势。

第一,实现连续运输。

管道运输是一种连续运输技术,这是管道运输最独特的优点。一天 24 小时,一年 12 个月,其都可以连续不停顿地进行运输,运输量很大,具有连续、迅速、经济、安全、可靠、平稳、高效等优点。

第二,规避城市地面网络冲突。

地下管道运输可以规避城市地面路网冲突,解决中心城市道路拥堵难题。管道运输能把物流活动与城市空间完全隔绝,因此管道运输还可以克服噪声影响,减少对环境的污染,可以有效地解决城市的文化风貌、环境卫生、交通安全等问题。在城市废弃物回收的逆向物流中,管道运输已经大显身手,彰显了低成本、高效率和绿色环保的优势。

在美、德、英、日等国家,人们已经探索利用管道运输承担城市物流。1927年,英国伦敦建成了一个被称为"Mail Rail"的地下运输系统,全长约37千米,直径约60厘米,该系统在伦敦喧嚣的大街小巷约21米的地下运行,用于在伦敦市区的邮局之间进行邮件传送,该系统至今仍在运行。

第三,投资省。

与铁路、公路、航空运输相比,管道运输建设的投资要省得多。例如,1970年,美国的一条从亚利桑那州东北部至内华达州南端的运煤管道,全年运煤500万吨。据统计,建设一条每年运输能力为1500万吨煤的铁路,需要耗资8.62亿美元,而建造一条每年运输能力为4500万吨煤的输送管道,只需1.6亿美元。同时,管道运输的管理人员数量也只有铁路运输的1/7。综合来看,管道运输成本几乎只有铁路运输的1/5、公路运输的1/20、飞机运输的1/66。

同时,城市管道运输可以利用既有的城市地下管网,盘活存量,节省成本。新建城市地下物流管道时,可以利用现代非开挖地下管线工程技术。相比传统的开挖式施工技术,非开挖地下管线工程技术有以下优点:不会对城市道路及相邻的设施和建筑物造成损害;施工中无噪音、无振动,不会造成空气污染;对地面交通基本无干扰;施工时对公众影响小;对城市生态环境破坏程度小。

第四,不受自然条件影响。

由于运输管道埋设在地下,管道运输不受地理条件和空间条件的限制,可以穿越其他交通工具难以通过的原始森林、高山峻岭、沙漠荒土、广阔的冻土带以及河流、海峡。除广泛用于石油、天然气的长距离运输外,管道运输还可运输矿石、煤炭、建材、化学品和粮食等。

(2) 管道运输的缺点

但是,有利就有弊,管道运输也有一些缺点。灵活性差、专用性强是管道运输最明显的缺点。这一缺点造成的结果是,目前管道运输的运输对象受到限制,承运的货物比较单一,不如其他运输方式灵活。目前,管道运输只适合运输诸如石油、天然气、化学品、碎煤浆等气体和液体货物。在物流系统中,如果需要扩展货物品类,并实现"门到门"的物流配送服务,管道运输常常要与铁路运输或公路运输等配合,才能完成全程输送。

此外,城市地下管道运输固定投资大,这也是其缺陷之一。在大中城市复杂的地下环境中建设地下管道,投资巨大,为了进行连续输送,还需要在地下管道中建立储存库和控制枢纽。如果在城市建设开发初期就考虑管道运输与物流配送,后期建设管道会面临很多限制条件,投资更会大幅上升。

2.管道运输的表现形式

管道运输形式众多。从管道运输动力及运输载体角度,我们可以将管道运输分为水力管道运输、风力管道运输、电力牵引管道运输、真空无风阻管道运输、地下管廊车辆运输等。从管道类型角度,我们可以将管道运输分为油气管道、浆体管道、固体管道、囊体管道、管廊等。接下来,我们将对水力管道运输、气力管道运输、电力牵引管道运输、真空无风阻管道运输进行简要介绍。

(1)水力管道运输

水力管道运输是指在管道中利用水力输送固体粒料或其他流体的一种运输方式,所以有时水力管道运输也被称为浆体管道运输。目前,世界各国在采矿、冶金、化工、煤炭、水利各方面已大量采用水力管道运输,输送的物料包括煤、铜精矿、硫精矿、铁精矿、尾矿、沥青、石灰石等。

水力管道运输的沿线设有水泵站,在水的压力的推动下,运输管道内的水浆混合体保持一定的速度。如果采用这种运输方式,固体货物的损耗较大。固体货物在管道内无规则地互相碰撞,管道磨损很严重,固体货物到达目的地后,还需进行脱水处理,比较麻烦。此外,运输的货物也有一定的局限性。例如,有些不能与水接触的货物就不能用它来运输。因此,在技术不改进、不提高之前,这种运输方式基本上不能够用于普通货物的物流运输。

为了解决物流领域普通货物的水利管道运输问题,可以采用水力集装箱管道运输。水力集装箱管道运输是为了弥补水力管道运输的不足之处,用铝合金、塑料等材料,制成一种圆柱形的集装箱,然后将固体货物装入集装箱内,再用管道将集装箱运输出去。水力集装箱管道运输方式,除了用于散装料等运输外,也可以用于普通货物运输,是物流运输与配送领域值得关注与研究的模式。

(2)气力管道运输

气力管道运输的工作原理,是由空气压缩机把空气压入管道,推动管道中的货物沿着管壁滑行,以实现物资运输。气力管道运输系统早先在工业上运用于输送烟丝、茶叶、纤维材料等轻质物料,以后又发展到运送谷物,以及仓库、港口运输粉、粒状物料的作业,甚至可以用来输送型砂、煤粉、矿砂,它的运用已几乎遍及各个工业部门。

气力管道运输在垃圾处理领域也得到了广泛应用(见图 2-1)。目前全球共有近千套垃圾气力管道运输系统已经投入使用,中国也开始大量采用气力管道运输系统解决城市垃圾封闭输送问题,既环保,又经济。垃圾物流属于逆向物流,在垃圾处理领域,很多技术及理念已经领先于一般的物流行业,普遍采用自动化装卸,甚至先进的气力管道运输。

在普通的物流与配送领域,气力管道运输最早在邮政快递行业应用,目前不仅邮政快递业可以采用气力管道运输,在医疗领域,可以压缩空气作为动力,借助机电技术和计算机控制技术,在气流的推动下,通过专用传输管道实现药品、X 光片、标本等各种物品的站点间的智能双向点对点传输,是一种输送速度最快的物流输送系统。在未来,人们考虑将气力管道运输系统与地下物流管廊干线运输结合,利用气力管道将快递包裹配送到户,这也是值得探

图 2-1 垃圾气力管道运输系统

索的模式。气力管道运输在物流领域的应用,需要面对的关键问题是物流运输成本和物流配送灵活性问题,这是值得人们进行技术研究、实践、探索、关注的问题。

(3)电力牵引管道运输

电力牵引管道运输是利用电能,通过传送带、牵引绳牵引管道中的集装箱,可以实现电力牵引集装箱运输。利用电力驱动的无人搬运车(automated guided vehicle,AGV),可以建设地下胶囊型运输管道,实现电力驱动 AGV 胶囊管道货物运输。

随着信息技术的发展,电力牵引管道运输在未来有着广泛的应用空间。德国波鸿鲁尔大学教授领导的课题组研究的 CargoCap 地下管道物流配送系统,是电力牵引管道运输在物流配送中应用的高级形式。这种快捷的地下管道运输系统,可以和传统的地面交通、城市地下轨道交通共同组成未来城市立体化交通运输系统,其优越性在于:可以实现污染物零排放,对环境无污染,且没有噪声污染;系统运行能耗低、成本低;运输工具寿命长,不需要频繁维修,可实现高效、智能化、无中断物流运输,并和其他地面交通互不影响,运行速度快、准时、安全,可以构建电子商务急需的现代快速物流运输系统,不受气候和天气的影响等。该系统的最终发展目标是形成一个连接城市各居民楼或生活小区的地下管道物流运输网络,并达到高度智能化。我们可以想象这样的购物场景,人们购买任何商品,都只需点一下鼠标,所购商品就像自来水一样通过地下管道很快地"流入"家中。中国的物流公司也在努力,联合探索通过地下管道运输的物流系统。

(4)真空无风阻管道运输

我们在这里所说的真空无风阻管道运输,主要指的是真空管道列车运输。超级高铁的概念最早是由美国 SpaceX 公司创始人、特斯拉公司创始人埃隆·马斯克(Elon Reeve Musk)提出的。根据马斯克的构想,列车可在无轮轨阻力、低空气阻力和低噪声模式下高速运行,速度可达 600～1200km/h,具有超高速、低能耗、噪声小、安全性能高的特点(见图 2-2)。

这是面向未来的管道客运,能够用于客运,也能用于货运。将真空管道列车用于货运,可以运送各类高附加值产品和快递包裹,代替航空货运,这也是值得探索的方向。

图 2-2　真空管道列车运输

二、运输方式的选择

为满足全球终端客户的需求，货物运输的决策过程是复杂的，而运输方式的选择对服务水平有直接影响，因为运输方式在很大程度上也决定了运输成本、对环境的影响和社会风险。

（一）自行运输和委托运输

通常情况下，企业选择自行运输，最主要的原因是考虑到承运人不一定能达到自己所需要的服务水平。企业拥有运输车队的优势在于：服务可靠性高；订货提前期较短；对意外事件的反应能力强；与客户建立了某种合作关系。企业自行运输的优势还在于，能够有效实施企业的总体采购战略，便于控制。但是，企业想要实施低成本、高效率的自行运输，需要企业内部各部门之间　泛进行合作和沟通，这对企业的协调管理能力要求比较高。

委托运输减轻了企业的压力，使企业能集中精力开发和生产产品。但是，选择委托运输时，企业需要处理与承运商之间的关系，这增加了交易成本，也增加了企业控制运输的难度。此外，在决策时，企业还要权衡成本与收益的问题，所以关于委托运输还是自行运输的决策，不仅是运输决策，也是财务决策。

（二）运输方式决策

1. 影响运输方式选择的因素

因为货物运输的过程涉及诸多利益相关者，影响运输方式选择的因素非常多。从物流管理的角度看，运输方式的决策主要受到以下几个因素的影响。

(1) 运输成本

运输成本是企业在选择运输方式时首要考虑的因素。运输成本因货物的种类、重量、容积、运距不同而不同。运输工具不同,运输成本也会发生变化。管理者在考虑运输成本时,必须注意运费与其他物流子系统之间存在着互为利弊的关系,不能只考虑运输费用就决定运输方式,要综合考虑系统总成本,最后做出决定。

(2) 运输期限

运输期限是影响客户服务水平的重要因素。运输期限必须与交货日期相联系,以保证按时交货。管理者在进行运输方式决策时,必须调查各种运输工具所需要的运输时间,根据运输时间来选择运输工具。一般情况下,运输时间由快到慢,依次为航空运输、汽车运输、铁路运输、船舶运输。人们可以按照运输工具的速度来安排日程,加上它的两端及中转的作业时间,就可以算出所需的运输时间。在商品流通中,人们需要研究这些运输方式的现状,进行有计划的运输,希望有一个准确的交货日期是基本的要求。

(3) 运输批量

运输批量也影响运输方式的选择。大批量运输成本低,应尽可能使商品集中到最终消费者附近,选择合适的运输工具进行运输是降低成本的良策。一般来说,15~20吨以下的商品用汽车运输;15~20吨以上的商品用铁路运输;数百吨以上的原材料之类的商品,应选择船舶运输。

(4) 运输距离

从前文的介绍中,我们可以知道,不同的运输方式适用于不同的运输距离。单从运输距离看,一般情况下,300千米以内,用汽车运输;300~500千米的区间,用铁路运输;500千米以上,用船舶运输。

(5) 货物品种

货物的品种、性质、形状也是影响企业选择运输工具的重要因素。一般来讲,粮食、煤炭等大宗货物适宜选择水路运输;水果、蔬菜、鲜花等鲜活商品,电子产品、宝石以及节令性商品等宜选择航空运输;石油、天然气、碎煤浆等适宜选择管道运输。

(6) 环境和能源问题

人们对环境和能源使用的日益关注也对物流管理人员提出了挑战,环境影响越来越受到消费者的关注,他们在做出购买决定时,会重视有关产品碳足迹的细节,碳足迹标签将帮助消费者了解他们的购买决策如何增加或减少对环境的影响。有研究表明,将无害环境的运输方式选择整合到供应链管理中,能最大限度地减少运输对环境的影响,因此,"可持续货运"概念被提出。可持续货运系统包括经济高效、社会包容和环境友好的货运过程,为提高货运经营的可持续性,运输方式选择是一项至关重要的战略决策,多式联运是这一战略决策中关键的选择。关于多式联运的内容,我们将在本章第三节进行介绍。

(7) 运输的可靠性

运输的可靠性涉及运输服务的质量属性。对运输质量来说,关键是要精确地衡量运输可得性和一致性,这样才有可能确定总的运输服务质量是否达到客户期望的服务目标。不同运输方式的运输可得性有很大的差异,公路运输最可得,其次是铁路,水路运输与航空运输只有在港口城市与航空港所在地才可得。运输的一致性是指,在若干次装运中履行某一特定的运次所需的时间与原定时间或与前N次运输所需时间的一致性。它是运输可靠性的反映。近年来,托运方已把一致性看作高质量运输的最重要的特征。企业一般首先要寻求实现运输的一致性,然后再提高交付速度。

2. 选择运输方式的方法

关于运输方式的选择,一般可分为两大类:一类是简单的单一运输方式的选择;另一类是多元化的运输方式组合的选择,此类主要是针对多式联运领域。从选择方法的角度,无论是单一运输方式,还是多式联运,都可以采用定性分析方法、定量分析方法或者两者的结合。

(1)单一运输方式的选择

单一运输方式可以分为两类:单一目标的单一运输方式、多目标的单一运输方式。

单一目标的单一运输方式选择相对来说比较简单,可以对各种不同运输方式的特点进行定性分析,然后做出选择。例如,两箱急救药品需要从北京运往拉萨,应该选择飞机进行运输。因为该物品运输表现出的特征是距离远、速度快、运量小,且在运输过程中要冷藏处理,并保证运输的安全,所以综合考虑,飞机是最合适的运输方式。

当然,多数情况下,企业面临的决策环境是复杂的。这种情况下,我们需要采用定量分析或者定性定量分析结合的方法来帮助管理者进行决策。在定量分析中,物流总成本最小是管理者最关注的决策目标。我们可以从物流总成本构成的角度,通过建立数学模型的方法,帮助管理者做出合适的运输方式决策。在决策过程中,管理者需要综合平衡运输成本、库存成本、运输速度和运量,站在物流系统的角度选择合适的运输方式。

要做出多目标的单一运输方式决策,最常见的方法是建立数学模型。在目标选择上,通常以某一目标为核心,兼顾实现其他目标,这与企业的战略目标有关。例如,当企业的战略目标是以客户为中心,强调服务水平时,管理者可以选择将运输时间作为重要考虑因素,基于此建立用最小成本完成运输目标任务的数学模型。

多目标决策中,企业通常最关注的依然是总成本最低。在这种情况下,主要有四种可供选择的模型:① 基于卡车和铁路运输之间距离断点来确定最佳运输模式,可选择经典经济学模型;② 基于总运输成本、订货成本和库存相关成本来确定最佳运输模式,应选择库存理论模型;③ 基于运输成本和非运输成本之和来确定最佳运输模式,应选择权衡模型;④ 在非运输成本的约束下,通过最小化运输成本来确定最佳运输模式,应选择约束优化模型。

当然,在决策目标不明确的情况下,我们可以综合考虑影响物流绩效的关键因素,来选择合适的运输方式。例如,运输速度、运载量、运输成本、运输工具资金投入、能耗、运输距离是运输方式选择的重要指标,我们可以对这些因素进行量化分析后,运用数学加权求和的计算方式,计算并验证合适的运输方式。我们也可以对这些关键因素进行定性分析,将不可变因素纳入总成本最低模型中,通过实际数据验证计算,得出最佳方案。

选择多目标的单一运输方式时,我们还有一种思路,就是采用层次分析法,基于影响运输方式选择的关键因素,建立运输方式评价模型。管理者可利用评价模型,对多个运输方案进行评价,以做出合适的运输方式决策。

总的来说,无论是单一目标还是多目标,不管采用什么样的方法进行决策,在运输方式的选择上,我们都需要站在物流系统的角度,在客户服务水平与成本之间进行权衡,找到最为合适的运输方式。

(2) 多元化的运输方式组合的选择

多式联运是两种及以上运输方式的组合,所以它的决策相较于单一运输方式更为复杂。在决策方法上,建立数学模型进行定量分析是最为常用的方法。其建模思路与单一运输方式没有太大区别。但是,管理者需要关注的是,因为多式联运主要应用于远距离运输,尤其适用于国际运输,其决策目标与单一运输方式有较大区别。学者们的研究表明,远距离运输中,运输的一致性、可靠性、可得性、安全性,运输设备的可用性,以及有竞争力的价格,是运输方式选择的关键因素,尤其是运输的可靠性和安全性方面,托运人愿意为此付费。此外,随着可持续货物运输的发展,碳排放因素也是管理者必须考虑的因素。

(3) 从供应链角度理解运输方式的选择

供应链管理的业务流程相当广泛,包括客户关系管理、客户服务管理、需求管理、订单履行、制造流程管理、采购、产品开发和商业化,以及退货渠道。运输方式选择与这些业务流程关系密切,特别是在产品开发、订单履行、生产流程管理、退货渠道等方面,运输方式的影响显著。因此,供应链角度的运输方式选择表现为供应链的整合。

有研究认为,如果没有运输承运人的参与,买方和供应商之间的合作就不可能成功,三方合作是企业成功的必要条件。在考虑供应链整合的情况下,运输成本和运输时间是选择运输方式的关键参数,也是综合采购数量和批量决策的主要考虑因素。因此,运输方式选择是多目标决策,要综合权衡供应商选择、库存决策、批量选择、运输方式选择和载体选择。其中,对动态采购批量大小、供应商选择决策和运输载体选择的整合尤为重要,这可以最大限度地降低成本,减少因能力受限导致的延迟交货。

从以上分析来看,供应链整合下的运输方式决策需要多方协作,于是,协同运输管理(collaborative transportation management,CTM)的概念被提出来了。CTM 是一种在协同计划、预测和补货(collaborative planning, forecasting and replenishment, CPFR)的基础上发展起来的新模型,其将"供应商—销售商"的合作关系,扩展为"供应商—发货人—第三方物流—收货商"的战略联盟,通过信息共享和供应链协作,制定计划、预测、运输、库存等商品服务全过程的共同决策,将决策计划延伸至运输和配送的领域。CTM 的目标是通过买方、卖方、承运人之间的协作关系,以及在某些情况下协调第三方物流提供商,提高与运输和交付相关的成本、服务和效率。

CTM 中的一个关键概念是需要将订单预测转换为发货预测的流程,以及准确实现它们。其价值主要在于,它能够从订单完成过程的内部,消除运输的非效率。第一,它减少了运输商装货、卸货的等待时间;第二,它使得运输资源配置和利用率达到最优化;第三,通过运输网络,它可以更好地安排运输次序和路线,减少空载率;第四,它降低了运输疏忽造成的货物流失;第五,它减少了账单错误和不准确的沟通。当多种多样的发货人进行更深层次的整合，发货人、收货人和承运人能更好地进行沟通，加强合作实施，CTM的价值就能更好地体现。并且这种价值不仅仅在传统的正向物流中起作用，它在逆向物流中的效用也非常明显。在实践中，人们可以通过多种形式实现CTM。例如，企业可以通过加强电子承运人和托运人之间的通信，通过整合供应商之间的发货，优化运输模式选择，以及通过匹配入站和出站货运，以减少空回程，来提高物流绩效。

第三节　集装箱多式联运

随着货物运输系统的扩大和一体化程度的提高，长期来看，企业依赖单式联运是无利可图的。因此，越来越多的企业采用多式联运货物运输方式，通过良好地协调和连续使用两种或两种以上的运输方式来促进货物的移动。多式联运有潜力遏制与运营相关的负面外部影响，同时为客户提供无缝连接。2022年1月7日，国务院重磅发布《推进多式联运发展优化调整运输结构工作方案（2021—2025年）》，要求大力发展多式联运，推动各种交通运输方式深度融合，进一步优化调整运输结构，提升综合运输效率，降低社会物流成本，促进节能减排。

一、集装箱运输与国际多式联运

（一）多式联运与国际多式联运的内涵

1. 多式联运

虽然多式联运没有一个统一的概念，但较为一致的看法是，多式联运是指根据共同的联运规章或签订的协议，两个或两个以上的运输企业使用共同的运输票据或通过代办业务，由多式联运经营主体组织两种或两种以上的运输工具相互接力，实现货物"门到门"全程运输服务。其本质是为客户提供物流服务，实现单一运输方式无法达成或者成本费用太高无法实现的运输活动。因此，多式联运的重点不仅包含不同运输工具之间的对接，而且要实现综合效益高于单一运输方式，内容涵盖运输费用、运输时效、运输服务质量和客户体验等诸多方面。

多式联运作为一种运输服务形式，服务主体多元且分散化程度高，不同运输方式的市场主体以满足客户需求为共同目标,由多个不同类型的节点企业集成分散的物流资源,为多个成员服务,实现价值增值,呈现出物流服务供应链特征。但由于物流服务供应链涉及的内容复杂,具有动态性、交叉性,因此需要站在供应链整合的角度去理解多式联运。

2. 国际多式联运

国际多式联运是以集装箱装载形式把各种运输方式连贯起来进行国际运输的一种新型运输方式。按照《联合国国际货物多式联运公约》的解释,国际多式联运必须具备以下五个条件:至少是两种不同运输方式的国际间连贯运输;有一份多式联运合同;使用一份包括全程的多式联运单据;由一个多式联运经营人对全程运输负责;使用全程单一的运费费率。

国际多式联运过程涉及货物装卸、交接和管理等许多复杂的问题,因而承办多式联运的承运人都只能在有限的几条路线上协调好多种运输方式的连贯性。我国自20世纪80年代初开始开展多式联运业务,截至2021年3月初,交通运输部共公布三批次共70个多式联运示范工程项目,涉及28个省、市、自治区。国际多式联运的快速发展有力地促进了我国跨境电商的发展,人们足不出户,就可以买到国外的优质产品。

数字资源2-2
多式联运走廊
加速带动
产业集群发展

3. 多式联运的优势

(1)简化流程

多式联运中,无论货物运输距离有多远,由几种运输方式共同完成,且不论运输途中货物经过多少次中转,所有运输事项均由多式联运经营人负责办理。托运人只需办理一次托运,订立一份运输合同,支付一次费用,办理一次保险,可以省去托运人办理托运手续的许多不便。由于多式联运采用一份货运单证,统一计费,因而也可简化制单和结算手续,节省人力和物力,此外,一旦运输过程中发生货损货差,由多式联运经营人对全程运输负责,这也可简化理赔手续,减少理赔费用。

(2)缩短运输时间

在国际多式联运方法下,各个运送环节和各种运送工具之间合作密切,衔接紧凑,货品所到之处中转及时,大大削减了货品的在途停留时刻,然后从根本上确保了货品安全、便捷、精确、及时地运抵目的地,因此也相应地降低了货品的库存量和库存成本。随着集装箱标准化的不断推进,多式联运以集装箱为运送单元进行直达运送,尽管货运途中需中转,但标准化的机械作业大幅减少了装卸搬运作业量,节省了时间和成本,同时货损货差也大为削减,在很大程度上提高了货品的运送质量。

(3)加快资金周转

因多式联运可实施"门到门"运送,因此对货主来说,在将货品交由承运人以后,即可获得货运单证,并据以结汇,从而提前了结汇时间,这有利加快货品占用资金的周转,节省了利息成本。

（二）集装单元化与多式联运

多式联运兴起的重要因素之一，就是集装箱的发明和在物流运输中的应用。20世纪50年代，集装箱的出现使物流业进入标准化运输阶段，使不同运输方式无缝衔接成为现实，推动多式联运成为长距离运输解决方案。到20世纪60年代中期，标准集装箱得到了普及，它成为20世纪最伟大的发明之一。以标准集装箱为基础构建的第一代多式联运体系导致了航运业的集装箱化变革，更重要的是，其高效率、低成本的转载模式直接推进了制造业全球化和经济全球化。

集装箱的出现推动了集装单元化，促进了包装与装卸搬运设备等物流作业方式变革以及物流技术的发展。作为最主要的单元化器具，集装箱对物流系统中的集装单元的标准规格影响巨大，同时集装单元器具也是物流信息载体，是实现物流信息化、智能化至关重要的基础。

（三）单元化、一体化是多式联运发展的关键

尽管多式联运的运作方式有诸多优势，然而至今，我国集装箱多式联运在总体物流运作中的占比依旧不超过10%，与美国、日本以及欧洲发达国家近40%的比例仍然相去甚远。有学者研究认为：我国集装箱多式联运比例偏低的原因众多，既有传统条条框框管理架构所导致的不同运输方式行业间和不同管理机构间组织衔接困难，也有横向信息、数据和标准难以统一共享的问题；既有集装箱自备箱（shipper's own container，SOC）、船东箱（carrier's own container，COC）和单程箱（one way container，OWC）等难以通用、共享、流通、周转的问题，也有异地还箱、空箱集配和箱损修补等问题。然而，最核心的问题在于，现存标准集装箱在中国更适合水运，在公路货运、铁路货运和航空货运上并不完全匹配市场需求。

为解决以上问题，有学者建议创新单元化装备与载具，建立多式联运标准，从物流业大系统上提升多式联运的占比，从根本上实现物流业降本增效。实现这一目标的关键是物流运作的标准化和一体化，其实现需要体系创新、模式创新和设施设备的创新。

1. 体系创新

多式联运单元化和一体化发展需要体系创新。从内涵来看，多式联运是一种体系化的物流运作方式，任何一个环节的短板都将影响整体的运作效率。对此，国务院发布的《推进多式联运发展优化调整运输结构工作方案（2021—2025年）》提出了以下六个方面的政策措施。[1]

---

[1] 参见 www.gov.cn/xinwen/2022-01/07/content_5666976.htm。

一是提升多式联运承载能力和衔接水平。加快建设综合立体交通网。加快港口物流枢纽建设，完善铁路物流基地布局，有序推进专业性货运枢纽机场建设。健全港区、园区等集疏运体系，新建或迁建煤炭、矿石、焦炭等大宗货物年运量150万吨以上的物流园区、工矿企业及粮食储备库等，原则上要接入铁路专用线或管道。

二是创新多式联运组织模式。丰富多式联运服务产品，大力发展铁路快运，推动冷链、危化品、国内邮件快件等专业化联运发展。培育多式联运市场主体，鼓励港口航运、铁路货运、航空寄递、货代企业及平台型企业等加快向多式联运经营人转型。推进运输服务规则衔接，以铁路与海运衔接为重点，推动建立与多式联运相适应的规则协调和互认机制，深入推进多式联运"一单制"，探索推进国际铁路联运运单、多式联运单证物权化。加大信息资源共享力度。

三是促进重点区域运输结构调整。推动大宗物资"公转铁、公转水"。推进京津冀及周边地区、晋陕蒙煤炭主产区运输绿色低碳转型。加快长三角地区、粤港澳大湾区铁水联运、江海联运发展。

四是加快技术装备升级。推广应用标准化运载单元，积极推动标准化托盘（1200mm×1000mm）在集装箱运输和多式联运中的应用。加强技术装备研发应用。提高技术装备绿色化水平。

五是营造统一开放市场环境。深化重点领域改革，建立统一开放、竞争有序的运输服务市场。规范重点领域和环节收费。加快完善法律法规和标准体系。

六是完善政策保障体系。加大资金支持力度。加强对重点项目的资源保障。制定推动多式联运发展和运输结构调整的碳减排政策，鼓励各地出台支持多种运输方式协同、提高综合运输效率、便利新能源和清洁能源车船通行等方面政策。

总之，我国多式联运发展再次迎来了变革机遇期，而种种因素表明，单元化物流和一体化运作的理念与技术可以为我国多式联运的进一步发展提供巨大的助力。因此，相关技术的应用和理论实践值得期待。

2. 模式创新

在物流运作中，我国标准化和一体化运作的干线物流相对成熟，且成本较低，而城市配送的支线物流或毛细物流因其复杂多样、规模不足以及目前城市道路的种种行驶限制，导致成本要高于干线物流数十倍，但效率却远低于干线物流。如果将把标准化和一体化运作的物流模式进一步延伸至城市货站甚至社区分拣中心，这将实现城市末端配送的效率提升与成本锐减，极大地提升整体物流运作体系的效率，降低整体物流体系的成本。

3. 设施设备的创新

在整个物流体系中，集装箱标准化是十分重要的。集装箱的标准不仅与集装箱本身有关，而且与各种运输设备、装卸器具、甚至车站、码头、仓库的设施有关。除了上文提到的单元化载具的创新,多式联运中各种运输方式之间如何高效衔接、集装箱如何高效装卸和转运等都是急需探究的重要课题。

例如,2021年,西南交通大学一个科研小组的课题"多式联运设备集装单元化及高效装卸技术研究",以多式联运设备关键技术为导向,通过开展多式联运设备集装单元化及专用集装箱专用吊具管家技术,多式联运高效卸装备的轻量化、高效作业及减摇性能关键技术等研究,较好地实现了多式联运设备高效装卸装备起重小车机构集成化设计与轻量化。该研究可有力促进多式联运设备集装单元化,以及高效装卸在性能上的全面提高,达到低碳、节能、环保的目的。

二、集装箱多式联运的组织形式

由于国际多式联运具有其他运输组织形式无可比拟的优越性,这种国际运输新技术已在世界各主要国家和地区得到广泛的推广和应用。其组织形式主要包括海陆联运、路桥运输和海空联运三种。

(一)海陆联运

海陆联运是国际上多式联运的主要组织方式,也是亚洲东部和欧洲多式联运的主要组织形式。从事该业务的公司主要有马士基航运公司、中国远洋运输公司等。这种组织形式以航运公司为主体,签发联运单据,与航线两端的内陆运输部门开展联运业务,与陆桥运输展开竞争。根据主导企业的不同,海陆联运主要分为路桥运输和普通的海陆联运,陆地上的运输方式又可分为海铁联运、海公联运及海铁公联运三种。

海陆联运可以有效解决货物运输过程中权责不清的难题。目前,在所有的运输方式中,海运是最便宜的运输方式,受运输范围以及航线的限制,航运只能抵达为数不多的港口,但我国对于货物的需求主要在内陆地区,原有的分段式运输由于不同运输方式的承运商不同,导致货物出现问题时很难鉴定权责。在原来的分段式运输中,因承运商不同,不同承运商之间难以共用同一套运输系统,导致货物交割过程中存在耗时长、效率低的难题。而采用海陆多式联运后,原有的分段式运输将被多式联运服务企业整合,多式联运服务企业承担全程货物的损失问题,因此,原有的交接效率低下、货物权责不清的问题将很好地得到解决。

海陆联运还可以有效地扩宽货物的运输范围。以中国为例,我国海运能够抵达的只有天津港、上海港等地区,运输范围受到极大的限制。当采用海陆联运后,虽然运输成本相对单一的海运来说有所上升,但其相对只采用陆运的方式来讲成本又较为低下。采用海陆联运后,能够使整个运输网络扩展到各个分散的大陆板块,运输网络相对单一的陆运来说扩展到了不相连接的大陆板块,相对单一的海运来说又能够扩展到内陆区域,再加上我国现阶段公路已经实现了全国县级城市的联通,因此采用海陆联运后货物运输将实现全国覆盖。

（二）陆桥运输

在国际多式联运中，陆桥运输起着非常重要的作用。它是亚洲东部和欧洲国际多式联运的主要形式。所谓陆桥运输，是指以集装箱为主要运输工具，以贯穿大陆上的铁路或公路运输系统作为中间桥梁，把大陆两端的海洋连接起来，组成"海—陆—海"的运输方式。严格地讲，陆桥运输也是一种海陆联运形式，只是因为其在国际多式联运中的独特地位，故在此将其单独作为一种运输组织形式。目前，陆桥运输线路主要有以下六条。

1. 西伯利亚大陆桥

西伯利亚大陆桥是世界上最著名的国际集装箱多式联运线路之一，通过俄罗斯的西伯利亚铁路，把亚洲东部、东南亚和澳大利亚地区与欧洲、中东地区联结起来，因此西伯利亚大陆桥又被称为亚欧大陆桥。西伯利亚大陆桥于1971年由原全苏对外贸易运输公司正式确立。使用这条陆桥运输线路的经营者主要是日本、中国和欧洲各国的货运代理公司。其中，日本出口欧洲杂货的1/3，欧洲出口亚洲杂货的1/5是经这条线路运输的。由此可见，它在沟通亚欧大陆、促进国际贸易发展中占有重要的地位。

西伯利亚大陆桥运输包括"海铁铁""海铁海""海铁公"和"海公空"四种运输方式。由俄罗斯的过境运输总公司担当总经营人，它拥有签发货物过境许可证的权利，并签发统一的全程联运单据，承担全程运输责任。至于参加联运的各运输区段，则采用"互为托、承运"的接力方式完成全程联运任务。可以说，西伯利亚大陆桥是较为典型的一条过境多式联运线路。

西伯利亚大陆桥是目前世界上最长的一条陆桥运输线。它大大缩短了从日本、亚洲东部、东南亚及大洋洲到欧洲的运输距离，并因此节省了运输时间。从亚洲东部经俄罗斯太平洋沿岸港口去欧洲的陆桥运输线路全长13000千米。而相应的全程水路运输距离（经苏伊士运河）约为20000千米。从日本横滨到欧洲鹿特丹，采用陆桥运输，不仅可使运距缩短1/3，运输时间也可节省1/2。此外，在一般情况下，运输费用还可节省20%~30%左右，因而对货主有很大的吸引力。

由于西伯利亚大陆桥拥有得天独厚的优势，它的声望与日俱增，它也吸引了不少亚洲东部、东南亚以及大洋洲地区到欧洲的运输，这使西伯利亚大陆桥在短短的几年时间中就有了迅速发展。但是，西伯利亚大陆桥运输在经营和管理上存在的问题，如港口装卸能力不足、铁路集装箱车辆不足、箱流的严重不平衡以及严寒气候的影响等，在一定程度上阻碍了它的发展。尤其是随着我国兰新铁路与中哈边境的土西铁路的接轨，一条新的"欧亚大陆桥"形成，为亚洲东部至欧洲的国际集装箱多式联运提供了一条便捷的路线，使西伯利亚大陆桥面临严峻的竞争形势。

2. 北美大陆桥

北美大陆桥运输指从日本东向,利用海路运输到北美西海岸,再经由横贯北美大陆的铁路线,陆运到北美东海岸,再经海路运往欧洲的"海—陆—海"运输结构。北美大陆桥包括美国大陆桥运输和加拿大大陆桥运输。美国大陆桥有两条运输线路:一条是从西部太平洋沿岸至东部大西洋沿岸的铁路和公路运输线;另一条是从西部太平洋沿岸至东南部墨西哥湾沿岸的铁路和公路运输线。

北美大陆桥是世界上历史最悠久、影响最大、服务范围最广的陆桥运输线。据统计,从亚洲东部到北美东海岸的货物有超过50%是采用双层列车进行运输的,因为采用这种陆桥运输方式比采用全程水运方式通常要快1～2周。例如,集装箱货从日本东京到欧洲鹿特丹港,采用全程水运(经巴拿马运河或苏伊士运河)通常约需5～6周时间,而采用北美大陆桥运输,仅需3周左右的时间。随着美国和加拿大大陆桥运输的成功营运,北美其他地区也开展了大陆桥运输,墨西哥大陆桥就是其中之一。该大陆桥横跨特万特佩克地峡,连接太平洋沿岸的萨利纳克鲁斯港和墨西哥湾沿岸的夸察夸尔科斯港。

北美大陆桥运输对巴拿马运河的冲击很大,由于陆桥运输可以避开巴拿马运河宽度的限制,许多海运承运人开始建造超巴拿马型集装箱船,增加单艘集装箱船的载运箱量,放弃使用巴拿马运河,使集装箱国际海上运输的效率提高。

3. 新亚欧大陆桥

新亚欧大陆桥又名"第二亚欧大陆桥",是从江苏省连云港市到荷兰鹿特丹港的国际化铁路交通干线,国内由陇海铁路和兰新铁路组成。大陆桥途经江苏、安徽、河南、陕西、甘肃、青海、新疆7个省、自治区,到中哈边界的阿拉山口出国境。出国境后,可经3条线路抵达荷兰的鹿特丹港。其中,中线与俄罗斯铁路友谊站接轨,进入俄罗斯铁路网,途经斯摩棱斯克、布列斯特、华沙、柏林到达荷兰的鹿特丹港,全长10900千米,辐射世界30多个国家和地区。

1992年12月1日,横贯亚欧两大洲的铁路大通道——新亚欧大陆桥开通运营。30多年来,新亚欧大陆桥东桥头堡起点的连云港港已经开通了至阿拉山口、喀什、霍尔果斯、阿拉木图等集装箱进出境多条通道,极大地促进了新亚欧大陆桥运输的发展。

"一带一路"倡议背景下,新亚欧大陆桥与中蒙俄、中国—中亚—西亚、中国—中南半岛、中巴和孟中印缅六大经济走廊已经成为"一带一路"倡议的战略支柱。作为"一带一路"倡议的主要内容和骨架,这些优先发展的经济走廊将沿线60多个发展中国家列为中国对外交往的优先和重点对象,并将"一带一路"倡议构想落到了实处,新亚欧大陆桥经济辐射作用日益凸显。在沿桥地带实行沿海地区的开放政策,根据需要可继续设立各种开发区和保税区;试办资源型开发区;按照高起点和国际接轨的要求,建立资源和资源加工型新型企业;促进沿线地区工业化和城市化;利用外资,试办中国西部农业合作开发区,营造亚欧农产品批发交易中心;根据交通枢纽、资源状况、地理位置,以中心城市为依托,在沿桥地区建立若干个经济发展区,如以日照为中心的国际经济贸易合作区等。在未来"一带一路"倡议的实施过程中,新亚欧大陆桥经济走廊必定将发挥更大的作用。

4. 小陆桥运输

小陆桥运输是指货物以国际标准规格集装箱为容器,从日本港口海运至美国、加拿大西部港口,再由铁路集装箱专列或汽车运至北美东海岸、美国南部或内地以及相反方向的运输。小陆桥运输从其运输组织方式上看,与大陆桥运输并无大的区别,只是其运送的货物的目的地为沿海港口。目前,北美小陆桥运送的主要是日本经北美太平洋沿岸,到大西洋沿岸和墨西哥湾地区的集装箱货物。当然,北美小陆桥也承运从欧洲到美国西海岸,及海湾地区各港的大西洋航线的转运货物。北美小陆桥在缩短运输距离、节省运输时间上效果是显著的。

5. 微陆桥运输

微陆桥运输指以国际标准规格集装箱为容器,从日本港口运至北美西海岸及墨西哥湾沿岸港口,利用铁路或汽车从这些港口运至美国、加拿大内陆城市的运输方式。它是从小陆桥运输派生出来的运输方式,与小陆桥运输基本相似,只是其交货地点在内陆地区。微陆桥运输部分使用了小陆桥运输线路,因此又称半陆桥运输。

6. OCP 运输

OCP(overland common points)运输指美国内陆运输方式。它享受优惠费率通过陆运可抵达的地区。从地理位置来看,它涉及落基山脉以东地区,约占美国2/3的面积。按照OCP运输条款的规定,凡是使用美国西海岸航运公司的船舶,经过西海岸港口转往内陆地区的货物,均可享受比一般直达西海岸港口更为廉价的海运优惠费率和内陆运输优惠费率,其条件是成交的贸易合同须说明采用 OCP 运输方式,并使用集装箱运输;目的港应为美国西海岸港口,并在提单的目的港栏注明 OCP 字样;在物品各栏和包装上标明 OCP 内陆地区名称。

(三)海空联运

海空联运又被称为空桥运输。在运输组织方式上,空桥运输与陆桥运输有所不同:陆桥运输在整个货运过程中使用的是同一个集装箱,不用换装,而空桥运输的货物通常要在航空港换入航空集装箱。不过,两者的目标是一致的,即以低费率提供快捷、可靠的运输服务。

海空联运方式始于20世纪60年代,但到80年代,才得到较大的发展。采用这种运输方式,运输时间比全程海运少,运输费用比全程空运便宜。目前,国际海空联运线路主要有以下三条。

1. 亚洲东部—欧洲

亚洲东部与欧洲间的航线有以温哥华、西雅图、洛杉矶为中转基地,也有以中国香港、曼谷、符拉迪沃斯托克为中转基地。此外,还有航线以旧金山、新加坡为中转基地。

2. 亚洲东部—中南美

近年来,亚洲东部至中南美的海空联运发展较快,因为此处港口和内陆运输不稳定,所以对海空运输的需求很大。该联运线以迈阿密、洛杉矶、温哥华为中转基地。

3. 亚洲东部—中东、非洲、大洋洲

这是以中国香港、曼谷为中转基地,至中东、非洲的运输服务线路。在特殊情况下,还有经马赛至非洲、经曼谷至印度、经中国香港至大洋洲等联运线,但这些线路货运量较小。

海空联运运输方式综合了目前所有运输方式中最便宜的运输方式和最昂贵的运输方式,同时这两种运输方式也是运送时效最低和最高的两种运输方式。因而对于海空联运来说,海运距离越长,其成本控制得越好,但时效提高的程度也小,与此相对应,航空运输的距离越长,其成本控制的效果就越低,但时效的提高程度越高。总的来讲,运输距离越远,采用海空联运的优越性就越大,因为同完全采用海运相比,其运输时间更短,同直接采用空运相比,其费率更低。因此,从亚洲东部出发,将欧洲、中南美以及非洲作为海空联运的主要市场是合适的。

当然,随着多式联运理念和运作方式的不断发展,公路货运与铁路货运间的公铁联运、公路与航空货运间的公空联运,以及铁路货运与航空货运间的空铁联运也将蓬勃发展起来。

三、集装箱多式联运的单据业务

多式联运单据是指证明国际多式联运合同成立及证明多式联运经营人接管货物,并负责按照多式联运合同条款支付货物款项的单据。多式联运单据多出现在海上运输中,那么,究竟什么是多式联运单据呢?多式联运单据的内容有哪些呢?国际货运中,有哪些类型的多式联运单据呢?

（一）多式联运单据的含义

根据我国于1997年10月1日施行的《国际集装箱多式联运管理规则》，国际集装箱多式联运单据（简称多式联运单据），是指证明多式联运合同以及多式联运经营人接管集装箱货物并负责按合同条款交付货物的单据，该单据包括双方确认的取代纸张单据的电子数据交换信息，在实践中一般被称为国际多式联运提单（Multimodal Transport B/L）。

多式联运单据是发货人与多式联运经营人订立的国际货物多式联运合同的证明，其由承运人或其代理人签发，作用与海运提单相似，既是货物收据，也是运输契约的证明。在单据作成指示抬头或不记名抬头时，可作为物权凭证，经背书可以转让。可转让的多式联运单据具有流通性，也可以像提单那样在国际货物买卖中扮演重要角色。不可转让的多式联运单据不具有流通性，经营人凭单据上记载的收货人而向其交货，这种情况下，一般使用另行拟定的单据替代多式联运单据。

（二）多式联运单据的格式

在国际联运过程中，为了保护和处理多方面的责任和义务，实际上存在很多不同单据。根据单据用途，可将单据分为两大类。一类是进出口运输所需的，以及办理运输有关业务的单据，如多式联运单据、各区段的运单、提单、提箱单、设备交接单、装箱单、场站收据、交货记录等。另一类是向各口岸监管部门申报所使用的单据，如商业发票、进出口许可证、商品检验证明、卫生检疫证明、合同副本、信用证副本等。

多式联运单据是办理进出口运输业务的关键单据。目前，在国际货物运输中，并没有标准化的多式联运单据，但大多数多式联运单据都采用了联合运输单证统一规则而趋于标准化。在此基础上，一些国际组织，如波罗的海国际航运工会（Baltic and International Maritime Council, BIMCO）和国际货运代理协会联合会（International Federation of Freight Forwarders Associations, FIATA）确定了多式联运单据的格式。所以从单据格式来看，多式联运单据包括Combidoc、FBL和Multidoc三种格式。Combidoc和FBL的内容基本上是相同的，但在细节上有所不同。两种单据都并入了多式联运合同当事人的合同义务，特别是多式联运经营人的权利、义务和责任。但是FBL规定了不论延误发生在哪一区段，都应支付延迟交货的赔偿金，最高金额为延迟货物应付运费的两倍。在这一点上，FBL比Combidoc更有利于保护托运人的利益。Multidoc是由联合国贸易和发展会议（United Nations Conference on Trade and Development, UNCTAD）为便于《联合国国际货物多式联运公约》得以实施而制定的，它并入了该公约中责任方面的规定。

（三）多式联运单据的内容

根据《联合国国际货物多式联运公约》，多式联运单据应载明下列事项。

一是货物品类、识别货物所必需的主要标志。例如,如果货物属于危险货物,发货人需要提供危险特性的明确声明、包数或件数、货物的毛重或用其他方式表示的数量等。

二是货物外表状况。

三是多式联运经营人的名称和主要营业场所。

四是发货人、收货人(必要时可有通知人)名称。

五是多式联运经营人接管货物的地点和日期。

六是交货地点。

七是双方明确协议的交付货物地点、交货时间、期限。

八是表示该多式联运单据为可转让或不可转让的声明。

九是多式联运单据的签发地点和日期。

十是多式联运经营人或经其授权的人的签字。

(四)多式联运单据的签发

多式联运经营人在收到货物后,凭发货人提交的收货收据(在集装箱运输时一般是场站收据正本)签发多式联运单据,根据发货人的要求,可签发可转让或不可转让单据中的任何一种。签发单据前,多式联运经营人应向发货人收取合同规定和应由其负责的全部费用。多式联运经营人在签发多式联运单据时,应注意以下事项。

第一,如签发可转让多式联运单据,应在收货人栏列明按指示交付或向持票人交付;如签发不可转让提单,应列明收货人的名称。

第二,多式联运单据上的通知人一般是在目的港或最终交货地点,由收货人指定代理人。

第三,对签发正本单据的数量一般没有规定,但如应发货人要求签发一份以上的正本时,在每份正本单据上应注明正本份数。

第四,如签发任何副本(应要求),每份副本均应注明"不可转让副本"字样,副本单据不具有单据的法律效力。

第五,签发一套一份以上的正本可转让单据时,各正本单据具有同样的法律效力,多式联运经营人或其代理人如已按其中的一份正本交货,便已履行交货责任,其他单据自动失效。

第六,多式联运单据应由多式联运经营人或经授权的人签字。如不违背所在国法律,签字可以是手签,手签笔迹可以用印、盖章、符号或用任何其他机械或电子仪器打出。

第七,如果多式联运经营人或其代表在接收货物时,对货物的实际情况和单据中所注明的货物的种类、标志、数量、重量、包件数等有怀疑,但又无适当方法进行核对的情况下,检查时可以在单据中做出保留,注明不符之处和怀疑根据。但为了保证单据的清洁,也可按习惯做法处理。

第八,经发货人同意,可以用任何机械或其他方式保存《联合国国际货物多式联运公约》规定的多式联运单据应列明的事项,签发不可转让多式联运单据。在这种情况下,多式联运经营人在接管货物后,应交给发货人一份可以阅读的单据,该单据应载有此种方式记录的所有事项。根据《联合国国际货物多式联运公约》的规定,这份单据应被视为多式联运单据,《联合国国际货物多式联运公约》中的这项规定主要是为适应电子单据的使用而设置的。

第九,多式联运单据一般在经营人收到货物后签发。由于联运的货物主要是集装箱货物,因而经营人接收货物的地点可能是集装箱码头、内陆堆场、集装箱货运站和发货人的工厂或仓库。由于接受货物地点不同,提单签发的时间、地点及联运经营人承担的责任也有较大区别。在各处签发单据的日期,一般应是多式联运单据签发时的日期。如果应发货人要求填写其他日期(如提前,在实践中则被称为倒签提单),多式联运经营人要承担较大风险。

第四节　运输合理化

物流过程中的合理运输,是指从物流系统的总体目标出发,选择合理的运输方式和运输路线,即运用系统理论和系统工程原理与方法,选择合理的运输工具和优化运输路线,以最短的路径、最少的环节、最快的速度和最少的劳动消耗,组织好运输活动,以获取最大的经济效益。

一、影响运输合理化的要素

由于运输是物流中最重要的功能要素之一,物流合理化在很大程度上依赖运输合理化。运输合理化主要包含五个要素,分别是运输距离、运输环节、运输时间、运输工具、运输费用。

(一)运输距离

在运输时,运输距离会直接影响运输时间、运输货损、运费、车辆周转等技术经济指标,运输距离长短是运输是否合理的一个最基本因素。因此,物流公司在组织商品运输时,首先要考虑运输距离,尽可能实现运输路径优化。

(二)运输环节

在运输业务活动中,需要进行装卸、搬运、包装等工作,多一道环节,就会增加起运的运费和总运费。因此,减少运输环节,尤其是同类运输工具的运输环节,对合理运输有促进作用。

(三)运输时间

"时间就是金钱,速度就是效益",运输不及时,容易失去销售机会,造成商品积压或脱销。在国际贸易市场上,运输时间尤其重要。

(四)运输工具

从前文中,我们可知,各种运输工具都有其使用的优势领域和缺陷,因此我们要根据不同商品的特点,优化选择运输工具,并合理规划运输路线,以合理使用运力,最大程度地发挥运输工具的作用。

(五)运输费用

运输费用,简称运费,在全部物流费用中占很大比例,是衡量物流经济效益的重要指标,也是组织合理运输的主要目的之一。

上述要素既相互联系,又相互影响,有的还相互矛盾。运输时间短了,费用却不一定省,这就要求我们进行综合分析,寻找最佳方案。在一般情况下,运输时间快,运输费用省,是考虑合理运输的关键,因为这两项因素集中体现了物流过程中的经济效益。

二、不合理运输的表现形式

(一)空驶

空驶,即空车无货载行驶,可以说是不合理运输的最严重形式。造成空驶的主要有以下几种原因。一是选择自行运输,未利用社会化的运输体系,这容易造成单程空驶的不合理运输。二是由于工作失误或计划不周,造成货源不实,车辆空去空回,形成双程空驶。三是由于车辆过分专用,无法搭运回程货,只能单程实车,单程回空周转。

(二)对流运输

对流运输又叫相向运输或者交错运输,指的是同一种货物,或者是彼此之间可以相互替代而又不影响管理、技术以及效益的货物,在同一条线路上或者平行线路上做相对方向的运送,而与对方运程的全部或者一部分发生重叠交错的运输。如图 2-3 所示,甲和丁都是供应商,乙和丙都是客户,甲会发货到乙和丙,丁会发货到丙和乙,在乙和丙的中间,有一条甲、丁都要经过的重叠路线,这条重叠路线如果是同一条路线,则称为显性对流,如果是平行的路线,则称为隐性对流。对流运输会造成运力的浪费,降低商品流动速度,还会增加货物损耗。

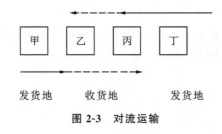

图 2-3　对流运输

（三）迂回运输

迂回运输是舍近求远的一种运输方式,即舍弃短距路线,而选择路程较长的路线进行运输的形式。并非所有的迂回运输都是不合理的,其有一定的复杂性,不能简单处理。只有因计划不周、对地理环境不熟悉、路线规划不合理、调度不合理、组织不当而发生的迂回运输,才属于不合理运输。如果最短距离有交通阻塞、道路情况不好或有对噪音、排气等有特殊限制,此时发生的迂回运输不能理解为不合理运输。

（四）重复运输

重复运输是指一种货物本可以直达目的地,但由于某种原因而在中途停卸重复装运的不合理运输现象。简言之,就是本来可以直接将货物运到目的地,但是在未到达目的地之处,或在目的地之外的其他场所将货卸下,再重复装运送达目的地,这是重复运输的一种形式。另一种形式是,同品种货物在同一地点一面运进,同时又向外运出。重复运输的最大毛病是增加了非必要的中间环节,这就延缓了流通速度,增加了费用,增大了货损。

（五）倒流运输

倒流运输是指货物从销地或中转地,向产地或起运地回流的一种运输现象。倒流运输也是隐蔽对流的一种特殊形式,除非是因退货或者返厂重修而引发的倒流运输,否则倒流运输纯粹是一种运力的浪费,其不合理程度要高于对流运输,原因在于两程的运输都是不必要的,形成了双程的浪费。

（六）过远运输

过远运输是指选择进货单位或调运物资时,可以选取近程运输而未选取,舍近求远而造成的拉长货物运距的浪费现象。过远运输往往是由于厂商信息不对称造成的,或者是由于厂商供应端过于单一造成的。产销计划不当或运输计划不当也会造成过远运输。

(七)运力选择不当

运力选择不当指未依据各运输工具的优势合理选择运输工具,而造成的不合理现象,常见的有以下几种形式:弃水走陆;铁路、大型船舶的过近运输;运输工具承载能力选择不当,造成过分超载、损坏车辆或货物不满等。

(八)超限运输

超限运输是指超过公路建筑限界规定的长度、宽度、高度或总负载超过公路、公路构造物限载标准的车辆在公路上行驶的行为。超限运输容易引起货损、车辆损坏、公路路面及公路设施的损坏,还会造成严重的事故。超限运输是当前表现突出的不合理运输类型。

三、运输合理化的有效措施

运输合理化是一个系统的分析过程,人们常采用定性与定量相结合的方法,对运输的各个环节和整体进行分析研究,选择合理的运输方式,合适的运输工具,科学规划运输路线,并在此基础上实现以下几个目标。

(一)提高运输工具实载率

提高运输工具实载率的意义在于,充分利用运输工具的额定能力,减少车船空驶和不满载行驶的时间,减少浪费,从而求得运输的合理化。根据测定,汽车运输的实载率每下降1%,百吨货物每千米的油耗约上升1%~2%。当前,在国内外开展的配送形式,优势之一就是将多家需要的货或者一家需要的多种货实行配装,以达到容积和载重的充分合理运用,它可以减少空驶的状况,是运输合理化的重要进展。在铁路运输中,采用整车运输、合装整车、整车分卸及整车零卸等具体措施,都是提高实载率的有效措施。

(二)减少能源动力投入,增强运输能力

运输的投入主要是能耗和基础设施的建设。在运输基础设施固定的情况下,人们需要尽量减少能源动力投入,从而大幅节约运费,降低单位货物的运输成本,达到运输合理化的目的。如在铁路运输中,在机车能力允许的情况下,多加挂车皮;在内河运输中,将驳船编成队形,由顶推船顶推前进;在公路运输中,实行汽车挂车运输,在运量比较大的路线上采用大吨位汽车运输等,以增强运输能力。

（三）发展社会化的运输体系

运输社会化的含义是，发挥运输的生产优势，实行专业化分工，打破物流企业自成运输体系的状况。单个物流企业车辆自有，自我服务，很难形成规模，且运量需求有限，难以自我调剂，因而经常容易出现空缺，或因运力选择不当而出现不能满载等浪费现象，且配套的接货设施、发货设施、装卸搬运设施也很难有效地运行，所以浪费颇大。实行运输社会化，物流企业可以统一安排运输工具，避免迂回运输、倒流运输、空驶或运力选择不当，这不仅有助于物流企业追求组织效益，而且有利于物流企业追求规模效益，所以发展社会化的运输体系是运输合理化的非常重要的措施。

（四）尽量发展直达运输

直达运输，就是在组织货物运输的过程中，越过商业、物资仓库环节或交通中转环节，把货物从产地或起运地直接运到销地或用户，以减少中间环节。直达运输的优势，尤其在一次运输批量和用户一次需求量达到了一整车时表现得最为突出。此外，在生产资料、生活资料的运输中，通过直达运输，能建立稳定的产销关系和运输系统，有利于提高运输的计划水平。

近年来，直达运输的比重逐步增加，它为减少物流中间环节创造了条件。管理者需要注意的是，如同其他合理化运输一样，直达运输的合理性也是在一定条件下才会有所表现，如果从用户需求来看，批量大到一定程度，直达运输是合理的，批量较小时，中转运输是合理的。

（五）发展配载运输

配载运输是充分利用运输工具载重量和容积，合理安排装载的货物及方法，以求得运输合理化的一种运输方式。配载运输往往是轻重商品的合理配载，在以重质货物运输为主的情况下，可同时搭载一些轻泡货物，如海运矿石、黄沙等重质货物，在上面捎运木材、毛竹等，在基本不增加运力的情况下，在基本不影响重质货物运输的情况下，解决了轻泡货物的搭运问题，因而效果显著。

（六）提高技术装载量

依靠科技进步是运输合理化的重要途径。这一方面体现为最大限度地利用运输工具的载重吨位，另一方面，它也体现为充分使用车船装载容量。例如，专用散装罐车解决了粉状物、液体物运输损耗大、安全性差等问题；袋鼠式车皮、大型拖挂车解决了大型设备的运输问题；滚装船解决了车载货的运输问题；集装箱船比一般船舶能容纳更多的箱体，集装箱船高速直达，加快了运输速度等。

（七）进行必要的流通加工

有不少产品，由于产品本身形态及特性问题，很难实现运输的合理化，如果进行适当加工，就能够有效解决合理运输问题。例如，将造纸材料在产地预先加工成干纸浆，然后压缩体积运输，就能解决造纸材料运输不满载的问题；将轻质产品预先捆紧，包装成规定尺寸，装车时就容易提高装载量；将水产品及肉类预先冷冻，就可以提高车辆装载率，并降低运输损耗。

◇ 本章小结

运输管理是物流的核心业务，是物流运作与管理中不可或缺的一环。运输对物流全过程的总费用有重大影响，便利、可靠、快捷的运输可以节约物流成本。运输的原理表现为规模经济原理和距离经济原理。我们可以从运送功能和储存功能两个角度来深刻理解运输在物流中的重要作用。铁路运输、公路运输、水路运输、航空运输和管道运输是运输的五种基本方式。运输方式在很大程度上也决定了运输成本、环境排放和社会风险，运输方式的选择将直接影响服务水平和运输成本，但其决策过程是复杂的。影响运输方式选择的要素非常多，我们可以采用定性分析、定量分析或者两者相结合的方法来选择合理的运输方式。

多式联运通过良好地协调和连续使用两种或两种以上的运输方式，以促进货物的移动。多式联运有潜力遏制与运营相关的负面外部影响，同时为客户提供无缝连接。单元化、一体化是多式联运发展的关键，集装箱的出现推动了集装单元化的发展。集装箱多式联运的组织形式主要包括海陆联运、路桥运输和海空联运三种。

运输合理化包括选择合理的运输方式和运输路线两个方面，主要涉及运输距离、运输环节、运输时间、运输工具、运输费用五个要素。运输合理化是一个系统的分析过程，人们常采用定性与定量相结合的方法，对运输的各个环节和整体进行分析研究，选择合理的运输方式，合适的运输工具，科学规划运输路线。

◇ 思考与练习

1. 按中途是否换载，可以将运输分为哪几类？
2. 为什么说运输是第三利润源的主要源泉？
3. 简述运输的原理和功能。
4. 运输对物流系统的影响表现在哪些方面？

5. 有哪几种基本的运输方式？它们各有什么特点？

6. 影响运输方式选择的因素有哪些？如何合理地选择运输方式？

7. 多式联运的优势有哪些？

8. 集装箱多式联运有哪几种常见的组织形式？

9. 简述新亚欧大陆桥在我国"一带一路"倡议实施中的作用。

10. 影响运输合理化的因素有哪些？

11. 不合理的运输包括哪些主要形式？

12. 如何实现运输合理化？

◇ 案例分析

沃尔玛的运输合理化

沃尔玛是世界上最大的商业零售企业，在物流运营过程中，尽可能地降低成本是其经营的哲学。沃尔玛有时采用空运，有时采用船运，还有一些货物采用卡车公路运输。在中国，沃尔玛完全采用公路运输，所以如何降低卡车运输成本，是沃尔玛物流管理者面临的一个重要问题。他们主要采取以下措施。

第一，沃尔玛使用一种尽可能大的卡车，大约有16米加长的货柜，比集装箱运输卡车更长或更高。沃尔玛把卡车装得非常满，产品从车厢的底部一直装到最高，这就非常有助于节约成本。

第二，沃尔玛的车辆都是自有的，司机也是沃尔玛的员工。沃尔玛的车队大约有5000名非司机员工，有3700多名司机，车队每周一次运输可以达7000~8000千米。沃尔玛物流管理者知道，卡车运输是比较危险的，有可能发生交通事故；只要卡车不出事故，就是节省公司的费用。因此，对于运输车队来说，保证安全是节约成本最重要的环节。

第三，沃尔玛采用全球定位系统对车辆进行定位，因此在任何时候，调度中心都可以知道这些车辆在什么地方，离店铺有多远，还需要多长时间才能到达店铺，这种估算可以精确到小时。这提高了整个物流系统的效率，有助于降低成本。

第四，沃尔玛连锁店铺的物流部门24小时都在工作，无论白天或晚上，相关人员都能为卡车及时卸货。另外，沃尔玛的运输车队还利用夜间进行运输，因而车队可以在当日下午进行集货，夜间进行异地运输，翌日上午即可送货上门，保证在15~18个小时内完成整个运输过程，这是沃尔玛在速度上获得优势的重要措施。

第五，沃尔玛的卡车把产品运到店铺后，店铺可以把产品整个卸下来，不用对每个产品逐个检查，这样就可以节省很多时间和精力，加快了沃尔玛物流的循环过程，从而降低了成本。这里有一个非常重要的先决条件,就是沃尔玛的物流系统能够确保店铺得到的产品是与发货单完全一致的产品。

第六,沃尔玛的运输成本比供货商自己运输产品的成本要低,所以厂商也使用沃尔玛的卡车来运输货物,从而做到了把产品从工厂直接运送到店铺,大幅节省了产品流通过程中的仓储成本和转运成本。

沃尔玛的集中配送中心把上述措施有机地组合在一起,做出了最经济合理的安排,因而能使沃尔玛的运输车队以最低的成本高效率地运行。

资料来源:《沃尔玛通过物流运输合理化节约成本》(https://wenku.baidu.com/view/0149acb3cebff121dd36a32d7375a417876fc1d7.html?＿wkts＿＝1689839101274),内容有改动。

■ 思考题:

1. 简述运输合理化的途径。

2. 结合该案例,分析如何从综合物流系统的角度降低运输成本。

3. 简评"尽可能实现大批量运输,避免小批量多批次运输就是提高物流运输效率,节约物流成本"这句话的合理性。

第三章　仓储管理与库存控制

◇ **学习目标**

■ **知识目标**

掌握仓储的概念、功能和类型,理解仓储管理的概念和原则,掌握仓储管理的业务流程及内容,了解仓储结构设计的相关技术及仓储平面布局的内容,了解仓储管理中常见的仓储设施设备类型及组成,熟悉自动化立体仓库的组成及在仓储管理中的实践应用,掌握库存控制的重要性及控制方法。

■ **能力目标**

知道仓储管理和库存控制在物流管理中的重要性,掌握仓储管理和库存控制的关键技术和方法,能够灵活运用理论知识分析企业的仓储管理和库存控制的实践活动,推动仓储管理的高质量发展。

■ **情感目标**

通过学习,理解仓储管理与库存控制对企业物流实践的重要性,了解其对中国企业及中国经济发展所起的作用,培养学生的职业自豪感与社会责任感,为提升中国经济在世界经济中的地位而不断努力,为实现从2020年到2035年基本实现社会主义现代化而奋斗。

◇ **学习重难点**

1. 仓储的分类及特点
2. 仓储管理的作业流程
3. 仓库结构及布局要求
4. 自动化立体仓库的构成
5. 库存的种类
6. 库存的分类管理方法
7. 库存控制技术
8. 仓储不合理化的主要表现
9. 仓储合理化的主要措施

◇ 本章导读

仓储是物流的两大功能之一,仓储管理对企业物流、企业绩效乃至区域经济的发展均具有重要的作用。仓储管理就是仓储机构在充分利用仓储设施设备及相关仓储资源的基础上,为了提供高效的仓储服务所进行的计划、组织、控制和协调。仓储管理涉及的内容非常广泛。本章在介绍仓储的概念、类型的基础上,着重介绍仓储管理的业务流程,阐述仓储结构设计应考虑的因素、与仓储布局相关的内容,以及仓储设施设备的组成和类型。此外,库存控制是仓储管理中不可或缺的一部分,本章在简要分析库存种类的基础上,阐述了库存控制的相关方法。

◇ 导入案例

月山啤酒集团的仓储管理

月山啤酒集团借鉴国内外物流公司的先进经验,结合自身的优势,制定了自己的仓储物流改革方案。

首先,月山啤酒集团成立仓储调度中心,对全国市场区域的仓储活动进行重新规划,对产品的仓储、转库实行统一管理和控制。月山啤酒集团由提供单一的仓储服务,发展到对产成品的市场区域分布、流通时间等进行全面的调整、平衡和控制。仓储调度成为销售过程中降低成本、增加效益的重要一环。

其次,月山啤酒集团成立具有独立法人资格的物流有限公司,以最短的时间、最少的投入和最经济的运送方式,将产品送至目的地。

最后,筹建集团技术中心,将物流、信息流、资金流全面统一在计算机网络的智能化管理之下,建立起各分公司与总公司之间的快速信息通道,及时掌握各地最新的市场库存、货物和资金流动情况,为制定市场策略提供准确的依据,并且简化了业务运行程序,提高了销售系统的工作效率,增强了企业的应变能力。

通过一系列的改革,月山啤酒集团获得了很大的经济效益。销售部门根据各地销售网络的要货计划和市场预测,制定销售计划,仓储部门根据销售计划和库存情况,及时向生产企业传递要货信息;生产厂家有针对性地组织生产,物流公司则及时地调度运力,确保交货质量和交货期。月山啤酒集团的仓库面积由70000多平方米下降到不足30000平方米,产成品平均库存量由12000吨降到6000吨。

资料来源:《月山啤酒集团的仓储管理》(https://www.docin.com/p-1330269988.html),内容有改动。

第一节 仓储管理概述

仓储是物流的基本功能要素之一,仓储管理则是每个物流系统不可缺少的重要组成部分。仓储管理在以最低的总成本提供令客户满意的服务方面具有重要的作用。

一、仓储的概念、功能和分类

(一)仓储的概念

"仓"也称仓库(warehouse),是存放、保管、储存物品的建筑物或场所的总称,它可以是房屋建筑物,也可以是大型容器、洞穴或者特定的场所等,其功能是存放和保护物品;"储"表示将储存对象储存起来以备使用,具有存放、保护、管理、以备交付使用的意思,也称为储存(storing)物品的行为。国家标准(GB/T 18354—2021)对仓储(warehousing)的概念进行了说明,指出仓储是利用仓库及相关设施设备进行物品的入库、储存、出库的活动。

(二)仓储的功能

仓储的主要功能是对流通中的商品进行检验、保管、加工、集散和转换运输方式,从而解决供需之间和不同运输方式之间的矛盾,这体现了仓储的场所价值和时间效应。仓储是保证物流过程正常运转的基本环节之一。仓储功能分为基本功能和增值服务功能两部分。

1. 仓储的基本功能

(1)调节功能

仓储在物流中起着"蓄水池"的作用。一方面,仓储可以调节生产和消费的平衡,使它们在时间和空间上得到协调,保证社会再生产的顺利进行。另一方面,仓储还可以实现对运输的调节。因商品从生产地流入消费地需要依靠运输完成,而不同运输方式在运向、运程、运力和运输时间上存在着较大的差异,这就需要仓储在不同运输方式之间进行调节。

(2)保管和检验功能

在物流过程中,物资入库后,人们必须对其进行有效的存储、保管和养护,人们一般采用先进的技术、合理的保管措施,保证在适当的温度和湿度等条件下,妥善地保管仓储物资,防止其发生物理或化学变化。同时,为保障入库物资的数量和质量准确无误,分清事故责任,维护各方面的经济利益,人们必须对物品必须进行严格的检验,以满足生产、运输、销售以及用户的要求。仓储为组织检验提供了场地和条件。

2. 仓储的增值服务功能

(1)流通加工功能

在仓储期间,人们可以通过简单的制造、加工活动来延期或延迟生产,提高物品附加值。加工本是生产环节的任务,但随着消费的个性化、多元化发展,许多企业将产品的定型、分装、组配、贴商标等工序留到仓储环节进行。

(2)拣选和配送功能

随着电子商务的发展,消费者可以通过网络完成线上订货,商家可以采用直销模式,但产品从生产者到消费者手中必须经过物流环节。仓储的拣选和配送功能可以缩短物流时间,减少物流环节,提高物流效益,实现物品的多批次小批量送货。仓储拣选和配送业务的发展能降低生产企业的库存,也能更好地满足消费者的需求。

(3)配载功能

现代仓储企业都提供车辆的配载服务,依据客户对运输工具和运输线路的要求,对物资进行分类仓储,并对车辆进行合理配载安排,运输工具到达时即可安排装车、出库。仓储配载能确保配送的及时性和运输工具的充分利用。

(4)集散功能

现代仓储企业都具有物资的集散与配载功能,可以实现多种不同物资在仓库中的集中存储,根据不同客户的需求,通过一集一散,实现需求的衔接。

(5)预防风险功能

储备仓库和周转仓库的安全储备都是可以用于预防灾害、战争、偶发事件以及市场变化等设置的保险库存,可以预防各种风险,保证生产和生活正常进行。

(三)仓储的分类

仓储的本质都是为了物品的储藏和保管,但由于经营主体、仓储对象、经营方式和仓储功能的不同,我们可以按照不同的划分标准,将仓储分为不同类别。

1. 按仓储经营主体划分

按仓储经营主体,我们可以把仓储分为企业自营仓储、商业营业仓储、公共仓储和战略储备仓储。

(1)企业自营仓储

企业自营仓储包括生产企业自营仓储和流通企业自营仓储。生产企业自营仓储是指生产企业使用自有的仓库设施,对生产使用的原材料、生产半成品、最终产品实施储存保管的行为。其存储的对象较为单一,以满足企业自身生产为原则。流通企业自营仓储对象较多,其目的是支持销售。

企业自营仓储不开展商业性仓储经营,行为不具有独立性,仅仅为企业的产品生产或经营活动服务。其特点是仓库规模小,数量多,专业性强,仓储业化程度低,设施简单。

(2)商业营业仓储

商业营业仓储是仓储经营人以其拥有的仓储设备,向社会提供商业性仓储服务的行为。仓储经营人与存货人通过订立仓储合同的方式建立仓储关系,并且依合同约定提供仓储服务和收取仓储费用。商业营业仓储的目的是在仓储活动中获得净利益,实现经营利润最大化。商业营业仓储分为提供货物仓储服务和提供仓储场地服务两种类型。

(3)公共仓储

公共仓储是公用事业的配套服务设施,如为车站、码头提供仓储配套服务的仓储,其运作的主要目的是保证车站、码头的货物周转,具有内部服务的性质,处于从属地位。但对于存货人而言,公共仓储也适用于营业仓储关系,只是不独立订立仓储合同,而是将关系列在作业合同之中。

(4)战略储备仓储

战略储备仓储是国家为满足国家安全、社会稳定的需要,对战略物资实行储备而产生的仓储。战略储备由政府进行控制,通过立法、行政命令的方式进行。战略储备物资存储的时间较长,以保证储备品的安全性为首要任务,战略储备物资主要有粮食、能源、有色金属等。

2. 按仓储对象划分

按仓储对象,我们可以把仓储分为普通物品仓储和特殊物品仓储。

(1)普通物品仓储

普通物品仓储是指不需要特殊保管条件的物品仓储,如普通的生产物资、生活用品、工具等杂货类物品的仓储,这类仓储不需要针对货物设置特殊的保管条件,货物一般存放在无特殊装备的通用仓库或货场。

(2)特殊物品仓储

特殊物品仓储是指在保管中有特殊要求和需要满足特殊条件的物品的仓储,如危险品仓储、冷库仓储、粮食仓储等。特殊物品仓储一般为专用仓储,按物品的物理、化学、生物特性以及法规规定进行仓储并实施管理。

3. 按经营方式划分

按经营方式,我们可以把仓储分为保管式仓储、加工式仓储和消费式仓储。

(1)保管式仓储

保管式仓储又称纯仓储,是指以保持保管物原样为目标的仓储。存储人将特定的物品交给保管人进行保管,到期后保管人将原物交还给存货人,保管物所有权不发生变化。保管物除了所发生的自然损耗和自然减量外,数量、质量、件数不发生变化。保管式仓储又分为仓储物独立的保管仓储和将同类仓储物混合在一起的混藏式仓储。

(2) 加工式仓储

加工式仓储是指保管人在仓储期间,根据存货人的要求对保管物进行一定的加工的仓储方式。保管物在保管期间,保管人根据存货人的要求对保管物的外观、形状、尺寸等进行加工,使仓储物按照存货人的要求变化。

(3) 消费式仓储

消费式仓储是指保管人接受保管物的所有权,保管人在仓储期间有意对仓储物行使所有权的仓储。仓储期满,保管人只要将相同种类和数量的替代物交还给委托人即可。消费式仓储实现了保管期较短(如农产品)、市场供应价格变化较大的商品的长期自用,因此能实现商品的保值和增值,是仓储经营人利用仓库开展仓储经营的重要发展方向。

4. 按仓储功能划分

按仓储功能,我们可以把仓储分为储存仓储、物流中心仓储、配送中心仓储、运输转换仓储。

(1) 储存仓储

储存仓储是指物资需要较长时间存放的仓储。由于物资存放时间长,单位时间存储费用低廉就很重要。一般情况下,应该在较为偏远的地区进行储存。储存仓储的物资较为单一,品种少,但存量大、存期长,因此要特别注意物资的质量保管。

(2) 物流中心仓储

物流中心仓储是以物流管理为目的的仓储活动,是为了实现有效的物流管理,对物流的流程、数量、方向进行控制,主要目的是实现物流的时间价值。物流中心仓储一般位于交通较为便利、存储成本较低的经济发达地区,采取批量入库、分批出车的形式。

(3) 配送中心仓储

配送中心仓储是商品在配送交付消费者之前所进行的短期仓储,是商品在销售或者供生产使用前的储存。商品在该环节进行销售或者使用前的处理,如进行拆包、分拣、组配等作业。配送中心仓储一般在商品的消费区内进行,仓储物品品种繁多,批量少,需要有一定量的进货、分批少量出库操作,主要目的是支持销量,注重对物品存量的控制。

(4) 运输转换仓储

运输转换仓储是衔接不同运输方式的仓储活动。这是在不同运输方式的衔接处,如港口、车站仓库等场所进行的仓储,是为了保证不同运输方式的高效衔接,减少运输工具的装卸和停留时间。运输转换仓储具有大进大出的特点,货物存期短,注重货物的周转作业效率和周转率。

二、对仓储管理的理解

仓储管理在物流业和整个经济活动中都具有重要的地位。对仓储进行管理，主要是为了使仓库空间的利用与库存货品的处置成本实现平衡。它是降低仓储物流成本的重要途径之一。通过高效率的仓储活动，人们可以使商品仓储在最有效的时间内发挥作用，创造商品仓储的时间价值和空间价值。

仓储活动能够促进企业提高客户服务水平，增强企业的竞争能力。在物流系统中，仓储是一个不可或缺的子系统。它伴随着剩余产品的产生而产生，又伴随着社会大生产的发展而发展。随着现代物流的迅速发展，仓储的作用与功能已远远超出了原有意义上的存储，具有更广泛、更丰富、更深刻的含义。

（一）仓储管理的概念和原则

1. 仓储管理的概念

仓储管理就是对仓库及仓库内的物资所进行的管理，是仓储机构为了充分利用所具有的仓储资源，以提供高效的仓储服务所进行的计划、组织、控制和协调过程。具体来说，仓储管理包括仓储资源的获得、仓储商务管理、仓储流程管理、仓储作业管理、保管管理、安全管理等多种管理工作及相关的操作。

仓储管理的内涵随着其在社会经济领域中的作用不断扩大而变化。仓储管理，即库管，是指对仓库及其库存物品的管理。仓储系统是企业物流系统中不可缺少的子系统。物流系统的整体目标是以最低成本提供令用户满意的服务，而仓储系统在其中发挥着重要作用。仓储活动能够促进企业提高用户服务水平，增强企业的竞争能力。现代仓储管理已从静态管理向动态管理发展，发生了根本性的变化。

2. 仓储管理的原则

(1) 效率的原则

效率是指在一定劳动要素投入量情况下的产品产出量。只有较少的劳动要素投入和较高的产品产出量，才能实现高效率。高效率就意味着劳动产出大、劳动要素利用率高，高效率是现代生产的基本要求。仓储的效率表现在仓容利用率、货物周转率、进出库时间、装卸车时间等指标上，其原则是"快进、快出、多存储、保管好"。

(2) 经济效益的原则

厂商从事生产经营的目的是追求最大化利润，这是经济学的基本假设条件，也是社会现实的反映。利润是经济效益的表现。要实现利润最大化,企业需要做到经营收入最大化和经营成本最小化。

在社会主义市场经济中,企业经营也不能排除追求利润最大化的动机。作为参与市场经济活动的主体,仓储业也应围绕着获得最大经济效益的目的进行组织和经营,同时也需要承担部分社会责任,履行环境保护、维护社会安定的义务,以及满足社会不断增长的需要等社会义务,实现生产经营的社会效益。

(3)服务的原则

仓储活动本身就是向社会提供服务产品。服务是贯穿在仓储中的一条主线,仓储的定位、仓储的具体操作、对储存货物的控制都围绕着服务进行。仓储管理就需要围绕着服务定位,就如何提供服务、改善服务、提高服务质量开展管理,包括直接的服务管理和以服务为原则的生产管理。

仓储的服务水平与仓储经营成本有着密切的相关性,两者互相对立。服务好,收费则高,仓储服务管理就是在降低成本和提供(保持)服务水平之间保持平衡。仓储企业进行服务定位的策略有以下几种。

在进入或者引起竞争时期,仓储企业可能选择高水平服务、低价格,且不惜增加仓储成本。在积极竞争时期,仓储企业会用较低的成本实现较高水平的仓储服务。在稳定竞争时期,仓储企业会提高服务水平,维持成本不变。在已占有足够的市场份额,处于垄断竞争(寡头)地位时,仓储企业会维持服务水平不变,尽力降低成本。在退出阶段或完全垄断阶段,仓储企业会大幅降低成本,但也会降低服务水平。

(4)服务质量的原则

仓储管理中的一切活动,都必须以保证在库物品的质量为中心。没有质量的数量是无效的,甚至是有害的,因为这些物品依然占用资金,产生管理费用,占用仓库空间。因此,为了完成仓储管理的基本任务,仓储活动中的各项作业必须有质量标准,并严格按标准进行工作。

(5)确保安全的原则

仓储活动中的不安全因素很多。这些不安全因素有的来自库存,如有些产品具有毒性、辐射性、易燃易爆性等;有的来自装卸搬运作业过程,如每一种机械的使用都有其操作过程,违反规程就要出事故;还有的来自人为破坏。因此,要特别加强安全教育,提高认识,制定安全制度,贯彻执行"安全第一,预防为主"的安全生产方针。

(二)仓储管理的地位和作用

1. 仓储管理在物流管理中的地位和作用

从某种意义上讲,仓储管理在物流管理中占据着核心地位。我们从物流的发展史可以看出,物流的研究最初是从解决"牛鞭效应"开始的,即在多环节的流通过程中,每个环节对于需求的预测存在误差,因此随着流通环节的增加,误差被放大,库存也就越来越偏离实际的最终需求,最终导致保管成本和市场风险的提高。解决这个问题的思路,从研究合理的安全库存开始,到改变流程、建立集中的配送中心,最后到改变生产方式,实行订单生产,将静态的库存管理转变为动态的 JIT[①] 配送(定时配送的一种),实现降低库存数量和缩短周期的目的。在这个过程中,尽管仓库越来越集中,每个仓库覆盖的服务范围越来越大,仓库吞吐的物品越来越多,操作越来越复杂,但是仓储的周期越来越短,成本不断递减的趋势一直没有改变。从发达国家的统计数据来看,现代物流的发展历史就是库存成本在总物流成本中所占比重逐步降低的历史。

从许多微观案例来看,仓储管理已成为供应链管理的核心环节。这是因为仓储总是出现在物流各个环节的结合部分,例如采购与生产之间、生产的初加工与精加工之间、生产与销售之间、批发与零售之间、不同运输方式转换之间,等等。仓储是物流各环节之间存在不均衡的表现,仓储也正是消除这种不均衡的手段。仓储环节集中了上下游流程中的所有矛盾,仓储管理就是实现物流流程的整合。我们可以借用运筹学的语言来描述仓储管理在物流中的地位,就是在运输条件为约束力的情况下,以寻求最优库存(包括布局)方案作为控制手段,使得物流达到总成本最低的目标。在许多具体的案例中,物流的整合、优化实际上可以归结为仓储的方案设计与运行控制。

2. 仓储管理在供应链中的地位和作用

我们还可以从供应链的角度来进一步认识仓储管理对于物流系统的重要意义。从供应链的角度,我们可以将物流过程看作由一系列的"供给"和"需求"组成的,当供给和需求节奏不一致,也就是两个过程不能够很好地衔接时,出现生产的产品不能即时被消费或者存在需求却没有产品满足需求时,就需要建立产品的储备,并进行有效的管理,将不能即时消费的产品储存起来,以满足后来的需求。供给和需求之间既存在实物的流动,也存在实物的静止,静止状态就是将实物进行储存(包括仓储),处于静止状态是为了更好地衔接供给和需求这两个动态的过程。

具体来说,仓储管理具有以下几个作用:仓储能对货物进入下一个环节前的质量起到保证作用;仓储能够为货物进入市场做好准备;仓储是加快商品流通、节约流通费用的重要手段;仓储还是保证整个社会再生产过程顺利进行的必要条件。

(三)仓储管理的业务内容

仓储管理的对象是仓库及库存物资,具体管理内容包括以下几个方面。

一是仓库的选址和设计问题,包括仓库选址的原则、仓库建筑的面积、格局的设计、仓库内部运输道路与作业流程的布置等。

---

① JIT 是 just in time 的缩写,意为准时。JIT 配送属于定时配送的一种,它强调准时,指的是在客户规定的时间,将合适的产品按准确的数量送到客户指定的地点。

二是仓库机械设备的选择与配置问题,包括合理地根据库存货物的种类和仓库作业的特点,确定选用哪些机械设备以及机械设备的数量,提高仓储作业效率。

三是仓储作业过程管理。简单来说,仓储作业过程管理包括物资的入库验收、物资的存放、在库物资的保管保养、物资的出库等相关工作的管理。

四是仓库的库存管理问题。过多的库存会占用大量的流动资金,而且会增加保管储存的费用。根据企业生产及客户需求状况,应对库存的物资进行分类,合理确定每类物资的储存数量和时间,既不因物资储存过少而引起缺货损失,又不因物资储存过多而占用过多的流动资金,增加成本。

三、仓储管理的作业流程

仓储管理的作业流程主要由入库作业、保管作业及出库作业组成。入库作业是根据物品入库计划和供货合同的规定进行的,包括一系列的作业活动,如货物的接运、验收和办理入库手续等。保管作业是在整个储存期间,为保持物品的原有使用价值,仓库需要采取一系列保管、保养措施,如物品的堆码、维护和保养,以及物品的检查和盘点等。出库作业是根据出库凭证,为使物品准确、及时、安全地出库所进行的一系列作业活动。

(一)入库作业

货物入库的作业流程包括货物接运、货物验收和办理入库手续三大环节。

1. 货物接运

到达仓库的物品有一部分是由供应商直接运到仓库交货,其他商品则要经过铁路、公路、航空、水路等运输工具转运。凡是经过交通运输部门转运的物品,都需要经过仓库接运,才能进行入库验收环节。货物接运是入库作业的重要环节,其主要任务是及时准确地从运输车辆卸载入库货物。

为了为仓库开展验收工作创造有利的条件,接运货物时,需要查核进货物品的相关单据,应做到手续齐全、责任分明,避免把一些运输过程中或运输前就已经发生损坏差错的货物带入仓库。

货物接运通常有以下四种方式:铁路专用线接车;存货人送货到库;到车站、码头提运;仓储人自提入库。

2. 货物验收

货物验收是仓储业务的重要环节,当货物从运输工具上移至收货装卸平台后,就应进行货物验收。货物验收要求做到及时、准确和负责。要求在尽可能短的时间内,认真、准确地验收货物。在验收过程中,一旦查出问题,应及时进行处理,如果发现货物有损坏,应将其损坏情况记录在承运人发货的收据上,以保证入库货物与所订购货物在质量、数量和包装等方面的一致性,避免给企业造成损失。货物验收的主要工作包括接收并核对单据,以及检验实物。

(1)接收并核对单据

货物验收必须在各种业务证件和资料齐全的条件下进行,保管员在接收到库的货物时,应先接收单据,确认所接收的产品同订购的货物是一致的。主要的单据、凭证包括以下三种:① 存货人提供的入库通知单、仓储合同;② 存货人或供货单位提供的质量证明书或合格证、装箱单、磅码单和发货明细表等;③ 如果在接运时货物已有质量残损或差错,则应具有承运人填写的商务记录或普通记录,以及提运员、接运员或送货员的交接记录等。只有当上述单据、凭证齐全,并经核对无误后,方能验收货物。

(2)检验实物

检验实物,主要包括对货物数量、质量和包装的检查验收。在对到库货物进行理货、分类后,要复核货物数量是否与入库凭证相符,规格、牌号等有无差错,确保入库货物数量、品牌等无误;通过目测或借助检验仪器等,对货物质量和包装情况进行检查,确保货物的质量符合规定的要求,货物包装能保证货物在储存和运输过程中的安全。

3.办理入库手续

货物验收完成后,由收货保管人员将验收场地上或收货装卸平台上经过验收合格的货物转移到仓储设施的存储区。进行货物入库作业时,首先需要确认货物的储存位置,再借助装卸搬运工具将货物移到合适的位置,最后更新仓储的储存记录。

货物入库应由仓库保管员填写入库通知单。完整的入库单据必须具备以下四联:送货回单、储存凭证、仓储账页和货卡。此外,还需要附上检验记录单、磅码单、产品合格证、装箱单等有关资料凭证,以证实该批货物已经检验合格,可以正式入库保管。货物入库包括以下三个主要环节。

(1)立"卡"

这里的"卡",即由该种货物的保管员记录所保管货物的动态卡片,通常又称"货卡""料卡""货物保管卡"或"商品验收明细卡"。商品入库堆码完毕,就需要立刻建立卡片,一垛一卡。建好的卡片有的装订成册,由保管员负责保管;有的拴挂在货垛的明显处。

货卡是货物保管人员进行验收和货物出库业务管理的主要依据,也是随时反映货物动态的基本业务凭证。因此,货卡必须随着货物进出业务及时记录,并随时与实物核对。

(2)登"账"

登"账",即建立"实物保管明细账",根据物品入库单和有关凭证建立物品明细账目,并按照入库物品的类别、品名、规格、批次、单价、金额、收货人等,分别立账,还要标明物品存放的具体位置。实物账必须严格按照商品的入库、出库凭证及时登记,填写要准确、清楚。账页记完后,应将结存数结转到新账页,旧账页应妥善保存,以备查验。实物保管账要经常核对,以保证账、卡、物相符。

(3)建"档"

建"档"指的是商品入库后,建立商品档案。它是按照商品的品名、型号、规格、单价、批次分别立卷归档,集中保存,记录储存商品的数量、质量等情况的资料、证件和凭证。建档能更好地管理储存货物的技术资料,便于相关人员准确了解货物在入库前、保管期间以及在出库业务活动中的数量、质量的变化情况,以及管理措施的效果,便于积累和总结货物的保管经验,以不断改进和提高仓储的科学管理水平。

(二)保管作业

货物经过验收入库后,便进入储存保管阶段,它是仓储业务的重要环节。货物进入仓储设施进行保管,需要安全地、经济地保持好货物原有的质量水平和使用价值,防止由于不合理保管所引起的货物磨损、变质或者流失等现象。保管作业的具体步骤如下。

1. 分区、分类和编号

分区、分类就是在所储存货物性能一致、养护措施一致、消防方法一致的前提下,把库房、货棚、货场划分为若干保管区域,然后根据货物大类和性能等划分为若干类别,以实现货物分类集中保管。分区和分类的方法有:① 按货物种类和性质分区;② 按不同货主分区、分类;③ 按货物流向分区、分类;④ 按货物危险性质分区、分类。可将仓储的库房、货场、货棚和货架等存货场所划分为若干货位,按其地点和位置的顺序排列,采用统一规定的顺序对货位进行编号。

2. 堆码与苫垫

(1)货物堆码

货物堆码是指将货物整齐、规则地摆放成货垛的作业。货物堆码是指货物入库存放的操作方法,它关系到货物保管的安全、清点数量的便利,以及仓储容量利用率的提高。

货物堆码应按照物品的存储特性和入库单上指定的货区与库位进行综合考虑,做到既能充分利用仓库的库位空间,又能满足货物保管的要求。此外,堆码还必须充分考虑货物特性对堆码作业在安全、低耗等方面的要求,特别是一些特殊商品,如要求通风货物、怕压货物、有毒货物、腐蚀性货物和易燃易爆的危险性货物等,需要满足其特殊要求。货物堆码方式由货物的性能、形状、包装、仓储设备、存放场所、季节、气候等条件决定。常用的堆码方式主要有四种:① 散堆方式;② 货架方式;③ 成组方式;④ 垛堆方式。

(2)货物苫垫

货物堆码时,要根据货物保管的要求和堆放场所的条件,需要进行垫垛。露天存放的货物在码垛以后,要进行妥善的苫盖,以避免货物受雨、露、霜、雪、潮气的侵蚀和受日光暴晒的损害。

垫垛使货物与地面隔离,避免地面潮气自垛底侵入,并使垛底通风;可以减少货物对地坪的压力,并保持货物的清洁。对于露天货场堆存的货物,垫垛也能避免风、雨、雪对货物的侵蚀。垫垛的材料一般是专门制作的水泥墩、石墩、枕木、木板、防潮纸、塑料薄膜等。

苫盖时,应考虑货物特性、堆垛形状和堆存期来选择苫盖物,同时,还要考虑苫盖物是否满足经济耐用、来源充足和防火防水等要求。露天仓储常用的苫盖物有苇席、油毡纸、苫布、油布、塑料布和铁皮等。

3. 货物检查与养护

仓库管理员应当经常或定期对仓储物品进行检查和养护。对于易变质或存储环境比较特殊的物品,应当经常进行检查和养护。

(1)货物检查

为了保证在仓库储存保管的货物质量完好、数量准确,必须经常、定期地对所保管的货物进行数量、质量、保管条件、安全等的动态检查,这是仓库保管业务的一项综合性措施。检查工作的主要目的是尽早发现潜在的问题。检查的内容主要包括数量检查、质量检查、安全检查和保管条件检查。

(2)货物养护

货物养护是指在储存过程中对货物所进行的保养和维护。养护工作主要是以预防为主。养护应采用科学防范方法,针对货物的不同特性积极创造适宜的储存条件,采取恰当的措施,保证货物的质量,减少货物的损耗。

在仓库管理过程中,应根据需要保持适当的温度、湿度,采取适当的防护措施,预防破损、腐烂或失窃等,确保所存储货物的安全。货物在保管过程中,因其本身性质、自然条件的影响、计量工具的合理误差,或人为的原因等发生的损耗,有的是可以避免的,有的则难以避免。货物的自然损耗(指因货物性能、自然条件、包装情况、运输工具、装卸设备、技术操作等产生的不可避免的损耗)是不可避免的,而人为因素或自然灾害造成的损耗是可以避免的。货物养护的目的就是尽可能地降低或避免人为因素或自然灾害造成的货物损耗。

4. 货物盘点

货物盘点是定期或临时核对库存商品实际数量与保管账上的数量是否相符,查明超过保管期限、长期积压货物的品种、规格和数量,以便提前处理;检查货物有无质量变化、残损等情况;查明库存货物数量的溢余或缺少的原因,以利于改进货物的仓储管理。

盘点方式通常有两种:一是定期盘点,即仓库的全面盘点,一般每季度进行一次,由货主派人会同仓库保管员、商品会计一起盘点对账;二是临时盘点,当仓库发生货物损失事故,或保管员更换,或仓库与货主认为有必要盘点对账时,组织一次局部或全面的盘点。

对于仓库中贵重的和易变质的货物,盘点的次数越多越好,其余的物品应当定期进行盘点(如每年盘点一次或两次)。盘点时应当做好记录,与仓库账务核对,如果出现问题,应当尽快查出原因,及时处理。

(三)出库作业

货物出库是仓储业务的最后一个环节,它是仓储人员根据存货人或仓单持有人所持有的仓单,组织货物出库的一系列活动。货物出库时,要求将货物准确、及时、保质、保量地交给仓单持有人,出库的货物必须包装完整、标记清楚、数量准确。货物出库的方式包括货主自提、送货上门和代理托运三种。货物出库的流程和内容包括以下方面。

1. 审核仓单

仓库接到存货人或仓单持有人的出库通知后,必须对仓单进行审核,检查仓单是否真实、是否合法。

2. 核对登账

在审核仓单的合法性和真实性以后,仓库管理人员要核对货物的品名、型号、规格、单价、数量等有无错误;收货单位、到站、银行账号等是否齐全和准确;单证上书写的字迹是否清楚,有无涂改痕迹;是否超过了规定的提货有效期等。如属于自提货物,还需结清仓储费用;如存货人或仓单持有人逾期提货,还应当加收仓储费用。

如果核对无误,可根据凭证所列各项内容登入商品保管账,核对储存量,并在出库凭证上批注发货商品存放的货区、库房、货位编号以及发货后应有的储存数量。同时,收回仓单,签发仓库货物出库单,写清各项内容,连同提货单或调拨单一起交仓库保管员查对配货。

3. 配货备货

仓库保管员核对货物出库凭证无误后,按其所列项目内容和凭证上的批注,到编号的货位对货物进行核实后进行配货。配货中,要执行"先进先出""易坏先出""坏货不出"的发货原则。货物从货垛上搬下后,应整齐地堆放在备货区位上,以便复核、交付等备货作业的进行。

4. 复核查对

为了保证出库货物不出差错,备货后应立即进行复核。目的就是出库货物手续完备、交接清楚、不错发、不错运。出库货物经过复核无误后方可发运。

5. 点付交接

仓库保管员在备齐货物,经复核无误后,必须当面与提货人或运输承运人按单逐件点交清楚,分清责任,办好交接手续。

6. 填单销账

货物交接以后,保管员应在出库单上填写"实发数""发货日期"等项内容,并签名;然后将出库单及相关证件、资料及时交送货主,以便货主办理货款结算。保管员根据留存的一联出库凭证清点货垛余数,并与账、卡核对,登记、核销实物保管明细账,账面余额应与实际库存量和货卡登记相符。出库凭证应在当日清理,定期装订成册,妥善保管,并在规定的时间内转交账务人员登账复核。

一批货物发完后,仓储人应根据出入库情况,对收发、保管、溢缺数量和垛位安排等情况进行分析,总结经验,改进工作,并把这些资料整理好,存入商品保管档案,妥善保存,以备日后查用。

第二节 仓库

仓库是保管、存储物品的建筑物和场所的总称。仓库是用来存放货物并对其数量和状态进行保管的场所和建筑物等设施,还包括用于减少或防止货物损失而进行作业的土地或水面。现代仓库除了具有保管和储存商品的功能外,还具有流通加工、信息处理、拣选配货、发货配送等功能。

一、仓库结构

(一)仓库的构成要素

仓库应包括储存空间、货物、仓储设施设备、人员和作业及管理系统等要素。

1. 储存空间

储存空间由仓库库房提供，不同的库房提供的空间差别很大。在进行储存空间规划时，必须考虑空间的大小、柱子间距、有效高度、通道和收发站台等因素，并配合其他因素，才能做出完美的设计。

2. 货物

货物是仓库的生命源。货物的特征，以及货物在储存空间的摆放方式、管理与控制是储存系统要解决的关键问题。货物的特征包括供应商、商品特性、规格类别、数量和时间等，而影响货物在储存空间摆放的因素有储位单位、储位策略和原则、商品特性等。货物在库不仅要摆放好，还要便于存取、分拣和加工管理，这些活动在仓库，尤其是流通型仓库即物流中心更多，这要求仓库管理人员掌握库存状况，了解货物品质、数量、位置和出入库状况等信息。

3. 仓储设施设备

仓储设施设备由收发设施设备、储存设备、搬运和输送设备等组成。只要货物不是直接堆码在地上，不是由人力肩扛手捧，就需要托盘、货架等储存设备和叉车等搬运设备。

4. 人员

仓储系统的人员包括仓管、搬运、拣货和补货人员等。即使是自动化程度最高的仓库，也需要人员看护和管理。人员仍然是仓库最活跃的因素，在仓储空间设计和设备选择时，都要根据自动化程度的高低来考虑人机作业和管理问题，例如考虑人员在存取、搬运货物时，要求效率高、省时省力，作业流程要合理，储位配置及标志要简单清楚、一目了然，且要好放、好拿、好找。

5. 作业及管理系统

前几项要素已经决定了仓库的作业状况的好坏。按照设施规划设计的要求，首先要考虑的是作业流程，没有通畅的作业流程，就不可能有完善的仓库功能布局。现代仓库还要考虑仓库管理信息系统。仓库管理信息系统是仓库运作的神经中枢，它只有与良好的作业系统配合，才能发挥仓库的各项功能。

（二）仓库的建筑结构

依据仓库建筑结构和构造的差异，我们可以将仓库的建筑结构划分为以下几种类型。

1. 简易仓库

简易仓库的构造简单，造价低廉，一般是在仓库能力不足而又不能及时建库的情况下，采取临时代用的办法，包括一些固定或活动的简易仓棚等。

2. 平房仓库

平房仓库的构造较为简单，造价较低。平房仓库的建筑物为平房，一般只有一层，不设楼梯，有效高度不超过 6 米。在这种仓库中，货物一般直接堆放在地上，没有任何固定式货架设备，也没有使用弹性较高的箱形托盘或附柱式托盘等来储存货物。平房仓库适合人工操作，各项作业也较为方便简单。

3. 多层仓库

多层仓库是指仓库建筑物为两层及两层以上，用钢筋混凝土建筑的仓库。多层仓库的货物需要进行上下移动，各楼层间靠垂直运输机传输货物，也有的楼层间以坡道相连来传输货物。进出库需要采用机械化或半机械化作业，日常装卸搬运费用比较高。但是，在土地受限的港湾或都市等地，多层仓库可以减少土地占用面积，增加仓库的实际使用面积，分摊建筑成本。

4. 高层货架仓库

高层货架仓库，也称立体仓库，是当前经济发达国家普遍采用的一种先进仓库，主要采用电子计算机进行管理和控制，实行机械化、自动化作业。

高层货架仓库是一种常用的自动化仓库形式，一般由 4 个部分即高层货架、巷道机、周围出入搬运系统和管理控制系统组成，具有可以保管 10 层以上的托盘仓库棚。这是一种自动化程度较高、存货能力较强的仓库。高层货架仓库以托盘或货箱存储货物，用堆垛起重机及其他机械进行作业，其货架高度一般大于单层库房高度。与平房仓库相比，立体仓库可节约 70% 的占地面积和 70% 的劳动力。

5. 罐式仓库

罐式仓库的构造特殊，或球形，或柱式，形状像一个大罐子，主要用于储存石油、天然气和液体化工产品等。

6. 散装仓库

散装仓库是指专门保管散粒状或粉状货物的容器式仓库,如谷物、饲料、水泥等颗粒状、粉状货物。散装货物的进出率很高,可以配备空间输送特殊装置。此类仓库大多是混凝土结构。

(三)仓库的结构设计

在进行仓库建筑物结构设计时,应考虑的主要参数包括如下内容。

1. 仓库的层数

在仓库的结构方面,从出入库作业的合理化方面考虑,尽可能采用平房建筑。当储存货物在不同楼层间进行上下移动时,不但费时费力,也会影响库存作业效率。但是,在城市内,尤其是在商业中心地区,土地有限或者昂贵,为了充分利用土地,采用多层仓库成为最佳的选择。在采用多层仓库时,要特别重视上下楼的通道设计。

2. 仓库的高度

仓库的高度,也叫层高、梁下高度、天花板高度。仓库的高度取决于库房的类型、储存货物的品种和作业方式等因素。仓库的机械化、自动化,对仓库的高度也提出了新的要求。仓库的高度应根据托盘堆码高度、托盘货架高度、叉车及运输设备等来确定。使用叉车时,仓库的高度一般为3米;使用桥式起重机时,其地面至行走轨道顶面的高度应为6米或6米的倍数。从托盘装载货物的高度来看,密度大且不稳定的货物,通常以1.2米为标准;密度小而稳定的货物,通常以1.6米为标准。从堆码层次来看,标准为1.2米时,4层的高度就是4.8米,标准为1.6米时,3层的高度就是4.8米,因此,仓库的天花板高度最低应该是5～6米。

3. 仓库的长度和宽度

在库房面积一定的情况下,只要确定长度和宽度中的一个变量,就能确定另一个变量。仓库库房的宽度一般用跨度表示,通常可根据储存货物堆码形式、库内道路、装卸方式、理货方式以及是否需要中间柱等方面决定库房跨度。

4. 立柱的间隔

库房内的立柱是出入库作业的障碍,会导致保管效率低下,因而立柱应尽可能减小。但当平房仓库梁的长度超过 25 米时,建立无柱仓库有困难,则可设中间的梁为柱,使仓库成为有柱结构。设立立柱时,柱间距应与防火墙、库房跨度或站台长度等相匹配。

5. 仓库出入口的尺寸和数量

仓库出入口的位置和数量是由建筑的开建长度、进深长度、库内货物堆码形式、建筑物主体结构、出入库次数、出入库作业流程及仓库职能等因素决定的。仓库出入口尺寸的大小是由卡车是否出入库内,所用叉车的种类、尺寸、台数、出入库次数,以及所保管货物的尺寸大小决定的。库内的通道是保证库内作业畅通的基本条件,通道应延伸至每一个货位,使每一个货位都可以直接进行作业,通道需要路面平整和平直,减少转弯和交叉。

6. 站台的高度

库外道路平面停放的待装卸货车车厢底板的高度,应与库内地面平齐。运输车辆不需要进入仓库作业,可利用叉车进行装卸搬运作业,十分方便。

7. 地面的硬度

地面的硬度,即地面的承载力、地面的负荷能力,是由保管货物的重量、堆码高度、所使用的装卸机械的总重量、楼板骨架的跨度等决定的。流通仓库的地面承载力必须保证重型叉车作业时有足够的受力。

二、仓库布局

仓库布局是指一个仓库的各个组成部分,如库房、货棚、货场、辅助建筑物、铁路专运线、库内道路、附属固定设备等。在规定的范围内,要进行平面和立体的全面合理安排。

(一)仓库总平面布置的要求

仓库总平面的布置要适应仓储企业的生产流程,有利于仓储企业正常进行生产。

1. 单一的物流方向

仓库内货物的卸车、验收、存放地点之间的安排,必须适应仓储生产流程,按一个方向流动。

2. 最短的运距

应尽量减少迂回运输,专运线的布置应在库区中部,并根据作用方式、仓储货物品种、地理条件等,合理安排库房、专运线与主干道的相对位置。

3. 最少的装卸环节

减少在库货物的装卸搬运次数和环节,货物的卸车、验收、堆码作业最好一次完成。

4. 充分利用空间

如果仓库采用立体设计,布置应有利于货物的合理储存和库容的充分利用。

（二）仓库的总体构成

一个仓库通常由生产作业区、辅助生产区和行政生活区三大部分组成。

1. 生产作业区

生产作业区是仓库的主体部分,主要包括储货区、铁路专运线、道路、装卸台等。储货区是储存保管货物的场所,具体分为库房、货棚和货场。货场不仅可以存放货物,而且起着货位的周转和调剂作业的作用。铁路专运线、道路是库内外货物的运输通道,货物的进出库、库内货物的搬运,都须通过这些运输线路。专运线与库内其他道路相通,要保证通畅。装卸台是供火车或汽车装卸商品的平台,有单独台和库边台两种,其高度和宽度应根据运输工具和作业方式而定。

2. 辅助生产区

辅助生产区是为货物储运保管工作服务的辅助车间和服务站,包括车库、变电室、油库、维修车间等。

3. 行政生活区

行政生活区是供仓库行政管理机构的人员休憩的生活区域,一般设在仓库入库附近,便于业务接洽和管理。行政生活区与生产作业区应分开,并保持一定的距离,以保证仓库的安全,以及行政办公和居民生活的安静。

（三）仓库内部区域布局

仓库内部区域一般可划分为生产作业区和辅助作业区。生产作业区是仓库的主体，是用以储存、检验、装卸物资的场所，包括库房、货场、货棚、站台、磅房、检验室以及铁路、公路等。辅助作业区包括两部分：一是为物资的储存、保管业务进行服务的设施，如车房、配电室、油库、材料库、维修车间、包装站等；二是仓库的生活服务区和业务管理设施，如宿舍、食堂、文化娱乐场所和办公室等。

仓库平面布置对仓库内的物流效率影响巨大，在进行仓库内部区域布局时，应注意以下几个方面的问题。

1. 根据储存任务配置相应的库房和货场

不同的物资所需要的保管条件不同，因此必须根据仓库的储存任务，即储存物资的品种和数量，设置相应的库房和货场。库房和货场的内部区域既可以根据物资的品种进行分区分类划分，也可以按照货主进行分单位、分部门的划分。

2. 制定合理的仓容定额

仓容定额是指在一定的条件下，单位仓库面积允许存放的物资最大数量。影响仓容定额的因素较多，其中最主要的是物资本身的形状、重量特点和仓库的地坪负荷能力。此外，物资的堆码方法、仓库的结构状况和机械化程度都会不同程度地影响仓容定额。由于影响仓容定额的因素十分复杂，一一计算相当烦琐，所以人们常根据仓库的历史统计资料，采用统计分析的方法进行综合分析，最后确定一个相对合理的平均定额。

3. 合理选择专用线和装卸搬运机械

仓库内部的装卸搬运效率同库内专用线或装卸搬运机械的布局密切相关。一般情况下，专用线应该平行于仓库的长边，位于仓库宽度的中间或 1/3 处。专用线与库内通道的交叉口尽量不要少于两个，以便于加快专用线与库内货位之间的搬运效率。

装卸机械一般要跨越专用线，其目的是方便专用线的装卸作业。固定的装卸机械还应尽可能地扩大作业可及范围。如果选择两种或两种以上的装卸机械，还要充分考虑不同机械在装卸能力和作业速度方面的配套和衔接。

三、仓库的设施与设备

仓库中的设施与设备包括仓储业务活动的一切作业工具，是仓库不可缺少的物质技术基础。仓库设施与设备能够起到保障安全、合理组织商品运转、提高劳动生产率、减轻劳动强度的作用。根据这些设施与设备的不同用途,我们可以大致将它们分为以下几类。

（一）线路和站台

货场内的线路、站台是仓库进发货的必经之路,也是仓库运行的基本保证条件。

1. 线路

线路要能满足进出货运量的要求,不造成拥挤或阻塞。线路形式主要有两种:铁道专用线和汽车线。

2. 站台

站台指的是线路与仓库之间用于进出车辆、装卸货物的衔接设施。货运站台主要有两种形式:高站台和低站台。

（二）装卸搬运设备

1. 起重机

起重机,也称吊车,是起重机械的总称,是一种利用动力或人力将包装物吊起,并可进行上下、左右、前后搬运的装运机械。较为简单的起重机械大多数为手动装置,如绞车等。常用的较为复杂的装卸用起重机有以下六种:① 汽车起重机;② 履带起重机;③ 门式起重机;④ 桥式起重机;⑤ 岸边集装箱起重机;⑥ 船吊(浮吊)。

2. 叉车

叉车是具有各种叉具,能对货物进行移动、装卸作业的车辆。可以使用叉车完成出库、搬运、装卸、入库等复合作业,叉车常用于港口、码头、机场、车站和工厂,对成件货物进行装卸搬运。通用性较强的叉车与各种附属装置相配合,可以变为专用型叉车,用于特定作业。常用的叉车主要有以下七种:① 手动叉车;② 平衡重式叉车;③ 伸臂直达式叉车;④ 拣选叉车;⑤ 侧面叉车;⑥ 转叉式叉车;⑦ 多方向堆垛叉车。

3. 小型搬运车辆

小型搬运车辆是以手动或以蓄电池为动力的各种类型的搬运车辆。小型搬运车辆主要有以下几种:① 人力作业车辆,主要有手推车和物流笼车;② 电动搬运车,具体可分为载人(即具有载人装置)和不载人(无载人装置,搬运作业时操作人员随行)两种;③ 无人搬运车,最常用的无人搬运车是自动导引车(automatic guided vehicle,AGV)。

4. 输送机

输送机是一种可以对货物进行连续运送的搬运机械。输送机的连续作业可以提高作业效率。输送机运送路线固定,所以易于规划统筹,使作业具有稳定性。常用的输送机有以下七种:① 皮带输送机,主要有固定式、移动和往复式三种类型;② 辊式输送机;③ 滚轮式输送机;④ 振动式输运机;⑤ 斗式提升机;⑥ 气力输送机;⑦ 悬挂式输送机,有固定式和推动式两种。

5. 机械手

机械手是一种能够自动定位控制、可以重复编程、多功能、多自由度的操作设备。机械手可以按预先编定的程序完成拣货、分货、装取托盘和包装箱,以及装配等作业。在物流活动中,机械手常用于固定不变的作业,尤其是反复进行的单调作业,使用机械替代人工操作,可以提高作业速度,保证作业的准确性。此外,一些在特殊环境条件下(如有污染、高温、低温等)的作业,也可以采用机械手。

(三)保管设备

1. 苫垫用品

苫垫用品包括苫布(篷布、油布)、芦席、塑料布、枕木(楞木、垫木)、垫仓架、水泥条、花岗石块等。苫垫用品分为露天货物堆放商品的苫垫以及底层仓库的衬垫两种。苫垫用品具有防风、防雨、防水、防散、隔潮等作用。

2. 存放用品

存放用品包括货架、货橱等,主要用于批量小、拆零、贵重等物品。存放用品具有易点数、能提高仓容利用率等特点。

3. 储存容器

储存容器可分为贮仓和贮罐两种。前者用来储存粮食、水泥、化肥等散状非包装物品;后者用来储存油料、液体化工材料、煤气等液体、气体物品。

4. 仓储机械辅助用品

仓储机械辅助用品包括平面托盘和立桩折叠式托盘两种。托盘用于辅助叉车装卸作业，适用于体积小或比较重的商品，具有点数方便、装卸简便等特点。

（四）计量装置

仓库中使用的计量装置种类很多，主要有以下类型。
一是重量计量设备，如各种磅秤及电子秤等。
二是液体容积计量设备，如流量计量仪及液面液位计量仪等。
三是长度计量设备，如检尺器及自动长度计量仪等。
四是数量计量装置，如自动计数器及自动计数显示装置等。
五是综合的多功能计量设备和计量装置，常见的有轨道秤、电子秤、核探测仪（核子秤）、出库数量显示装置等。

（五）安全与养护设备

1. 消防设备

消防设备包括警报器、消防车、泵站、各式灭火器、水源设备、砂土箱、铁钩、斧子、水铺、水龙带等。消防设备主要用于防火和灭火。

2. 物资养护设备

物资养护设备主要有吸水机、隔潮机（风幕）、烘干机、测潮仪、温度计、湿度计、鼓风机、冷暖机等。物资养护设备主要用于检验、保养商品。

数字资源 3-1
中国邮政全新一代
智慧分拣中心

四、自动化立体仓库

自动化立体仓库（automatic storage and retrieval system，AS/RS），又被称作自动存取系统、高层货架、无人化仓库等。它是一种利用几层、十几层或几十层的高层货架储存货物，采用电子计算机进行控制管理，配有巷道堆垛起重机等机械化、自动化物料搬运设备，在库内进行分拣、理货和自动存取物料的仓储系统。自动化立体仓库大幅提高了仓储管理的准确率和物流速度,是实现高效物流和大容量储存的关键系统,在现代生产和商品流通中发挥着重要的作用。

（一）自动化立体仓库的优势

1. 提高空间利用率和货物管理质量

自动化立体仓库使用高层货架存储货物,存储区可以大幅度地向高空发展,充分利用仓库地面和空间,因此节省了库存占地面积,提高了空间利用率。目前,世界上最高的立体仓库高度已达到50米。立体仓库单位面积的储存量可以达到7.5吨/平方米,是普通仓库的5~10倍。自动化立体仓库可以实现先入先出,能有效防止货物的自然老化、变质、生锈或者发霉,便于防止货物的丢失及损坏。

2. 加快货物的存取节奏,降低劳动强度,提高劳动生产率

自动化立体仓库采用机械和自动化设备,运行和处理速度快,提高了劳动生产率,降低了操作人员的劳动强度。同时,自动化立体仓库采用自动化技术,能较好地适应黑暗、低温、污染、有毒和易爆等特殊场合的物品存储与出入库的需要。如冷冻自动化仓库,在低温库房内,利用自动化技术实现货物的出入库作业,改善了员工的工作环境,保证了安全操作。

3. 提高物料管理水平,减少库存积压,加快资金周转

自动化立体仓库采用计算机系统对各种信息进行存储、管理和控制,能对物料进行科学的管理,使物料在存储过程中能合理利用各种资源,减少货物处理过程中的出错率,提高处理效率。自动化立体仓库能有效利用仓库的储存能力,便于进行清点和盘库,实现物料在库内的快速周转,能够合理减少库存,降低库存资金积压,加速储备资金周转,提高仓库的管理水平。

4. 有效衔接生产与库存,提高企业生产管理水平,降低成本

作为生产过程的中间环节,自动化立体仓库具有原材料、在制品和成品的缓冲存储功能。它采用先进的自动化物料搬运设备,不仅能使货物在仓库内按需要自动存取,而且可以与仓库以外的生产环节进行有机连接,并通过计算机管理系统和自动化物料搬运设备,使仓库成为企业生产物流中的一个重要环节。可见,自动化立体仓库能实现生产与库存的有效衔接,提升企业生产管理水平。在自动化立体仓库内,各种物料的库存周期得以缩短,从而降低了总成本。

（二）自动化立体仓库的构成

自动化立体仓库是机械和电气、强电控制和弱电控制相结合的产品。它主要由货物储存系统、货物存取和传送系统、控制和管理系统三大系统组成，还有与之配套的供电系统、空调系统、消防报警系统、称重计量系统、通信系统等。

1. 货物储存系统

该系统由立体货架的货位（托盘或货箱）组成。立体货架机械结构可分为分离式、整体式和柜式三种。按照高度，立体货架可分为高层货架（12米以上）、中层货架（5~12米）、低层货架（5米以下）。按货架形式，立体货架可分为单元货架、重力货架、活动货架和拣选货架等。货架按照排、列、层组合，成为立体仓库储存系统。

2. 货物存取和传送系统

该系统承担货物存取、出入仓库的功能，它由有轨或无轨堆垛机、出入库输送机、装卸机械等组成。堆垛机又称搬运机，其结构形式多种多样，通常可分为单柱、双柱结构；有轨、无轨结构；有人操作、无人操作结构；人控、机控、遥控等方式。堆垛机的动力有电力、电瓶、内燃动力等；其运行方式有直线运动和回转运动，合起来可以有4个自由度，有的多达6个自由度。出入库输送机可根据货物的特点采用传送带输送机、机动辊道、链传动输送机等，主要将货物送到堆垛机下料位置和货物出入库位置。装卸机械承担货物出入库、装车或卸车的工作，一般由起重机、叉车等机械组成。

3. 控制和管理系统

该系统一般采用计算机控制和管理，视自动化立体仓库的不同情况，采取不同的控制方式。有的仓库只采取堆垛机、出入库输送机进行单台控制，机与机之间无联系；有的仓库对单台机械进行联网控制。更高级的自动化立体仓库的控制系统采用集中控制、分离式控制和分布式控制，即由管理计算机、中央控制计算机、堆垛机、出入库输送机等直接控制的可编程序控制机械组成控制系统。管理计算机是自动化立体仓库的管理中心，有入库管理、出库管理、盘库管理、查询、打印及显示、仓库经济技术指标计算分析管理功能，它包括在线管理和离线管理。中央控制计算机是自动化立体仓库的控制中心，它沟通并协调管理计算机、堆垛机、出入库输送机等机械的联系；控制和管理整个自动化立体仓库的运行，并根据管理计算机或自动键盘的命令组织流程，监控现场设备的运行情况、货物流向及收发货显示，与管理计算机、堆垛机和现场设备通信联系，还具有对设备进行故障检测及查询显示等功能。直接控制是操作的单机自动控制器，它直接应用于堆垛机和出入库输送机的控制系统，实现堆垛机从入库取货到将货物送到指定的货位,或从指定的货位取出货物,并将其放置到出库取货台的功能。

数字资源 3-2　自动化立体仓库

数字资源 3-3　科技大比拼——AGV 小车在现代仓库中的应用

第三节　库存控制管理

一、库存的定义、作用和种类

(一)库存的定义

有人认为,库存就是仓库里存放的东西,这是对库存狭义的理解。一般而言,库存是为了满足未来需要而暂时闲置的资源。闲置的资源就是库存,与这种资源是否存放在仓库中无关,与其是否处于运动状态也无关。这里所说的资源,不仅包括工厂里的各种原材料、毛坯、工具、半成品和成品,还包括银行里的现金,医院里的药品、病床,运输部门的车辆,等等。一般来说,人、财、物、信息各方面的资源都有库存问题。

(二)库存的作用与弊端

库存是资源的闲置,就一定会造成浪费,增加企业的开支。为什么还要维持一定量的库存呢?这是因为库存有其特定的作用与弊端。

1. 库存的作用

(1)缩短订货提前期

当制造厂维持一定量的成品库存时,顾客就可以快速地采购到他们所需的物品。这样就缩短了顾客的订货提前期,加快了社会生产的速度,也使供应厂商更易争取到顾客。

(2)稳定作用

在当代激烈的竞争中,外部需求的波动性是正常的,生产的均衡性又是企业内部组织生产的客观要求。外部需求的波动性与内部生产的均衡性是矛盾的。要满足顾客的需求,又要使企业的生产均衡,就需要维持一定量的成品库存。成品库存将外部需求和内部生产分隔开来,像水库一样起着稳定作用。

(3)分摊订货费用

如果企业在需要一件物品时就采购一件,可以不需要库存,但这种做法不一定经济。订货需要一笔费用,这笔费用若分摊在一件物品上,是不经济的。如果一次采购一批,分摊在每件物品上的订货费用就少了,但这样会有一些物品一时用不上,造成库存。

(4)防止短缺

维持一定量的库存,可以防止短缺。如果商店没有一定量的货物库存,顾客很可能买不到东西;医院没有一定的床位库存,病人就可能无法及时住院获得治疗等。

(5)防止中断

在生产过程中,维持一定量的在制品库存,可以防止生产中断。显然,当几道工序的加工设备发生故障时,如果工序间有在制品库存,其后续工序就不会中断。同样,在运输途中维持一定量的库存,能有效保证供应,也能使生产正常进行。

2. 库存的弊端

库存有如此重要的作用,但库存也有其不利的一面:库存占用大量的资金;物资库存要占用仓库资源;要维持库存物品不变质、不老化等,还需要额外支出费用。不仅如此,库存还掩盖了管理中的问题。

(三)库存的种类

1. 从企业经营过程的角度进行分类

(1)经常库存

经常库存是指在正常的经营环境下,企业为满足日常需要而建立的库存。这种库存随着每日的需要不断减少,当库存降低到某一水平时(如订货总数),就要按一定的规则反复进行订货来补充库存。

(2)安全库存

安全库存是指为了防止不确定因素而准备的缓冲库存。安全库存由于不确定性的存在,在进行决策时要比经常库存更难。

(3)季节性库存

季节性库存是指为了满足特定季节出现的特定需要而建立的库存,或指对季节性出产的原材料在出产的季节大量收购所建立的库存。

（4）促销库存

促销库存是指为了应对因企业促销活动引起的预期销售增加而建立的库存。

（5）投机库存

投机库存是指为了避免因物资价格上涨造成损失，或为了从物资价格上涨中获利而建立的库存。

（6）积压库存

积压库存是指因物资品质变坏而不再有效用的库存，或因没有市场销量而卖不出去的产品库存。

（7）生产加工过程和运输过程的库存

生产加工过程的库存是指处于加工状态，以及为了生产的需要暂时处于储存状态的零部件、半成品或成品。运输过程的库存是指处于运输状态，或为了实现运输的目的而暂时处于储存状态的库存。

2. 从生产过程的角度进行分类

从生产过程的角度，可以将库存分为三类：原材料库存、零部件及半成品库存、成品库存。

3. 按存放地点进行分类

（1）库存存货

库存存货指已经运到企业，并已经验收入库的各种材料和商品，以及已经验收入库的半成品和制成品。

（2）在途库存

在途库存包括运入在途库存和运出在途库存。运入在途库存是货物已经支付或虽未付货款但已取得所有权，正在运输途中的各种外购库存。运出在途库存是指按照合同规定已经发出或送出，但尚未转移所有权，也未确认销售收入的库存。

（3）委托加工库存

委托加工库存指企业已经委托单位加工，但尚未加工完成的各种库存。

（4）委托代销库存

委托代销库存指企业已经委托单位代销，但按合同规定尚未办理代销货款结算的库存。

4. 按库存的需求特性进行分类

（1）独立需求库存

独立需求库存是指客户对某种库存物品的需求与其他种类的库存无关，表现出对这种库存需求的独立性。独立需求是指那些随机的、企业自身不能控制的需求,这类需求是由市场决定的,它与企业其他产品的需求无关,例如企业销往市场的最终成品、维修备件等。

(2)相关需求库存

相关需求是指与其他需求有内在相关性的需求,根据这种相关性,企业可以精确地计算出它的需求量和需求时间,它是一种确定性的需求,例如,企业生产所需的零部件、原材料等的需求就是相关需求,其库存就是相关需求库存。

二、库存管理概述

(一)库存管理的定义

库存管理是物流管理的核心内容。库存管理之所以重要,是因为库存管理具有重要的意义:首先,库存领域的成本是物流成本的重要组成部分,降低库存成本存在广阔的空间;其次,在满足顾客服务水平的前提下,需要通过有效的库存管理保持适当的库存量,降低仓储成本;最后,有效的库存管理可以有效规避库存带来的一系列风险。

综合来看,库存管理是指在保障供应的前提下,以库存物品的数量最少和周转最快为目标所进行的计划、组织、协调和控制。库存管理是对在库物资种类及存量的管理和控制,它只考虑其合理性、经济性与最优性,而不是从技术上考虑存货的保管与储藏,以及如何运输。库存管理的重点在于如何订货、订货多少、何时订货等。

库存管理不当,会导致库存的不足或过剩。库存不足,则会造成销售机会损失,销售额降低,甚至客户流失等问题。而库存过剩,则会加大库存的持有成本,增加库存过期、滞销等风险。

(二)库存管理的目标

库存管理的目标有三个:一是保证供应;二是降低库存总成本;三是提高用户服务水平。保证供应是库存管理的基本目标,而降低库存总成本和提高用户服务水平两个目标之间存在相互制约、相互权衡的关系。降低库存,意味着企业有可能停工待料,销售下降,这必定带来用户服务水平的下降;而保持用户服务的高水平,也就是使用户尽可能快地获得产品,这就需要维持一个较高水平的库存,致使库存总成本提高,库存控制就是要在这两者之间寻求平衡,以找到一个最佳的结合点。

库存管理的总目标是在库存成本合理范围内达到满意的用户服务水平。为达到该目标,应尽量使库存保持平衡。实施库存管理要基于两点考虑:一是用户服务水平,也就是说,在正确的地点、正确的时间,有足够数量的合适商品;二是订货成本与库存持有成本的水平。

（三）与库存管理有关的成本

在企业或仓库经营过程中产生的与库存有关的成本主要包括以下几种。

(1)库存维持成本

库存维持成本(holding cost)是维持库存所需的费用，包括库存物资的资金成本、仓库及设备折旧成本、物资的保险和陈旧化损失成本等。这部分成本与库存物资价值、库存数量和库存时间有关。库存物资的价值越高，数量越多，储存时间越长，则库存维持成本就越高。

(2)订货成本

订货成本(reorder cost)是指订货过程中发生的与订货相关的全部成本，包括差旅费、通信费、订货手续费等。订货成本的特点是，订货成本与订货量无关。订货次数越多，总订货成本越高。

(3)购买成本

购买成本(purchasing cost)与价格和订货数量有关。

(4)缺货损失费

缺货损失费(shortage cost)反映了因失去销售机会而导致的销售额损失、信誉损失以及对生产造成的损失。它与缺货多少、缺货次数有关。

三、库存分类管理

（一）ABC 分类法

ABC 分类法是一种重点管理的方法，抓住重点就可以事半功倍。ABC 分类法简单易行，在库存管理实践中被广泛应用。

1. ABC 分类法的基本思想

意大利经济学家帕累托(Pareto)在统计社会财富分配时，发现大约占人口总数 20% 左右的人占有社会财富的 80% 左右。后来，人们从很多社会现象中都发现了这种统计规律，即所谓的 80/20 定律。ABC 分类法基于 80/20 定律，简单地说，就是 20% 左右的因素占有（带来）80% 左右的成果。库存管理的 ABC 分类法正是在 80/20 定律的指导下，试图对库存物资进行分类，以找出占用大量资金的少数物资，并加强对它们的控制与管理。对那些占少量资金的大多数物资，则施以较宽松的控制和管理。这样，人可以只用 20% 左右的精力，就控制了 80% 左右的资金。实际上，人们将占用了 65%～80% 的价值的 15%～20% 的物资划为 A 类；将占用了 15%～20% 的价值的 30%～40% 的物资划为 B 类；将占用了 5%～15% 的价值的 40%～55% 的物资划为 C 类，这就是 ABC 分类法，如表 3-1 所示。

表 3-1　ABC 分类法

物资分类	价值占比	累计数量占比
A 类	65%～80%	15%～20%
B 类	15%～20%	30%～40%
C 类	5%～15%	40%～55%

 2. ABC 分类法的实施

ABC 分类法,或称按价值分配法,其具体做法是将每一种物资的年使用量乘以单价,然后按价值从大到小排列而成。年使用量可以根据历史资料或预测数据来确定。为了更好地反映现状,人们更多地使用预测数据。接下来,我们用一个实例来进一步说明如何实施 ABC 分类法。

第一步,列出所有产品及其年使用量(预测值)。将年使用量乘以单价,求得其价值。按价值的高低标明各种物资的大小序号,如表 3-2 所示。

表 3-2　物资及其用量情况表(1)

物资代码	年使用量(件)	单价(元)	年费用(元)	序号
A-01	50000	0.8	40000	5
B-02	200000	1.2	240000	2
C-03	6000	1.0	6000	9
D-04	120000	0.6	72000	3
E-05	7000	1.2	8400	8
F-06	280000	0.9	252000	1
G-07	15000	0.7	10500	7
H-08	70000	0.8	56000	4
I-09	15000	0.9	13500	6
J-10	2000	1.1	2200	10

第二步,按序号大小,将物资重新排序,并计算累积年使用金额和累积百分比,如表 3-3 所示。

表 3-3　物资及其用量情况表(2)

物资代码	年费用(元)	累计年使用金额(元)	累计百分比(%)	分类
F-06	252000	252000	36	A
B-02	240000	492000	70	A
D-04	72000	564000	81	B
H-08	56000	620000	88	B

续表

物资代码	年费用(元)	累计年使用金额(元)	累计百分比(%)	分类
A-01	40000	660000	94	B
I-09	13500	673500	96	C
G-07	10500	684000	98	C
E-05	8400	692400	99	C
C-03	6000	698400	99	C
J-10	2200	700600	100	C

对表4-3进行整理,即可得到ABC分类汇总表,如表3-4所示。

表3-4 ABC分类汇总表

类别	物资代码	种类占比(%)	每类累计价值(元)	价值百分比(%)
A	F-06、B-02	20	492000	70
B	D-04、H-08、A-01	30	168000	24
C	I-09、G-07、E-05、C-03、J-10	50	40600	6

3. ABC分类法的应用

依据ABC分类法对物资进行分类后,我们需要对不同的物资采用不同的管理和控制方式,以尽可能地在保证供应的前提下降低库存成本和保证服务水平。

(1)A类物资

对于A类物资,应该严格管理和控制,包括进行定时盘点,保持最完整、精确的记录,经常检查、分析物资库存量的增减,在满足企业内部需求和客户需求的前提下,维持尽可能最低的周转库存和安全库存。此外,还要利用科学方法小心精确地确定订货量和订货点,并对库存变化情况进行紧密跟踪,以使库存时间最短。

(2)B类物资

对于B类物资,应该采用正常的管理和控制,包括进行一般的记录,每月或每季度进行检查。

(3)C类物资

对于C类物资,应该采用简单的管理和控制,如设立简单的记录或不设立记录,可通过半年或一年一次的盘存来补充大量的库存。

(二)CVA分类法

1. CVA分类法的基本思想

在ABC分类法的应用实践中,有些企业发现,分类管理和控制的结果并不令人满意。

C类物资往往得不到应有的重视,因而会时常缺货,影响企业整体运作。如,经销鞋的企业把鞋带列入C类物资,但鞋带短缺会严重影响鞋的销售;汽车制造厂商把螺丝列入C类物资,但缺少一个螺丝往往会导致整个生产链的停工。为克服这一问题,有些企业采用关键因素分析法(critical value analysis,CVA),即CVA分类法。

CVA分类法是指在存货管理中引入关键因素分析,把存货按照关键性分为以下4类,并分别加以管理的方法。第一种是最高优先级。这是经营的关键性物资,不允许缺货。第二种是较高优先级。这是经营活动中较少使用的基础物资,允许偶尔缺货。第三种是中等优先级。这多属于比较重要的物资,允许其在合理范围内缺货。第四种是较低优先级。经营中需要用到这些物资,但可替代性高,允许缺货。

CVA分析法强调物资的功能,有着更强的目的性。结合CVA分析法,人们认为,应对ABC分类法中某些占比很小但起着关键作用的C类物资给予最高优先级的考虑,从而减少这类物资缺货对生产或订单发货带来的影响。

2. CVA 分类法的应用

在实践中,应用CVA分类法时,应遵循以下原则:① CVA分类法的使用,必须建立在企业对客户进行详细分类管理的基础上;② 在实际应用中,将CVA分类法与ABC分类法结合使用,可以达到分清主次、抓住关键环节的目的。

在CVA分类法的实践应用中,人们倾向于为库存物资制定高的优先级,以显示这类物资的重要性。但这会造成高优先级的库存物资太多,本应得到重视的物资得不到应有的重视,最终造成库存管理缺乏主次。

四、库存控制技术

(一)定量订货法

定量订货法是订货点和订货量都固定的库存控制方法。定量订货法是指当库存量下降到预定的库存数量(订货点)时,以经济订货批量为标准进行订货的一种库存管理方式。其基本原理是:预先确定订货点ROP和订货量Q^*(一般取经济批量EOQ),在销售过程中,随时检查库存,当库存下降到ROP时,就发出一个订货量Q^*。经过一段时间(被称为提前期,英文为lead time,简称LT),所发出的订货量到达,库存量增加Q^*,如图3-1所示。

1. 订货点的确定

订货点,又称订货警戒点。在定量订货法中,当实际库存量降低到订货点时,则发出一次订货,即订货点是发出订货时的实际库存量,它是直接控制库存水平的关键。订货点的计

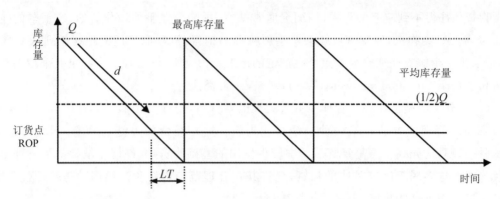

图 3-1 订量订货法

算公式可表示为：

$$\mathrm{ROP} = d \times LT + SS \qquad (式\ 3\text{-}1)$$

式中，ROP 是用单位数表示的订货点；d 是用单位数表示的平均日需求量；LT 是用天数表示的提前期；SS 是用单位数表示的安全库存。

2. 订货批量的确定

订货批量就是一次订货的数量。它直接影响库存量的高低，也直接影响物资供应的满足程度。订货批量的确定，是以库存总成本最小化为依据的。在定量订货中，对每一个具体的品种而言，每次订货批量都是相同的，通常是以经济批量作为订货批量。下面将介绍经济订货批量问题。

经济订货批量（economic order quantity，EOQ）模型最早是由 F. W. Harris 于 1915 年提出的。该模型假设为：外部对库存系统的需求率均匀且为常数；一次订货量无最大或最小限制；采购、运输均为价格折扣；订货提前期已知，且为常数；订货费与订货批量无关；维持库存费是库存量的线性函数；不允许缺货；补充率为无限大，全部订货一次交付。

在以上假设条件下，不存在缺货，则缺货成本为 0。经过固定的补货提前期，新一批的订货量 Q 到达（此时库存刚好为 0），库存量立即达到 Q，显然平均库存量为 $Q/2$。购买成本与订货批量无关，为常数。因此，

$$C_T = C_H + C_R + C_P = H \times \frac{Q}{2} + S \times \frac{D}{Q} + p \times D \qquad (式\ 3\text{-}2)$$

式中，C_T 为年库存总成本；C_H 为年库存维持成本；C_R 为年订货成本；C_P 为年购买成本；S 为一次订货成本；H 为单位库存维持成本；p 为单价；D 为年需求量；Q 为经济订货批量。

由式(3-1)可知，年库存维持成本 C_H 随订货批量 Q 的增加而增加，是 Q 的线性函数；年订货成本 C_R 与 Q 的变化呈反比，随 Q 增加而下降。不计年购买成本 C_P，年库存总成本 C_T 曲线为 C_H 曲线与 C_R 曲线的叠加。C_H 曲线与 C_R 曲线有一个交点，其对应的订货批量就是最佳订货批量，如图 3-2 所示。

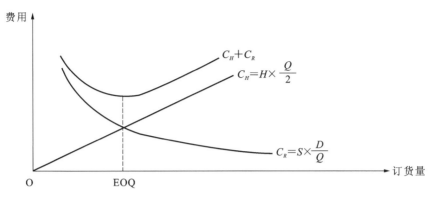

图 3-2　库存成本与订货量的关系

为了求出经济订货批量,用式(3-2)对 Q 求导,并令一阶导数为零,可得,

$$Q^* = \text{EOQ} = \sqrt{\frac{2DS}{H}} \qquad (式\ 3\text{-}3)$$

$$\text{ROP} = d \times LT \qquad (式\ 3\text{-}4)$$

例 3-1:G 公司每年以 10 元购入某种产品 8000 件。每次订货费用为 30 元,资金年利息率为 12%,单位维持库存费按所库存货物价值的 18% 计算。若每次订货的提前期为 2 周,试求经济订货批量、最低年总成本、年订货次数和订货点。

解:这是一个直接利用 EOQ 公式的问题。显然,$p=10$ 元/件,$D=8000$ 件/年,$S=30$ 元,$LT=2$ 周。H 则包括资金利息和仓储费用,即

$$H = 10 \times 12\% + 10 \times 18\% = 3\ 元/(件 \cdot 年)$$

因此,

$$\text{EOQ} = \sqrt{\frac{2DS}{H}} = \sqrt{\frac{2 \times 8000 \times 30}{3}} = 400(件)$$

$$C_T = C_H + C_R + C_P = H \times \frac{Q}{2} + S \times \frac{D}{Q} + p \times D$$

$$= 3 \times \frac{400}{2} + 30 \times \frac{8000}{400} + 10 \times 8000 = 81200(元)$$

$$年订货次数\ n = \frac{D}{\text{EOQ}} = \frac{8000}{400} = 20$$

$$订货点\ \text{ROP} = \frac{D}{52} \times LT = \frac{8000}{52} \times 2 = 307(件)$$

(二)定期订货法

定量订货法是从数量上控制库存量,虽然操作简单,但是需要每天检查库存量,费时费力。在仓库大、品种多的情况下,定量订货法的工作量很大,定期订货法能够比较好地解决这个问题。

定期订货法是指按预先确定的订货间隔期按期订购商品,以补充库存的一种库存控制方法。定期订货法是从时间上控制订货周期,从而达到控制库存量的目的。只要订货周期控制得好,就可以既不造成缺货,又合理控制最高库存量,达到节省库存费用的目的。

定期订货法的优点在于可以不必每天检查库存,只有到了订货周期规定要订货的时间,才检查库存量,发出订货,其余时间不必检查库存。这就大大减轻了人员的工作量,又不影响工作效果和经济效益。

一般情况下,仓库可以根据库存管理目标或历年的库存管理经验,预先确定一个订货间隔周期,经过一个订货间隔周期就进行订货。每次订货的数量应视实际情况而定,可以不相同。

1. 订货量的确定

订货量的计算公式为:

$$订货量 = 最高库存量 - 现有库存量 - 订货未到量 + 顾客延迟购买量$$

定期订货法适用于品种数量多,平均占用资金额小的C类库存商品。定期订货法的优点是,订货间隔期确定后,可以同时采购多种货物,这样不仅可以降低订单处理成本,而且可以降低运输成本。

2. 定量订货法与定期订货法的区别

(1)提出订货请求的时间标准不同

如果采用定量订货法,当库存量下降到预定的订货点时,就提出订货请求;如果采用定期订货法,提出订货请求的时间标准是按预先规定的订货间隔周期,到了该订货的时间点,即提出订货请求。

(2)请求订购的货物批量不同

采用定量订货法,每次订购货物的批量相同,都是事先确定的经济批量;采用定期订货法,每到规定的请求订货期,订购的货物批量都不相同,可根据库存的实际情况计算后确定货物批量。

(3)库存货物管理控制的程度不同

定期订货法要求仓库作业人员对库存货物进行严格控制、精心管理,要经常检查、详细记录、认真盘点;而采用定量订货法时,仓库作业人员对库存货物只需要进行一般管理,做简单的记录,不需要经常检查和盘点。

(4)适用的货物范围不同

定期订货法适用于品种数量多、平均占用资金少、需重点管理的C类货物;而定量订货法适用于品种数量少、平均占用资金多、只需一般管理的A类货物。

第四节 仓储合理化

一、仓储合理化的含义、表现及标志

(一)仓储合理化的含义

仓储合理化是用最经济的办法实现仓储的功能,这是合理化的前提和本质。要实现合理化的仓储,首要的任务是实现仓储的功能,但如果过分强调实现仓储功能,又会导致仓储的数量过大。所以,仓储合理化的实质是尽量保证在低成本的投入下实现仓储功能。

(二)不合理仓储的表现形式

不合理仓储的主要原因表现在两个方面。一方面是由于仓储技术的不合理,造成了物品的损失;另一方面是仓储管理、组织不合理,不能充分发挥仓储作为利润源的作用。不合理仓储主要有以下几种形式。

1. 仓储时间长

仓储时间从两个方面影响仓储这一功能要素的效果,两者彼此消长的结果是形成了仓储的最佳时间区域。一方面,经过一定时间,被仓储的商品可以获得时间效用;另一方面,随着仓储时间的增加,商品的有形及无形损耗就会增加,这是时间效用的一个逆反因素。从时间效用角度来考察,商品储存一定时间,效用可能增大,但如果储存时间继续增加,其效用也会出现减缓甚至降低,时间效用甚至可能出现周期性波动。因此,仓储的总效果是确定仓储最优时间的依据。

2. 仓储数量过大

仓储数量主要从两个方面影响仓储这一功能要素的效果,这两个方面利弊的消长,也使仓储数量有一个最佳的区域,超过这个数量区域的储存量就是不合理的仓储。储存数量对仓储效果的影响表现在两个方面。一方面,一定数量的仓储可以形成保证供应、保证生产、保证消费的能力。一般情况下,单就保证的技术能力而言,数量大可以有效提高这一能力,但是保证能力的提高不是与数量成比例,而是遵从边际效用,每增加一单位的储存数量,总能力虽会随之增加,但所增加的保证供应能力却逐渐降低,以致最终再增加储存量对保证能力基本不产生影响。另一方面,仓储的各种有形和无形损失会随着储存数量的增加基本上成比例地增加,仓储量越大,损失量也越大。如果仓储管理力量不能按比例增长的话,甚至还可能出现储存量增加到一定程度,损失陡增的现象。储存数量的增加会引起仓储损失无限度增加,而保证能力增加却是有限度的,因而我们可以肯定地说,超出一定限度的储存数量是有害无益的。

3. 仓储数量过低

仓储数量过低会严重降低仓储对供应、生产、消费的保证能力,储存数量越低,仓储的各种损失也会越低。两者彼此消长的结果是储存数量降低到一定程度,保证能力的大幅度削弱会引起巨大损失,其损失远远超过由于减少储存量防止库损、减少利息支出损失等带来的收益。所以,仓储量过低也是一种会严重损害仓储总效果的不合理现象。

4. 仓储条件不足或过剩

仓储条件也从两个方面影响仓储这一功能要素的效果,这两个方面利弊消长的结果,也决定了仓储条件只能在恰当范围内。条件不足或过剩,都会使仓储的总效益下降,因而是不合理的。仓储条件不足,指的是仓储条件不足以为仓储物提供良好的仓储环境及必要的仓储管理措施,因此往往造成仓储物的损失或整个仓储工作的混乱。仓储条件不足主要反映在仓储场所简陋、仓储设施不足,维护保养手段及措施不力,不足以保护仓储物。仓储条件过剩,指的是仓储条件远远超过实际需要,从而使仓储物过高负担仓储成本,使仓储物的实际劳动投入远远高于社会平均必要劳动量,从而出现亏损。

5. 仓储结构失衡

仓储结构是指仓储物的比例关系。在宏观和微观上,仓储物的比例都会出现失调,这种失调表现在仓储物的品种、规格等失调方面。存在仓储物总量正常,但不同品种、规格此有彼无的现象;仓储物不同品种、规格的储存期失调、储存量失调,存在此长彼短或此多彼少的失调现象。仓储结构失调也导致了缺乏的物资出现供应的不连续或缺货,而多余的物资又浪费了资源。

(三)仓储合理化的标志

实现最低成本而又能充分满足客户需求的仓储量是衡量仓储合理化的一个原则。仓储合理化的具体标志包括质量标志、数量标志、时间标志、结构标志、费用标志、分布标志等六项。

(1) 质量标志

在仓储管理中,对物品进行科学的保管和保养,保证物品具有使用价值,这是实现仓储合理化的基本要求,为此,应通过仓储质量控制和管理来保证仓储质量。

(2) 数量标志

仓储管理中的物品数量控制体现了整个仓储管理的科学化和合理化程度。合理的仓储数量应该是满足需求,同时做到成本最低。

(3) 时间标志

这里的时间标志指的是在保证仓储功能实现的前提下,寻求合理的储存时间。在仓储管理中,物品的管理应该处于动态的、不断周转的状态。资金的周转率高,运作的成本就低。因此,仓储的时间标志反映了仓储的动态管理制度。

(4) 结构标志

我们一般从所储存的不同品种、不同规格的物品数量以及它们之间的比例关系来对仓储合理性进行判断。

(5) 费用标志

这指的是从仓储费、维护费、保管费、损失费、保险费、资金占用、利息支出费用等实际费用来判断储存合理与否。

(6) 分布标志

不同地区仓储的数量比例关系,反映了仓储满足需求的程度和对整个物流的影响。

二、实现仓储合理化的具体措施

要实现仓储合理化,需要达到仓储管理的目标。因而,加快储存周转速度是仓储合理化最基本的要求。要提高储存周转速度,可以综合运用信息技术、现代管理技术和现代科技手段。下面将从仓储物的合理化、储存区域安排的合理化和仓储设施设备选择的合理化三个方面分析仓储合理化的具体措施。

(一) 仓储物的合理化

1. 运用 ABC 分类法对仓储物进行分类

ABC 分类法是实现仓储合理化的基础,在此基础上,人们可以进一步解决各类结构关系、储存量、重点管理和技术措施等合理化问题。通过在 ABC 分类法的基础上实施重点管理,人们可以决定各种物品的合理库存储备数量及经济的保有合理储备的办法,甚至实施零库存。

2. 适度集中储存

适度集中储存是仓储合理化的重要内容，所谓适度集中储存，就是利用储存规模优势，以适度集中储存代替分散的小规模储存来实现仓储合理化。集中储存是面对两个制约因素，在一定的范围内取得优势的办法。两个制约因素为储存费、运输费。如果储存过分分散，每一处的仓储物数量有限，难以互相调度和调剂，则需分别按要求确定库存量。而集中储存易于调度和调剂，集中储存总量可远远低于分散储存的总量。如果实施过分集中储存，储存点与用户之间的距离拉长，储存总量虽然降低了，但运输距离拉长了，运费支出增加了，在途时间长了，又迫使周转量增加。所以，适度集中的含义是要在这两个方面取得最优的集中程度。

3. 采用有效的先进先出方式

先进先出是一种有效的方式，也是仓储管理的准则之一。有效的先进先出方式主要有以下几个方面。

(1) 贯通式货架系统

利用货架的每层，形成贯通的通道，从一端存入物品，从另一端取出物品，物品在通道中自行按先后顺序排队，不会出现越位等现象。贯通式货架系统能非常有效地保证先进先出。

(2) "双仓法"储存

为每种仓储物准备两个仓位或货位，轮换进行存取，再配以必须在一个货位中取尽才可补充的规定，则可以保证实现先进先出。

(3) 计算机存取系统

采用计算机存取系统，存货时在计算机输入时间记录，编写一个简单的按时间顺序输出的程序，取货时，计算机就能按时间给予指示，以保证先进先出。这种计算机存取系统还能将保证先进先出、不做超长时间的储存和快进快出结合起来，即在保证一定先进先出的前提下，将周转快的物资随机存放在便于存取之处，以加快周转，减少劳动消耗。

(4) 计算机储存定位系统

储存定位的含义是仓储物位置的确定。如果定位系统有效，不仅能大幅节约寻找、存放、取出的时间，节约不少劳动，而且能防止差错，减少空位的准备量，提高储存系统的利用率。

在现代仓储管理中，采取计算机储存定位系统，尤其对于存储品种多、数量大的大型仓库而言，已经成了必不可少的手段。

4.采用有效的监测清点方式

对储存物资数量和质量的监测不仅是人们掌握物资基本情况必需的,而且是科学库存控制急需的。实际工作稍有差错,就会对生产、财务等工作造成负面影响。所以,必须及时且准确地掌握实际储存情况,经常与账卡核对,这对于人工管理和计算机管理来说都是必不可少的。此外,日常监测也是人们掌握仓储物质量状况的重要依据。

5.使用现代储存保养技术

现代储存保养技术是防止仓储损失、实现仓储合理化的重要手段,如用气幕隔潮、用塑胶薄膜封闭等。

(二)储存区域安排的合理化

1.储存区域合理布局

(1)面向通道进行保管

为使物品出入库方便,使物品容易在仓库内移动,基本做法是将物品面向通道保管。

(2)尽可能地向高处码放,提高保管效率

为了有效利用库内容积,应尽量向高处码放,为防止破损和保证安全,应当尽可能使用棚架等保管设备。

(3)根据出入库频率选定位置

应将出货和进货频率高的物品放在靠近出入口等易于作业的地方。应将流动性差的物品放在距离出入口稍远的地方。对于季节性物品,则应依其季节特性来选定位置。

(4)在同一位置保管同一品种

为提高作业效率和保管效率,应将同一物品或类似物品放在同一位置或邻近位置保管,员工对库内物品位置的熟悉程度直接影响着出入库的时间,将类似的物品放在邻近的地方也是提高效率的重要方法。

(5)根据物品重量安排保管的位置

安排位置时,要把重的物品放在货架的下面,把轻的物品放在货架的上面。需要人工搬运的大型物品,一般最高码放至人的腰部的高度。这是一项提高效率、保证安全的重要原则。

2.提高储存密度和仓容利用率

主要目的是减少储存设施的投资,提高单位存储面积的利用率,以降低成本、减少土地占用。主要有以下三种方法。

（1）采取高垛的方法，增加储存的高度

相比一般堆存方法，采用高层货架、集装箱等能大幅度增加储存的高度。

（2）缩小库内通道宽度，以增加储存的有效面积

可以采用窄巷道式货架，配以轨道装卸机械，以减少机械运行的宽度要求；也可以采用侧叉车、推拉式叉车，以减少叉车转弯所需的宽度。

（3）减少库内通道数量，以增加有效的储存面积

具体方法有采用密集型货架、可进车的可卸式货架或者各种贯通式货架，或者采用不依靠通道的桥式吊车装卸技术等。

（三）仓储设施设备选择的合理化

1. 合理选择自建仓库和租用公共仓库

自建仓库对于企业来说，可以使企业更大程度地控制库存，并且它拥有更大的灵活性。企业可以根据自己的需要对仓储做出合理的调整。当对商品进行长期存储时，一般来说，仓储的费用比较低。租用公共仓库使企业无不需要为建造仓库投入大量资金，所以租用公共仓库可以节省企业宝贵的资金。租用公共仓库可以减少企业的风险，因为当商品在储存期间出现问题时，公共仓库会予以解决。所以，短期看来，公共仓库规模性租金比较低廉，并且企业在租用公共仓库时可以根据待储存商品的数量决定储存的规模，这样也防止了资金的浪费。因此，企业应根据自身的特点，在自建仓库和租用公共仓库之间做出合理的选择。一般来说，当企业的存货量较大、对商品的需求比较稳定且市场密度比较大时，可以考虑自建仓库。反之，则应选择租用公共仓库。

2. 注重应用合同仓储

合同仓储就是企业将仓储活动转包给外部公司，由外部公司为企业提供一体化、全方位的仓储服务。合同仓储具有专业性、高质量、低成本等优点，因此可以为企业提供优质的服务。合同仓储可以有效地利用仓储资源，扩大市场范围，降低运输成本。

3. 采用集装箱、集装袋、托盘等运储装备一体化的方式

这种方式通过物流活动的系统管理，实现了储存、运输、包装、装卸一体化，能够使储存合理化，更重要的是，它能够促使整个物流系统的合理化。

◇ **本章小结**

仓储管理是物流管理的重要组成内容,仓储管理离不开有效的库存控制。仓储是指利用仓库或相关设施设备进行物品的入库、存储、出库等活动。仓储具有调节和检验等基本功能,同时还具有价值增值功能。仓储管理就是充分利用仓储资源,为实现高效的仓储服务而进行的计划、组织、控制和协调等活动。仓储管理应符合效率性、经济效益性、服务性、服务质量性和安全性等原则。仓储管理的内容非常广泛,包括仓库的选址和设计、仓库机械设备的选择与配置、仓储作业过程管理及仓库库存管理等。仓储管理的作业流程主要由入库作业、保管作业及出库作业组成。

仓库设计包括仓库结构、仓库布局、仓库设施与设备。进行仓库结构设计时,应考虑仓库的层数、高度、长度、宽度、立柱间隔、出入口的尺寸和数量、站台高度、地面硬度等因素。仓库平面布局要适应仓储企业生产流程,有利于仓储企业正常进行生产。仓库设施与设备主要包括线路和站台、装卸搬运设备、保管设备、计量装置、安全与养护设备五类。自动化仓库是现代仓储常采用的设备。库存控制是仓储管理不可或缺的一部分,ABC分类法、定量订货法、定期订货法是常见的库存控制方式。有效的库存控制方法的应用,可以大幅降低仓储成本。

◇ **思考与练习**

1. 简述仓储的概念及主要功能。
2. 简述物流中心仓储、配送中心仓储和运输转换仓储的区别。
3. 仓储管理的原则有哪些?
4. 仓储的入库作业有哪些内容?
5. 仓库结构设计应考虑的因素有哪些?
6. 按照建筑结构,可将仓库分为哪些类型?
7. 仓储设施设备包含哪些类型?
8. 简析自动化立体仓库的系统构成。
9. 单周期库存和多周期库存有什么区别?
10. 讨论如何应用ABC分类法对库存进行管理。
11. 分析采用定量订货法进行库存控制的原理。
12. 仓储合理化的主要标志是什么?
13. 简述仓储合理化的具体措施。

案例分析

某光电科技有限公司的仓储管理

某光电科技有限公司位于广东惠州金源工业区,它成立于1998年,是一家专业照明器与电气装置产品制造商,它是行业的龙头企业。凭借优异的产品品质、卓越的服务精神,公司获得了客户的广泛认可与赞誉。为了适应新形势下的战略发展需要,公司对现有的客户关系网络进行了整合,在全国成立了35个运营中心,完善了公司供应链系统、物流仓储与配送系统,以及客户服务系统。

该公司总部共有成品仓库3个,分别是成品一组仓库、成品二组仓库和成品三组仓库。3个仓库按产品不同的型号,将产品分别放在不同的仓库。其中,成品一组仓库位于一楼,目的是方便进出货,所以那里存放的货物种类相对较多,如筒灯、灯盘等,并且所有的外销品也存放在成品一组仓库。成品二组仓库储存的主要是路轨灯、金卤灯、T4灯、T5灯以及光源。公司的几大光源都存放在成品二组仓库。成品三组仓库主要存放特定的格栅灯、吸顶灯、导轨灯,以及公司的一些其他产品。

该公司的产品销量很好。产品出入库频率高,产品流量也很大。该公司的仓库布局是用货架存放货物,仓库内只有叉车,包括手动叉车和电动叉车,仓库作业中较少采用人力。

该公司仓库储存空间,即以保管产品为功能的空间,包括物理空间、潜在利用空间、作业空间和无用空间四部分。其中,物理空间是指产品实际上占有的空间。该公司仓库的物理空间占了整个仓库的75%以上。潜在利用空间占10%左右。作业空间占10%左右。无用空间占5%左右。该公司仓库内只有叉车,货架不高,机械化程度不高。从整体来看,该仓库的空间利用率很高,甚至有一点拥挤。

该公司仓库收发货物,采用的是物资收发卡。每次收发货都需要在物资收发卡上进行登记。仓库货位管理的储存方式是定位储存。参照该公司的仓库现状,全部使用定位储存原则是不太合理的,应该按照产品的不同特点与存储要求,将产品进行分类,对于重要的产品,或者数量少、品种多的产品,应使用定位储存。而由于公司的产品特性几乎都一样,它们的特性是不会相互排斥的,从产品特性来看,可以把它们随机放在一起。

该公司在仓储管理的货位分配上也有一些原则。一是先进先出原则,即先入库的产品先出库的原则,该原则一般适用于寿命周期短的产品。二是面对通道原则,即将产品的标志、名称面对通道摆放,以便让作业员容易辨识,这样可以使产品的存取更容易,且更有效率,这也是使仓库内能流畅作业的基本原则。三是重量特性原则,即按照产品重量的不同来决定产品在保管场所的高低位置。该公司的仓库备货就采用了摘果式。

当仓库储存空间不够用时,该公司经常会将货物存放在作业空间的位置上。特别是在产品的销售旺季时,仓库产品的存放特别拥挤,货位管理会出现混乱局面,有些产品还会存放在作业通道和安全通道上,这样不利于作业,特别影响仓库作业人员的安全,存在安全隐患。

资料来源:《仓储管理案例分析》(https://www.docin.com/p-2453122050.html),内容有改动。

■ 思考题:
1. 该公司的仓储空间布局是否合理?
2. 在销售旺季,应如何进行存储,并消除现有的隐患?
3. 你认为该仓库备货采用摘果式是否合适?为什么?

第四章 包装作业与技术

◇ 学习目标

■ 知识目标

了解包装的定义和功能;理解包装的重要性;掌握主要的包装材料和技术;掌握主要的包装合理化的方法。

■ 能力目标

能够选择合理的包装材料和技术,实现包装合理化。

■ 情感目标

培养学生的环保意识。

◇ 学习重难点

1. 包装的功能及其在物流管理中的重要性
2. 包装材料及其选择
3. 包装技术的选择
4. 包装合理化

◇ 本章导读

随着经济与社会的发展,包装从无到有,从简到繁,如今包装已成为社会生产与流通领域中不可忽视的一项职能活动。因而全面了解包装作业对于理解其他物流活动具有十分重要的意义。本章将对包装的概念、包装材料技术以及包装的合理化进行全面的阐述。

◇ 导入案例

啤酒包装的新革命

谁能想到，有一天，啤酒的纸塑包会被一种可完全降解的包装材料替代？这不仅是包装用材的创新进步，更是人类对环境保护可持续发展达成的共识。而这种材料竟是啤酒中的大麦芽在洗涤过程中积累的残渣制成的！

创造者几经研究，在废弃谷物中发现了其所含的蛋白质具有天然黏合剂的性能，于是开发出了不需要任何额外黏合剂的材料。天然去雕饰，乳白色的瓶身搭配灰色系的新材料包装（见图4-1），与货架上其他纸塑啤酒包装相比，简约而不简单，更突出产品，更显档次。

图4-1　啤酒的新包装

这种可完全替代纸塑包装的材料，应用范围非常广泛，比如可用于杯垫、餐盘、艺术品、手提包等其他包装或者活动道具里。重要的是，这种材料区别于纸塑，在生命周期的最后，不会释放任何残留物或有害废物质，自身会很快腐烂，成为化肥，反哺土壤。

不得不说，设计师在设计此款啤酒包装时，也赋予饮酒行为新含义！

资料来源：《这10款消费品的创意包装设计，惊艳到我了！》（https://zhuanlan.zhihu.com/p/365987615），内容有改动。

第一节　包装概述

包装是连接生产与消费,用以促进商品快速流动、开拓消费市场,融合科学技术与艺术形式的企业行为。它既是商品的重要组成部分,又是物流活动的重要职能,也是实现商品价值和使用价值的手段之一,它与整个社会再生产过程和人们的日常生活有着密切的联系。

一、包装的概念、作用和分类

（一）包装的概念

包装是一个随着社会发展而不断延伸的动态概念。下面介绍几个在当今较有影响力的包装概念。

我国学者比较认可的定义是,包装是指为在流通过程中保护产品、方便储运、促进销售,按一定技术方法所用的容器、材料及辅助物等的总体名称。包装也指为了达到上述目的而在采用容器、材料和辅助物的过程中施加一定技术方法等的操作活动。这是当前国内普遍接受和使用的概念,也是国内最具影响力的概念。

美国包装协会给出的定义是,包装是使用适当的材料、容器和技术,使产品能安全到达目的地,即在产品输送过程中的每一阶段,不论受到什么样的外来影响,皆能保护其内容物,而不影响产品价值。

英国规格协会对包装的定义是,包装是为货物的运输和销售所做的艺术、科学和技术上的准备工作。

从以上的定义,我们可以看出,包装是物流的一个子系统,而且它是一个具有层次结构的系统。在层次结构方面,包装可以分为一级包装、二级包装和三级包装。例如,人们会把酒装到瓶子里(一级包装),将一定数量的酒瓶放到纸箱里(二级包装),随后将纸箱装入垛码托盘中,并进行热缩包装以供分销(三级包装)。系统方法强调了包装各层级之间的自然交互作用,并促进了人们对包装各层级相互依存关系的理解。因此,包装系统的性能受到每个层级的性能以及这些层级之间的交互的影响。实践者在讨论打包时,使用了许多定义和术语。表4-1总结了一些常用的包装术语和定义。

表 4-1 常用的包装术语和定义

包装术语	定义
初级包装/消费包装/销售包装	与产品接触的包装/通常消费者带回家的包装
二级包装	二级包装被设计成包含多个初级包装
三级包装	将多个初级或二级包装的产品进行组合,并在托盘或物流台车上堆叠码放
成组包装	为方便保护、展示、处理和(或)运输多个初级包装而设计的包装
运输包装/工业包装/配送包装	为方便操作、运输和储存若干初级包装而设计的包装,以提高生产或配送的效率,并防止物理操作和运输损伤
展示品包装	与成组包装类似,往往强调展示功能
零售包装	与成组包装一样,特别强调包装设计对零售的适用性
二手包装	产品被移除后剩余的包装(或包装材料)

然而,随着社会的发展,包装的概念也在不断延伸。有学者认为,包装是为安全、可靠、高效和有效地处理、运输、分配、储存、零售、消费、回收、重用或处置商品而准备的协调系统,并使消费者价值、销售额和利润最大化。这一定义强调了包装整合商业、物流和环境愿景的能力,以及包装对企业商业竞争力产生的积极作用。因此,包装的跨学科性质逐渐被人们认识。站在系统的角度,包装系统必须满足来自许多相互依赖的领域和客户的需求。而作为管理者,理解包装、物流和市场营销之间的相互作用非常关键,如何平衡产品包装的差异化和标准化至关重要。

(二)包装的作用

包装的基本功能是保护、容纳、保存产品和进行信息传递。但是随着包装概念的不断发展,包装的作用逐渐复杂化,涉及物流、营销和环境等多个方面(见表 4-2)。

表 4-2 包装的作用

相关方面	作用
物流	① 方便销售; ② 保护产品和环境; ③ 提供条件和地点信息
营销	① 图形设计; ② 市场营销; ③ 客户需求/消费者使用的便利性; ④ 分销的便利性

续表

相关方面	作用
环境	① 回收利用； ② 可重复使用的包装； ③ 非实物预包装； ④ 减少环境污染

1. 包装与物流

通常情况下，物流管理者只关注物流过程中包装的作用，如表 4-3 所示。

表 4-3 包装在物流过程中的作用

物流过程	包装的作用	具体表现
运输	减少装运延误	增加包装信息能减少追踪丢失货物的时间
	防护	减少运输过程中的损坏和盗窃
	标准化	包装的标准化增加了托运人的模式选择，减少了对专用运输设备的需求
装卸搬运	提升作业效率	有利于进行机械化、自动化装卸搬运作业，减小劳动强度和难度，加快装卸搬运速度
	保护	在装卸搬运中，使商品能够承受一定的机械冲击力，达到保护商品的目的
仓储	提升效率	合理的包装便于计数，便于交接验收，便于商品的堆码、叠放，提高作业效率
	节省空间	合理的包装提升了堆叠的合理性，从而能够有效利用仓库空间
	保护	良好的包装能够抵御存储环境对商品的损害

但是，从供应链系统的角度来看，包装对整个供应链上的生产、分配、存储、搬运等活动以及物流系统的效率都有重大影响，因此，应该从物流过程、包装系统以及包装与物流的相互作用三个方面考虑包装的作用。如果物流管理者只关注物流过程，包装工程师只关注包装系统，这将导致两者之间的相互作用不匹配。然而，大多数隐性和间接成本、利润提高潜力和增值属性却来自两者的相互作用过程。因此，管理者有必要认识到包装与物流相互作用的重要性，以理解包装和物流决策如何影响供应链。

包装和物流决策是相互关联的，有时是不可分割的，正是在这些相互作用中，包装和物流决策对整个供应链产生影响。表 4-4 呈现了供应链过程中包装与物流的相互作用。

表 4-4 供应链过程中包装与物流的相互作用

供应链过程	生产			配送中心					零售商店		
物流过程	灌装过程	仓储过程	运输	接收过程	储存过程	拣选过程	配送过程	运输	接收和配送	补货过程	再利用和回收
包装系统 操作效率、包装线效率	包装线效率、灌装速度、标签应用、封合和贴合工艺	—	—	—	—	操作效率、产品识别、产品保护、稳固性	—	—	操作效率、产品识别	操作效率、促销、货架摆放的适应性、产品识别	操作效率、包装材料回收
包装系统 操作效率、可堆叠性		操作效率、可堆叠性、产品保护、稳固性	空间利用率、可堆叠性、重量和高度的稳固性	可堆叠性、产品识别	空间利用、重量和高度的稳固性	操作效率	操作效率、重量和高度的稳固性	空间利用、重量和高度的稳固性、易堆叠性	操作效率、稳固性	操作效率、识别商品、商品保护、货架适应性、人类工程学的符合性	操作效率、包装材料回收
										操作效率、存储适应性、产品识别、促销	操作效率、包装材料回收

包装与物流决策的关联性使得"物流包装"的概念逐渐发展起来,该术语已被学术界使用。物流包装集中精力发展有利于物流系统的相关包装活动,它影响每一项物流活动的成本,并对物流系统的生产力产生重大影响。例如,运输和储存费用与产品包装的大小和密度直接相关,装卸搬运成本取决于单位装载技术,产品的保护以及拆封和丢弃包装材料的成本将影响客户服务水平。此外,物流系统的特点决定了包装的要求和成本,一种整合物流的包装方法可以产生显著的物流价值。

"物流包装"这个概念虽然体现了包装与物流决策的关联性,但它主要针对为物流功能定制的包装。当前,工业界和科学界越来越多地关注包装的跨学科性质,"包装物流"的概念也逐渐被人们认识。包装物流关注的是通过包装和物流相关活动的改进,将包装和物流系统与潜在的增加供应链效率和有效性相结合,从而实现协同增效,它更强调两者在战略方面的整合。这种整合将接口延伸到了包装和物流系统之外,是一个动态变化的过程,取决于供应链上的每个企业、部门,或企业如何随时间变化来解释和评估包装的不同功能。例如,当考虑到包装与市场营销的接口时,"物流包装"与"包装物流"的差异如图 4-2 所示。

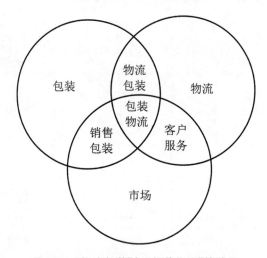

图 4-2 "物流包装"与"包装物流"的差异

2. 包装与营销

在如今的市场中,琳琅满目的产品包装设计与五花八门的营销手段早就合二为一,包装亦被称为营销的最后 5 秒。这要求任何产品包装设计同市场营销一样,一开始就必须适应消费者与市场的需求。包装已成为营销组合中的一个重要工具,并有助于营销中的 4P 营销理论[①]和 4C 营销理论[②]的落实。

可口可乐公司适时的包装营销策略,说明了包装在满足消费者的需求和期望方面起着

---

① 4P 营销理论被归结为四个基本策略的组合,即产品(product)、价格(price)、推广(promotion)、渠道(place),由于这四个词的英文首字母都是 P,再加上策略(strategy),所以简称为"4P's"。
② 4C 营销理论以消费者需求为导向,重新设定了市场营销组合的 4 个基本要素。4C 分别是消费者(consumer)、成本(cost)、便利(convenience)、沟通(communication)。

决定性的作用。2013年,可口可乐公司在中国推出"昵称瓶",在瓶身印有"天然呆""喵星人""闺蜜"等20款网络流行昵称,并在昵称上方写着小字"分享这瓶可口可乐,与你的——"。可口可乐公司相关数据显示,该营销案例使当季可口可乐独享装的销量较上年同期增长了20%,超出预期销量增长目标10%。2014年夏季,可口可乐公司推出的"歌词瓶"再次引起年轻群体关注,其在中国二季度的业务增长达到9%。可口可乐公司不断创新其包装营销策略,通过有创意的包装满足营销的需求,使包装成为营销的重要工具。

数字资源4-1
可口可乐的
包装营销

3. 包装与环境

包装与环境的关系有着两重性。一方面,包装对环境起着保护作用。如表4-2所述,包装的保护对象包括产品和环境两个方面,即它既防止被包装物在物流过程中受到质量和数量上的损失,也防止危害性内装物对其接触的人、生物和环境造成危害。另一方面,随着包装工业的发展,人们对包装材料的需求量不断增大,包装废弃物也越来越多。这些废弃物如果没有得到妥善的处理,会对环境造成污染。因此,包装与环境是一对既矛盾,又相互依存、相互作用的概念,管理者需要理解并坚持"绿水青山就是金山银山"的理念,正确处理两者之间的关系。

4. 包装在物流、营销和环境中的权衡

从以上分析来看,包装面临的挑战在于除了实现物流功能,还要在整个供应链中实现包装系统的营销和环境功能。因此,当谈到包装时,物流、营销和环境问题之间的权衡是存在的,包装系统必须满足来自许多相互依赖的领域和客户的需求,管理者在选择包装设计时,往往必须做出权衡。例如,在考虑物流和营销问题时,产品差异化和标准化之间的平衡是至关重要的,它将影响人们为所需产品选择合适的包装类型,特别是快消产品。

正是因为包装系统需要满足相互依赖的多方需求,有学者提出了"可持续包装物流"的概念,指出在建立包装系统时,应考虑以下四个方面的问题。

第一,在可持续发展的理念下,确定商业、物流、环境保护需求,定义包装设计要求。

第二,建立一个组织,它整合和协调供应链上的所有相关领域,包括每个企业内部和外部,如包装制造商、分销商、第二方物流等。这种组织能明确如何适应供应链上每个阶段的不同设计需求,如何评估它们的度量系统,以及如何适应不断变化的包装设计。

第三,建立一个包装系统,该系统能衡量一个特定包装方案的影响,能从材料、尺寸、包装单元数以及美学等方面比较不同的包装设计。

第四,在包装设计中不断实践,不断创新。

(三)包装的分类

在生产、流通和消费过程中,包装所起的作用不同,包装的类别也不相同。对包装的科

学分类应有利于充分发挥包装在流通和消费领域的作用,有利于商品的物流和商流,有利于包装的标准化、规格化和系列化,有利于物流作业机械化、自动化,有利于提升科学管理水平和科学技术水平。下面将从包装作用、包装形态层次、包装使用范围和包装容器四个不同的角度,对包装进行分类。

 1. 按包装在流通领域的作用分类

按照包装在流通领域中的作用,我们可以将包装分为物流包装和商流包装两大类。

(1)物流包装

物流包装的概念关注的是通过对包装和物流相关活动的改进,将包装和物流系统与潜在的增加供应链效率和有效性相结合,集中精力发展有利于物流系统的包装活动,从而实现协同增效。物流包装主要包括运输包装、托盘包装和集合包装。

国家标准(GB/T 18354—2021)将运输包装定义为以满足运输、仓储要求为主要目的的包装。它具有保障商品安全,方便储运装卸,加速交接、检验的作用。托盘包装指的是以托盘为承载物,将包装件或产品堆码在托盘上,通过捆扎裹包或胶贴等方法加以固定,形成一个搬运单位,以便使用机械设备搬运。托盘包装整体性能好,堆码稳定性高,适合于机械化作业,能使物流效率提高3~8倍,同时也能减少物流活动中包装件的碰撞、跌落、倾倒,提高产品物流过程的安全性。集合包装则是将一定数量的商品或包装件装入具有一定规格、强度、适宜长期周转使用的包装容器内,形成一个合适的装卸搬运单位的包装,例如集装箱、集装托盘、集装袋等。集合包装的出现,一方面进一步提高了物流效率和顾客服务水平,另一方面,它也是对传统物流的重大变革。

(2)商流包装

商流包装也可称为销售包装或商业包装,认可度比较高的商流包装定义为:直接接触商品并随商品进入零售网点和消费者直接见面的包装。在设计商流包装时,重点考虑的是包装造型、结构和装潢。因为包装与商品直接接触,因此在包装材料的性质、形态、式样等方面,都要为保护商品着想,且结构造型要合理。此外,图案、文字、色调和装潢要能吸引消费者,能激发消费者的购买欲,包装单位要考虑顾客的购买量和商店设施条件,为商品流通创造良好的条件。商流包装上还应有必要的文字说明,如品名、产地、数量、规格、成分、用途和使用方法等,文字说明要同画面紧密结合,互相衬托,彼此补充,以达到宣传和促销的目的。计算机能自动识别的条形码也是必不可少的,它能识别商品的关键信息,同时也可以提高商品流通的效率。

 2. 按包装的形态层次分类

按包装的形态层次,我们可以将包装分为个包装、中包装和外包装。

个包装是指一个商品为一个销售单位的包装形式。个包装直接与商品接触,在生产中与商品装配成一个整体。它以销售为主要目的,一般随商品一起销售给顾客,因而又被称为销售包装或小包装。个包装起着直接保护、美化、宣传和促进商品销售的作用。

中包装(又称内包装),是指若干个单体商品或包装组成一个小的整体包装。它是介于个包装与外包装的中间包装,属于商品的内层包装。中包装在销售过程中,一部分随同商品出售,一部分则在销售中被消耗掉,因而被列为销售包装。在商品流通过程中,中包装起着进一步保护商品、方便使用和销售的作用,方便商品分拨和销售过程中的点数和计量,方便包装组合等。

外包装(又称运输包装或大包装),是指商品的最外层包装。在商品流通过程中,外包装起着保护商品,方便运输、装卸和储存等方面的作用。

3. 按包装的使用范围分类

按包装的使用范围,我们可以将包装分为专用包装和通用包装。

专用包装是指专供某种或某类商品使用的一种或一系列包装。这类包装往往是制造企业针对特殊商品专门设计的,专用性较强。专用包装又分为商品专用包装和单位专用包装两种。前者是专门盛放某种商品的容器,如油类制品、食品等专用包装;后者是专门由某单位使用的包装容器,如粮食部门的粮食包装、盐业部门的食盐包装、医药部门的医物包装等。专用包装一般都在明显部位印刷标记,在使用中通常都规定了收回办法。

通用包装是指一种包装能盛装多种商品,被广泛使用的包装容器。通用包装不针对任何特定商品,不会有太多设计元素,而是根据标准尺寸生产制造,可以用于对包装无特定要求的产品或者标准规格的产品。

4. 按包装容器分类

按包装容器的质地,我们可以将包装分为硬包装、半硬包装和软包装。硬包装(又称刚性包装)是指填充或取出包装的内装物后,容器形状基本不发生变化,材质坚硬或质地坚牢的包装。半硬包装(又称半刚性包装)是介于硬包装和软包装之间的包装。软包装(又称柔性包装)是指包装内的充填物或内容物取出后,容器形状会发生变化,且材质较软的包装。

二、集合包装

(一)集合包装的概念

集合包装是 20 世纪 50 年代发展起来的新型包装,是现代运输包装的新发展,在当代商品包装运输中占有十分重要的地位。所谓集合包装,是指将一定数量的产品或包装件组合在一起,形成一个合适的运输单元,以便于装卸、储存和运输。集合包装又称组合包装或集装单元。集合包装可以将品种繁多、形状不一、体积各异、重量不等的单件包装，一件件地通过托盘、集装袋或集装箱等组成集合装载单元，实现以叉车等机械进行装卸、搬运以及"门对门"运输，从而使包装方式与物流方式融合为一体，达到物流领域集合包装与集装单元化运输方式的统一。因此，集合包装的实质就是形成集装单元化系统，即由货物单元、集装容器、物料搬运设备等组成的高效的、快速的，能进行物料功能运作的系统，它有效地将分散的物料的各项活动联结成一个整体，是物流活动的核心内容和主要方式。

（二）集合包装的作用

集合包装的出现是对传统包装运输方式的重大变革，它是工业生产、商品流通和运输现代化的产物。集合包装可以简化单件货物运输包装，又能使包装物流作业，如包装、装卸、搬运、运输、仓储、配送等实现安全、迅速、简便、经济的目的，在运输包装中占有越来越重要的地位。它之所以受到重视，是因为它有许多与众不同的优点。具体来说，这些优点表现在以下几个方面。

1. 简化包装，节约成本

如果采用常规包装，为保护商品，势必要消耗大量的包装材料。有研究表明，包装费一般占产品成本的10%～15%。在物流领域，与手工装卸单件运输包装相比，采用集合包装所受的垂直跌落冲击危害能降低一半左右，因此企业可降低原外包装用料标准，有的甚至可不用外包装，节省包装费用。例如，日本用集装箱装运电线和电视机，节省了50%的包装费。一般而言，简化包装可降低约10%的包装费。

2. 推动流通领域装卸、搬运作业的综合化、机械化、自动化

采用集合包装，可以实现集装单元运输，加速实现流通系统中铁路、公路、水路、航空各种不同的运输工具间的快速换装、联运和"门对门"运输。采用集合包装的商品在流通过程中，无论经过何种运输工具，装卸多少次，都是整体运输，不需要搬动内容物，并且机械化程度和自动化程度也大幅提高，这极大地减轻了人员的劳动强度，缩短了商品装卸时间，提高了劳动生产率，因而也降低了装卸搬运的成本。例如，一艘万吨货轮货物，如果采用常规装卸方法，需要16天，如果改用集装箱装卸，仅需1天就能完成，显而易见，作业费用也大幅降低。

3. 有效地保护货物

集合包装将零散的产品或包装件组合在一起，固定牢靠，包装紧密，商品受到有效的保护，这对易碎、贵重的商品尤为重要。例如，在我国，平板玻璃由木箱改为集装架包装后，破

损率由原来的 20% 下降到 2% 以内。此外,集合包装还能防止盗窃和丢失,例如镍、铝锭等,由散装小件改为一吨装集合包装后,能大幅减少运输途中被盗、丢失的情况。

4. 促进流通系统管理现代化

集合包装可以实现标记目的地的功能,与单件作业相比,集合包装方便清点交接,简化流通系统的组织工作,简化运货手续,节省作业时间,减少货损货差,避免和消灭一些事故,减少环境污染和社会公害。同时,集合包装便于流通系统自动化立体仓库的开发和采用,以及装卸、收发作业的自动化和实行仓库信息计算机管理,从而实现高效能、高效益,促进流通系统管理的现代化。

5. 推动流通系统的标准化和管理的现代化

集合包装所集成的成件包装货物,必须符合力学原理,合理排列堆叠,以构成稳定、整齐、规则的、不易倒塌和倾斜的单元载荷,因此货物单件包装规格必须与集合包装的底面积相适应,这要求包装货件统一流通参数,从而推动了单件运输包装规格的标准化、系列化、通用化,并推动运载工具、集合包装、包装货件的综合标准化的贯彻实施。集合包装能促进包装货件物流合理化,提高作业效率,降低成本,节省劳动力,加速货物周转与送达,减少破损,提高总的社会经济效益。

(三)集合包装的类型

根据集合包装的具体使用形式,我们可以将集合包装分为很多类,主要有集装箱、集装托盘、滑片集装、框架集装、无托盘集装、集装袋等。最常采用的集合包装方式有集装箱、托盘和集装袋。

1. 集装箱

集装箱(container)一般由钢板、铝板等金属制成,可以反复使用周转,既是货物的运输包装,又是运输工具的组成部分。在集装箱出现之前,货物运输非常昂贵——运送货物穿越国土的一半就很不划算,更不用说穿越半个地球了。集装箱的出现,使全球的货物运输成本更低,更加方便快捷。集装箱化对国际物流乃至全球的经济发展产生了革命性的影响,并在这一过程中改变了世界经济形态。现在,集装箱应用已非常普遍,根据联合国贸易与发展会议数据,截至 2021 年底,全球集装箱船总运力超过 2.8 亿载重吨、2400 万 TEU[1]。[2]

---

[1] TEU 是 Twenty-Foot Equivalent Unit 的简称,Twenty-Foot 指 20 英尺(约 6.096 米),这种尺寸的标准集装箱被称为标准箱,一个 TEU 就是一个标准箱,其他尺寸的集装箱按照这个标准换算成标准箱。

[2] 资料来源:https://finance.sina.com.cn/roll/2022-05-11/doc-imcwiwst6806796.shtml。

集装箱的安全性和智能化发展是一个重要的发展趋势,这也有力地推动了多式联运的发展。集装箱交接以箱体和铅封作为认定标准,在全程运输过程中具有封闭性和唯一性。因此,应用射频识别(Radio Frequency Identification,RFID)、全球定位系统、北斗系统等信息技术对箱体进行跟踪,能够实现全程跟踪的可视化以及信息传递的及时性,这有助于提升流通的安全性和可靠性。例如,利用带有探测和记录功能的移动设备,可以及时记录集装箱的位置、温度、碰撞、平衡等多方位数据。不断发展的电子订舱、区块链技术以及大数据信息平台,能进一步减少中间环节,降低经营成本,改善货物跟踪效果,并实现上下游企业的链式协同,最后形成企业生态圈的群体智慧。例如,丰田公司基于现代化集装箱运输,配合计算机和网络技术,建立了即时生产(just-in-time)体系,制造商只有在客户需要的时候才生产产品,并通过集装箱在规定的时间将产品运送到客户方。在集装箱出现之前,这种效率和精确度是无法想象的。物联网技术也为集装箱行业提供了发展的机会。通过连接船只、港口设备、基础设施和货运设施,人们可以获得大量数据,这为优化流程提供了机会,并为所有集装箱行业的利益相关者提供了越来越精确和实时的数据。

如今,集装箱运输已在全球范围内被广泛使用,成为货物流通的重要手段。未来,随着集装箱运输的发展以及经营管理现代化程度的进一步提高,集装箱化将进一步地降低运输成本,缩短运输周期,提高运输质量,更好地为客户提供优质、准时、便捷、价廉的服务。

2. 托盘

托盘(pallet)是按一定规格形成的单层或双层平板载货工具。起初,托盘只是作为一种装卸工具而被广泛地使用,因其便于根据实际需求改变形状、尺寸和用法,托盘逐渐发展成为一种重要的集装器具。一个国家的托盘拥有总量是衡量其物流现代化水平的标志之一。中国物流与采购联合会资料显示,2018年底,我国托盘保有量约为13.62亿片,其中标准托盘保有量占比持续上升,达到30%左右;2019年,我国托盘保有量和托盘年产量均以较高速度增长;2019年,我国托盘年产量大概为3亿片,托盘市场保有量达到14.5亿片左右。整体来看,国内的托盘市场将保持向上的发展趋势。目前我国人均拥有1片托盘,远低于日韩和欧美等发达国家和地区,随着托盘行业的进一步发展,托盘市场的潜力将会被进一步释放,行业发展前景广阔。[①]

目前,随着国内经济发展进入新常态,人们对物流行业降本增效的要求越发迫切,对物流企业的运行效率提出了更高的要求,而使用托盘是实现快速装卸搬运的最有效工具之一。此外,随着物联网等信息技术的发展,智能化将是物流发展的必然方向,货物单元化是促进物流智能化发展的有力支撑。2018年4月,商务部等8部门发布《关于开展供应链创新与应用试点的通知》,提出从标准托盘和全球统一标码标识(GS1)切入,提高物流链标准化、信息化水平,打造智慧供应链。在智慧化浪潮的推动下,托盘数字化升级在即,智能托盘呼之欲出。

---

① 资料来源:https://bg.qianzhan.com/trends/detail/506/210419-bd792311.html。

智慧物流的发展将使传统的托盘发生改变。国外有学者指出，在工业4.0、物联网大发展的趋势下，托盘、周转箱等物流载具必将成为智能化信息物流载具。未来智能化托盘将具备自动识别、追踪、室内导航、自动测量荷载、环境指标的测量、上传云端、应用区块链的解决方案等功能，而基于物流单元共享及"物流单元＋定位技术"的物联网信息服务平台的发展，将实现智能化出入库管理、移动式智能仓储等功能，从而实现托盘集装由传统向智能的飞跃。

由此看来，作为仓储和运输中最基础的集装单元，同时也是物流机械化和自动化搬运最主要的作业单元，托盘在智慧物流和智慧供应链的打造中占有重要地位。被赋予信息承载功能的托盘等单元化器具，将是智慧供应链中的基础智能节点，未来的托盘产品将会与现在大不相同。

3. 集装袋

集装袋全称柔性集装袋，也称为大袋、吨包袋、集装包，是一种柔软、可曲折的包装容器。它一般以聚丙烯或聚乙烯为主要原料。采用这种包装，不仅有利于提高装卸效率，有利于促进散装货物包装的规格化、系列化，降低运输成本，而且还具有便于包装、储存及造价低等优点。该集合包装形式特别适用于机械化作业，是仓储、包装、运输的理想选择，可广泛应用于水泥、化肥、食盐、糖、化工原料、矿石等散装粉粒状物质的公路、铁路及海上运输。集装袋的出现和使用，是粉粒状货物装运方式的一次质的革命。

与传统的麻袋、纸袋搬运散装物料相比，集装袋有较大的优势：它可以减少搬运次数，将装卸效率提高2～4倍；减轻搬运工人的劳动强度，节省人力；可节省15%～30%的包装材料费用；可减少运输中的损耗，保证货物的安全。有资料显示，我国目前化肥包装使用塑料薄膜袋，破包率高达30%，进口化肥采用编织袋包装，破损率为千分之几，如果采用集装袋，破损率不会超过0.5%。另外，集装袋的密封性能好，水分和杂质不易混入袋内，从而保证了货物的质量。

三、物流包装匹配问题

从前述的包装概念的发展中，我们了解到，在整个供应链中，包装作为物流服务中的重要组成部分，是实现上下游衔接的重要单元，所以我们需要从供应链系统的角度思考包装系统与物流系统的融合问题。因此，怎么设计产品包装，才能适应物流的装载标准成为行业最关心的问题。

（一）包装模数与托盘的匹配

在我国，早些年有这样一种观点，认为托盘是最基本的物流单元。实际上，包装模数和托盘共同构建了整个物流包装的最基本单元。包装模数是关于包装基础尺寸的标准化及系列尺寸选定的一种规定。包装模数单元适合手工操作,托盘单元适合机械搬运,它们之间应该有合理的相互匹配关系。

国际标准 ISO 3394:2012 提到了包装模数、托盘和小包装平面尺寸之间的关系,即如何用小包装填充满包装模数单元,进而填充满托盘单元。但这个标准在国内很少被提及。在我国,广泛使用的包装模数是 600mm×400mm。烟草和图书行业有自己独特的工业标准,但在其他行业,如服装、食品、电子、果蔬等,都大量采用 600mm×400mm 的包装模数。2016 年 12 月,工业和信息化部、商务部印发《关于加快我国包装产业转型发展的指导意见》,提出完善国家、行业、企业等多层次包装标准体系,推广包装基础模数(600mm×400mm)系列,以包装标准化推动包装的减量化和循环利用。2021 年 4 月,交通运输部等八部门联合发布消息,按照《国务院办公厅转发国家发展改革委等部门关于加快推进快递包装绿色转型意见的通知》有关要求,我国要建立健全物流周转箱标准规范体系,推动健全完善物流周转箱标准体系,加快制定发布果蔬类周转箱(600mm×400mm 模数)尺寸系列等国家标准。相关政府部门对 600mm×400mm 模数的大力推广使此款包装模数已经在我国形成了广泛的应用基础。

对于 600mm×400mm 模数,ISO 3394:2012 推荐使用 1200mm×800mm 和 1200mm×1000mm 两种托盘。这两种托盘都有优势和不足。1200mm×1000mm 托盘平面尺寸大,与 1200mm×800mm 托盘相比,1200mm×1000mm 托盘每一层可以多承载一个 600mm×400mm 的包装模数单元,因此搬运效率更高。但是 1200mm×1000mm 托盘也存在码垛操作复杂、不够灵活、视觉效果不整齐等劣势。1200mm×800mm 托盘虽然平面尺寸稍小一些,但却表现出通过性灵活、稳定安全、人工码垛简单等优势。

(二)托盘与集装箱的匹配

实际上,在海运中,大多数托盘都没办法完美地配合集装箱,那么我们为什么要将托盘放入集装箱呢?其主要目的是,在集装箱拆箱之后,托盘可以快速融入目的地国家的供应链和物流体系,也就是需要让托盘与出口目的地国家和地区的货车车厢相匹配。

托盘如何更好地融入当地的系统?以丰田汽车为例,丰田在日本使用的包装模数是 335mm×335mm,7 个 335mm 拼在一起是 2345mm,配合 1340mm×1005mm 的托盘,横纵一拼,刚好能够最大化地利用日本 2350mm 的货车内宽。这种包装和托盘被称为 TP 系列。丰田在中国建厂后,也带来了 TP 系列的包装体系。但很快,丰田发现 TP 系列不适合中国的货车,没办法充分利用中国货车的宽度。经过分析,丰田将在欧洲使用的 EU 系列包装引入中国的工厂和供应商体系,这个系列的特点就是 600mm×400mm 的包装模数配合 1200mm×800mm 的托盘,可以完美地适应中国的卡车货箱标准,在中国非常好用。相比原来的 TP 系列包装,新包装有效地降低了物流成本,提高了效率。

基于以上分析,为了便于集装箱拆箱后,托盘能快速融入目的地国家和地区的供应和物流体系,不同的国家根据自己的车厢设计了托盘体系。显然,托盘在设计上和集装箱是两个独立的体系,无法实现自然匹配。因此,要使托盘和集装箱完美匹配,通常有两种方式。第一种方式是改变托盘尺寸。2010年,德国汽车工业协会(German Association of the Automotive Industry,VDA)发布了 VDA 4525 标准,该标准讨论了整个海运集装箱装箱中的重点问题。VDA 4525 提出了两款新的托盘规格,分别是 1140mm×790mm 和 1140mm×980mm,即将 1200mm×800mm 和 1200mm×1000mm 的托盘在比例基本不变的情况下调整横纵尺寸,使托盘某边长度为 1140mm,保证两个托盘并排组成一个矩形,并且尽量利用集装箱的内宽。这其实是做了一组特殊的托盘,以适应集装箱。第二种方式是加宽集装箱。我国现在力推的系列 2 型集装箱标准(铁路集装箱)就是这一方式的体现。这款集装箱的设计思路是将集装箱的宽度改成 2550mm,和我国的货车外廓尺寸一致,内径刚好可以适应 2400mm 宽度的托盘组合。

第二节 包装材料、包装容器及包装技术

一、包装材料

包装材料是指用于制造包装容器、包装装潢、包装印刷、包装运输等满足产品包装要求所使用的材料,其在整个包装工业中占有重要地位,是发展包装技术、提高包装质量和降低包装成本的基础。因此,了解包装材料的性能、应用范围和发展趋势,对合理选用包装材料,扩大包装材料来源,采用新的包装和加工技术,创造新型包装和包装技术,提高包装技术水平与管理水平,都具有重要的意义。

现代包装材料的种类非常多,总的来说,可以分为两大类:一类为天然材料,另一类为人工材料。随着科技不断进步,包装材料有了新的发展趋势。

(一)天然材料

包装材料反映了包装设计的内涵与精神。近些年来,天然材料在包装设计中被大力推广,其生产和使用对于当下的生态环境保护和能源问题有着非常重要的理论和现实意义,是包装技术层面和观念层面的变革。

1. 天然包装材料的优势

所谓的天然材料,是相对于人工合成的材料而言的,指自然界原来就有的、未经加工或基本不加工就可直接使用的材料。我国地域广阔,资源丰富,而且我国又是农业大国,有着丰富的天然包装材料,如竹、草、麦秆、藤等。

这些天然材料在包装中的应用不仅能达到人与自然的融通,还表现出独特的优势。例如,用稻草加工成的稻草板,具有节能、保温、隔音、隔热等功效,抗冲击性强,透气性好,并且抗震性能和防水功效都在传统材料制品之上。另外,把稻草板用作包装材料,其单位质量是同体积纸板材料的十分之一,优势是显而易见的。木材是一种生物质材料,具有很好的环境性能,作为包装材料使用时,能发挥很多性能上的优势,如强重比高、抗机械损伤能力强、可承受较大的堆垛载荷、具有一定的缓冲性能、制作比较容易、易于吊装和回收性能好等。此外,木材可以调节环境的含水率,其调湿功能是其独具的特性之一。竹类包装具有资源广、可回收的特点,其自身的抗菌性使竹子在生长过程中无虫蛀、无腐烂,无须使用任何农药。因此,竹材料在包装的应用过程中无污染,有利于环境保护,还保留了竹子特有的自然清香。

2. 天然包装材料的局限性

天然材料具有一系列人工材料所不具有的特性,如自然、朴素、简约、纹理天然等,但正是由于这些特性的存在,在运输环节中,有些天然材料往往很难直接承受外来的压力、摩擦与冲击,而在仓储环节中,一些天然材料包装与环境直接接触,如果出现潮湿、气温过高等情况时,往往天然材料包装会出现发霉、变质、皲裂等现象,对于包裹内容物会造成一定的影响。所以,根据这种情况,大多数天然材料包装往往不适合作为运输外包装直接暴露在户外,只适用作为产品的内包装,在运输与仓储环节中对产品起到保护作用。

木质包装可应用于运输外包装,但是其对森林资源的过度依赖与环境失衡问题不无关系。解决这一问题的有效方法就是回收利用,而包装标准化是提高回收利用率的关键。在欧盟法规框架下,其包装箱、托盘甚至连小小的钉子都采用统一标准和规格,以便回收时拆卸,这大幅提高了木质包装的回收率。目前我国木质包装缺乏统一标准,严重阻碍了木质包装的回收利用。

(二)人工材料

人工材料是相对于天然材料而言的,指自然界以化合物形式存在的、不能直接使用的,或者自然界不存在的,需要经过人为加工或合成后才能使用的材料,主要包括纸质材料、金属材料、有机材料和纺织材料。

1. 纸质材料

现代社会中,大部分包装材料是纸制品,其用量约占全部包装材料的40%。在包装行业中,纸质材料占据主要地位。其最大的优点是轻便、卫生性好、强度适宜、易于黏合印刷、便于机械化生产、取材容易、价格低廉等。它还可以与塑料、铝箔等其他包装材料组合使用。此外,在环保方面,纸质材料无毒、无味、无污染,且易于回收,可以用于再生纸的制造。但是,纸质材料也存在明显的缺点,例如容易受潮,强度低,易变形。

常用的纸质包装材料有白板纸、瓦楞纸和铜版纸等。白纸板是一种常用于做包装盒的纸板,比较结实且美观。其质地坚厚,对商品有一定的保护作用。瓦楞纸是一种有凹凸瓦楞的纸,主要用于包装盒里的隔衬,可以有效降低运输中的震动与挤压程度。铜版纸是一种用于裱糊到包装盒、瓶上的贴纸。铜版纸常用于高档商品的包装。此外,还有用于内包装衬纸的蜡纸,用于糖果包装的完全透明的、有光泽的、具有装饰和保护功能的透明纸,薄透轻软的麻纸、皮纸、宣纸,以及拉力较强的牛皮纸等。

2. 金属材料

金属材料是四大包装材料之一。金属材料用量不大,但因为其具有极优良的综合性能,且资源丰富,所以金属材料在包装领域仍然保持着极强的生命力。其种类主要有钢材、铝材,以及薄板和金属箔等。金属材料包装多用于运输包装的大容器、罐、桶、集装箱,如工业产品包装容器,食品中的半成品粉粒、乳制品、油脂类,以及化工原料中的液体和固体状物质的包装等;在销售包装中,金属材料主要适用于食品、饮料、油剂和一些化妆品中喷雾剂的包装,如食品中的易拉罐,食品及日用品中的罐头筒、铝筒袋、金属浅盘、金属软管、金属封闭容器以及瓶盖、衬袋材料等。

金属包装材料因为其性能而具有独特的优势。金属材料延展性好,加工方便,容易成型。此外,金属材料强度高,机械性能优良,对光、气、水的阻隔性好,防潮性、耐热性、耐寒性、耐油脂等性能远远超过了塑料、纸等其他类型的包装材料,可长期有效地保护内容物,适合包装的多种要求。在环境保护方面,金属包装材料是一种优秀的可循环再生材料,易于回收性和优秀的再生性使其成为一种环境负载低的绿色包装材料。

但金属包装材料也有不足之处。主要是化学稳定性差,耐腐蚀性不如塑料和玻璃,尤其是钢制包装材料容易腐蚀。因此,很多时候人们需要在金属包装材料的表面再覆盖一层防腐蚀性物质,以防止来自外界和被包装物的有害物质对商品造成污染。另外,从金属包装的全生命周期来看,其对资源及能源的消耗均很大,对环境尤其是大气会造成污染。解决这一问题的有效手段是实现金属包装生态化设计,即在设计阶段就从包装材料的环境协调性和降低环境负载角度出发,对材料资源(资源容量)、材料成分、工艺、结构、性能、循环使用、生态平衡(环境容量)等诸环节综合考虑,使材料的生产有利于降低环境负载,有利于废弃物循环再生。例如,欧美等发达国家为企业量身定制钢桶包装原材料钢板,使材料厚度、含碳量、硬度、镀锌层厚度更加符合制桶、制罐工业的需要,材料性能不需要太高,适合包装制作即可,材料尺寸按需要裁定,边角废料几乎为零,从而使钢桶等金属包装的质量、成本均为最佳,也符合适度包装及包装减量化原则。

3. 有机材料

这里说的有机材料,主要指有机合成材料,这是用有机高分子化合物制成的材料,它是一种混合物。有机合成材料下属的材料品种很多,合成塑料、合成纤维、合成橡胶就是我们通常所说的三大合成材料,在包装领域用得最多的是合成塑料,简称塑料。

塑料包装是包装业中的四大材料之一,其用量约占包装材料总用量的1/4,仅次于纸质包装。塑料包装在运输包装、储藏包装、集合包装、保护包装、销售包装中都有广泛的应用,原因在于,其具有以下主要特征:密度小,强度高,单位质量的包装体积或包装面积大;大多数塑料的耐化学性好,有良好的耐酸、耐碱性能,耐各类有机溶剂,即使长期放置也不会不发生氧化;成型容易,所需成型能耗低于钢铁等金属材料;具有良好的透明性、易着色性;具有良好的强度,单位重量的强度性能高,耐冲击,易改性;加工成本低;绝缘性优。

虽然塑料包装材料也存在易老化、易变形、防火性差、耐热性差等缺点,但是限制塑料包装材料使用的关键是环保问题,"白色污染"是塑料包装发展必须面对和解决的问题。经济合作与发展组织(Organization for Economic Co-operation and Development,OECD)2018 年发布的报告显示:自 2015 年以来,全球塑料垃圾产量持续增加,每年超过 3 亿吨,预计到 2050 年将达约 120 亿吨。根据中国科学院工程塑料国家工程研究中心的数据,2019 年,在全球数亿吨的塑料废弃物中,约 35%的塑料废弃物被回收,焚烧和裂解的塑料废弃物占比约 12%,堆积或填埋的塑料废弃物占比约 46%,流入海洋的塑料废弃物占比约 7%。如不进行遏制的话,到 2050 年,在海洋里,塑料的重量将超过鱼的重量。近年来,越来越多的国家和地区发布了限塑令或禁塑令,对于限制使用一次性塑料包装和塑料包装的环保绿色化行动已经达成了共识。我国自 2007 年以来,也相继发布了治理塑料污染的相关政策文件,并给出了明确的治理时间表。

各国和地区不仅通过限塑令和禁塑令从源头上收紧对塑料包装的使用,同时也从下游应用寻找替代品,世界发达国家与大型跨国企业已逐步重视可再生塑料的处理与应用,多个国家和地区承诺到 2030 年塑料包装回收和再利用率不低于 35%。我国也不断出台政策,促进可降解塑料、环保塑料的发展。2021 年 7 月,国家发展和改革委员会印发《"十四五"循环经济发展规划》,要求到 2025 年,再生资源循环利用能力进一步提升,再生资源对原生资源的替代比例进一步提高。未来,在塑料包装行业,环保绿色的可降解塑料的应用比例将会不断提高。

数字资源 4-2
包装有了绿色标准

4. 纺织材料

纺织材料因具备天然的亲和力和环保性而受到人们的青睐。根据纤维的不同,我们可以将纺织材料分为毛质织物、丝质织物、棉质织物、麻质织物以及人工合成纤维织物。近年来,一些新型的纺织纤维不断涌现,主要包括以下几类:新型改性天然纤维,如天然彩色棉纤维、菠萝叶纤维等;新型再生纤维素纤维,如天丝纤维、汉麻、竹纤维、甲壳素纤维等;新型再生蛋白质纤维,如大豆蛋白纤维、牛奶蛋白纤维、玉米蛋白纤维等;差别化合成纤维,如PTT纤维(聚对苯二甲酸丙二醇酯纤维的简称)、异型纤维、高吸湿纤维等。

由纤维制成的纺织品具有天然的亲和力,且是可再生资源,因此是绿色包装材料的较好选择。此外,织物包装材料能自行降解(除部分化学纤维类织物外),不需要进行工作量较大的回收工作,最后的降解物腐化后入土,不形成永久垃圾。

(三)包装材料的新发展

1. 强调环保性

随着国际上保护环境、爱护地球、节约资源的呼声越来越高,国际市场对产品包装的要求也越来越严格。无害化、无污染、可再生利用的环保包装在商品出口贸易中起着举足轻重的作用。环保包装材料大致包括可重复使用的包装材料、可再生的包装材料、可食性的包装材料、可降解的包装材料和天然纸质材料等。纯天然材料虽然具有与生俱来的环保性,但是其商业成本较高,对地球上的资源也是一种严重的浪费。因此,具有成本低、无污染、易回收、可再生等特点的复合环保材料将成为未来环保包装材料的主流。此外,由于欧盟国家、美、加等国家限制中国出口货物采用木质包装,对于中国而言,代木包装材料的开发也越来越紧迫。

除强调包装材料本身具有环保性外,材料轻量化是环保包装的另一种表现。包装材料轻量化,是指在满足包装各项功能的前提下,通过包装设计和材料制造技术,实现材料薄壁化和材料使用的减量化,从源头上减少资源消耗和包装废弃物的数量。例如,康师傅公司从2004年开始通过创新技术的使用,率先将瓶装水塑料瓶重量从18克降至12克,相比其他品牌的瓶装水,康师傅公司生产的瓶装水的瓶重是最轻的,这也是其节约成本的秘密武器之一。

2. 强调高新技术的应用

科技能促进材料的更新和进步,消费者观念的转变能加快包装产业的发展和进步,它们之间的相互协调进一步推动了包装材料的演变。目前,技术的投入创造出新的包装材料,一些高新材料在包装领域中得到拓展应用。

(1)纳米包装材料

纳米包装材料是近年来比较热门的研究方向,是一种新兴的包装材料,主要有纳米复合包装材料、聚合物基复合包装材料、纳米型抗菌包装材料。目前,人们研究最多的纳米复合包装材料是聚合物基纳米复合材料,它的可塑性、耐磨性、硬度、强度等性能都有明显的提高和增强;在聚合物基纳米复合包装材料中,聚合物层状无机纳米复合包装料由于涂层技术的突破而获得了迅速发展,部分研究成果已经开始进入产业化或因有极大产业化应用前景而备受关注;纳米无机抗菌包装材料具有明显的特点,如抗菌能力长效、抗菌性能广谱、杀抑率优异、抗菌剂对人畜安全、抗菌制品理化性能稳定、抗菌剂成本低等。

(2)生物高分子材料

生物高分子材料在包装中的应用日益扩大,例如微生物降解塑料、光降解塑料、水降解塑料等,都是当今包装领域的热门话题。

(3)有机硅

硅系高分子材料是21世纪的新材料,有机硅是一种性能优秀的生态材料,其具有表面张力低、黏温系数小、压缩性高、气体渗透性高等基本性质,并具有耐高低温、电气绝缘、耐氧化、稳定性好、耐候性好、难燃、憎水、耐腐蚀、无毒无味以及生理惰性等优异特性。在包装领域,有机硅主要应用于密封、黏合、润滑、涂层、表面活性、脱模、消泡、抑泡、防水、防潮、惰性填充等。

(4)表面改性材料

现代改性材料种类繁多,有金属物、非金属物、陶瓷制品、塑料制品及多元复合物。包装工业使用的表面改性新材料要相对多一些。例如,为了改善包装塑料薄膜的缩合性能,人们采用物理气相沉积(physical vapour deposition,PVD)技术,在塑料表面"镀"一层极薄的铝膜,以及硅氧化物膜等;利用激光扫描技术对塑料薄膜进行处理;对电解铁箔进行表面改性,强化材料性能等。

二、包装容器

(一)常用的包装容器

包装容器一般是指在商品流通过程中,为了保护商品、方便储存、利于运输、促进销售,以及防止环境污染和预防安全事故,按一定技术规范而用的包装器具、材料及其他辅助物的总体名称。其主要包括包装袋、包装盒、包装箱、包装瓶、包装罐、塑料周转箱等。

1. 包装袋

包装袋是柔性包装中的重要技术,包装袋材料是挠性材料,有较高的韧性、抗拉强度和耐磨性。一般的包装袋结构是筒管状结构,一端预先封死,在包装结束后再封装另一端,包装操作一般采用充填操作。包装袋广泛适用于运输包装、商业包装、内装、外装,因而用途较为广泛。包装袋一般包括下述三种类型。

(1)集装袋

集装袋是一种大容积的运输包装袋,盛装重量在 1 吨以上。集装袋的顶部一般装有金属吊架或吊环等,便于铲车或起重机进行吊装、搬运。卸货时,可打开袋底的卸货孔,就能完成卸货,非常方便。集装袋适用于装运颗粒状、粉状的货物。

(2)一般运输包装袋

这类包装袋的盛装重量是 0.5~100 公斤,大部分是由植物纤维或合成树脂纤维制成的织物袋,或者是由几层挠性材料构成的多层材料包装袋,例如麻袋、草袋、水泥袋等。这类包装袋主要包装粉状、粒状和体积小的货物。

(3)小型包装袋

小型包装袋盛装重量较少,通常用单层材料或双层材料制成。某些具有特殊要求的包装袋会由多层不同材料制成。小型包装袋使用范围较广,液状、粉状、块状和异型物等可采用这种包装。

上述几种包装袋中,集装袋适用于运输包装,一般运输包装袋适用于外包装及运输包装,小型包装袋适用于内装、个装及商业包装。

2. 包装盒

包装盒应用的是介于刚性和柔性包装之间的包装技术。包装材料有一定的挠性,不易变形,有较高的抗压强度,刚性高于袋装材料。包装结构是规则的几何形状的立方体,也可裁制成其他形状,如圆盒状、尖角状,一般容量较小,有开闭装置。包装操作一般采用码入或装填,然后将开闭装置闭合。包装盒整体强度不大,包装量也不大,不适合做运输包装,适合做商业包装、内包装,适合包装块状及各种异形物品。

3. 包装箱

包装箱是刚性包装技术中的重要一类。包装材料为刚性或半刚性材料,有较高的强度,且不易变形。常见的包装箱主要有以下几种。

(1)瓦楞纸箱

瓦楞纸箱是用瓦楞纸板制成的箱形容器。按瓦楞纸箱的外形结构,我们可以把瓦楞纸箱分为折叠式瓦楞纸箱、固定式瓦楞纸箱和异形瓦楞纸箱三种。瓦楞纸箱具有很多优点:它的设计可使之具有足够的强度,富有弹性,且密封性能好,便于实现集装单元化,便于空箱储存;瓦楞纸箱的箱面光洁,印刷美观,标志明显,便于传达信息;它的体积、重量比木箱小,有利于节约运费;纸箱耗用资源比木箱要少,其价格自然比木箱低,经回收利用,可以节省资源。当然,瓦楞纸箱也有一些不足之处,主要是其抗压强度不足和防水性能差,这两个缺陷都会影响瓦楞纸箱的基本功能的实现。

(2)木箱

木箱是流通领域中常用的一种包装容器,其用量仅次于瓦楞纸箱。木箱主要有木板箱、框板箱、框架箱三种。木板箱一般用作小型运输包装容器,能装载多种性质不同的物品,有较大的耐压强度,但箱体较重,防水性较差;框板箱是由条木与人造材板制成的箱框板,再经钉合装配而成;框架箱是由一定截面的木条构成箱体的骨架,再根据需要在骨架外面加上木板覆盖而成。

(3)塑料箱

塑料箱一般用作小型运输包装容器,其优点是自重轻,耐腐蚀性好,可装载多种商品,整体性强,强度和耐用性能满足反复使用的要求,可制成多种色彩以对装载物分类,手握和搬运方便,没有木刺,不易伤手。

(4)集装箱

集装箱是由钢材或铝材制成的大容积物流装运设备,从包装角度看,也属一种大型包装箱,可归属于运输包装的类别之中,是大型的、可反复使用的周转型包装。

4. 包装瓶

包装瓶是瓶颈尺寸有较大差别的小型容器,是刚性包装中的一种,包装材料有较高的抗变形能力,刚性、韧性要求一般也较高,个别包装瓶介于刚性与柔性材料之间,瓶的形状在受外力时虽可发生一定程度的变形,外力一旦撤除,仍可恢复原来的形状。包装瓶结构是瓶颈口径远小于瓶身,且在瓶颈顶部开口;包装操作是填灌操作,然后将瓶口用瓶盖封闭。包装瓶包装量一般不大,适合美化装潢,主要做商业包装、内包装使用。包装瓶主要包装液体、粉状货物。包装瓶按外形可分为圆瓶、方瓶、高瓶、矮瓶、异形瓶等若干种。瓶口与瓶盖的封盖方式有螺纹式、凸耳式、齿冠式、包封式等。

5. 包装罐

包装罐是罐身各处横截面形状大致相同,罐颈短,罐颈内径比罐身内颈稍小或无罐颈的一种包装容器,是刚性包装的一种。包装材料强度较高,罐体抗变形能力强。包装操作是装填操作,然后将罐口封闭,可用作运输包装、外包装,也可用作商业包装、内包装。包装罐主要有以下三种。

(1)小型包装罐

这是典型的罐体,可用金属材料或非金属材料制造,容量不大,一般用作销售包装、内包装,罐体可采用各种方式装潢美化。

(2)中型包装罐

外形也是典型罐体,容量较大,一般用作化工原材料、土特产的外包装,起运输包装作用。

(3)集装罐

这是一种大型罐体,外形有圆柱形、圆球形、椭球形等,卧式、立式都有。集装罐往往是罐体大而罐颈小,采取灌填式作业,灌进作业和排出作业往往不在同一罐口进行。集装罐另设卸货出口。集装罐是典型的运输包装,适合包装液状、粉状及颗粒状货物。

6. 塑料周转箱

塑料周转箱是一种适于短途运输,可以长期重复使用的运输包装器具。同时,它是一种敞开式的、不需要捆扎、用户也不必开包的运输包装。所有与厂家直销挂钩、快进快出的商品都可采用周转箱,如饮料、肉食、豆制品、牛奶、糕点、禽蛋等食品。

(二)包装容器的发展趋势

包装容器已不仅仅是传统意义上的产品"外衣",而是集营销、产品管理、大数据分析等于一体的多功能载体。随着新材料、新技术的出现,包装进一步向创新、环保、智能方向发展。

在《中国制造2025》中,智能制造和绿色制造分别被列入五项重大工程,具有绿色、低碳、环保、可持续发展的新型包装材料将成为炙手可热的行业。复合包装材料、活性包装材料、缓冲运输包装材料、无菌和高阻隔等新型包装材料的制造及应用受到行业和终端用户的关注。在快递行业,随着消费升级的推进,电商物流快递包装未来将向绿色化、减量化、可循环方向发展。此外,在第四次工业革命的浪潮中,包装的智能化是不可或缺的一部分。据活性与智能包装工业协会(Active & Intelligent Packaging Industry,AIPIA)预计,到2030年,全球智能包装市场将从2020年的180.1亿美元增长至超过305亿美元,2021—2030年的复合年增长率为7.89%[①]。当前,已涌现出一系列智能化包装产品,如纳米智能包装、可追溯包装、智能防伪包装、体验式互动包装等。包装的智能化将使包装在物流中发挥更大的作用。

三、包装技术

产品在流程过程中会面临各种环境及损伤的风险,为保护产品的质量和使用价值,必须充分考虑环境中的诸多因素,选择合理的包装方法,采用科学的包装技术。我们讨论的包装技术通常包括运输包装技术与销售包装技术。

(一)运输包装技术

1. 防震包装技术

防震包装又称缓冲包装,是指为减缓内装物受到的冲击和振动,保护其免受损坏所采取

---

① 资料来源:www.yuanzhezixun.com/2030nianzhinengbaozhuangshichang2019-2020/,内容有改动。

的一定防护措施的包装,其在包装应用中占有重要的地位。常见的防震包装主要有以下三种。

(1)全面防震包装方法

全面防震包装方法是指在内装物和外包装之间全部用防震材料填满,以进行防震的包装方法。

(2)部分防震包装方法

对于整体性好的产品和有内装容器的产品,仅在产品或内包装的拐角或局部地方使用防震材料进行衬垫即可。所用包装材料主要有泡沫塑料防震垫、充气型塑料薄膜防震垫和橡胶弹簧等。

(3)悬浮式防震包装方法

对于某些贵重易损的物品,为了有效地保证其在流通过程中不被损坏,外包装容器比较坚固,然后用绳、带、弹簧等将被装物悬吊在包装容器内,在物流中,无论是什么操作环节,内装物都被稳定悬吊而不与包装容器发生碰撞,从而减少损坏。

2. 防破损保护技术

防震包装技术也有较强的防破损能力,因而是防破损包装技术中有效的一类。此外,还可以采取以下几种防破损保护技术。

一是捆扎及裹紧技术。捆扎及裹紧技术的作用,是使杂货、散货成为一个牢固的整体,以增加整体性,便于处理及防止散堆,减少破损。

二是集装技术。利用集装,减少外界与货体的接触,从而防止破损。

三是选择高强保护材料。通过高强度的外包装材料,来防止内装物受外力作用而破损。

3. 防锈包装技术

(1)防锈油防锈蚀包装技术

大气锈蚀是空气中的氧、水蒸气及其他有害气体等作用于金属表面,引起电化学作用的结果。如果使金属表面与引起大气锈蚀的各种因素隔绝,就可以达到防止金属大气锈蚀的目的。防锈油包装技术就是根据这一原理,将金属涂封防止锈蚀的。用防锈油封装金属制品,油层要有一定厚度,油层的连续性好,涂层完整。对于不同类型的防锈油,需要采用不同的方法进行涂抹。

(2)气相防锈包装技术

气相防锈包装技术就是用气相缓蚀剂,在密封包装容器中对金属制品进行防锈处理的技术。气相缓蚀剂是一种能减慢或完全停止金属在侵蚀性介质中的破坏过程的物质,它在常温下具有挥发性。在密封的包装容器中,气相缓蚀剂在很短的时间内挥发或升华出的缓蚀气体就能充满整个包装容器内的每个角落和缝隙,同时吸附在金属制品的表面上,从而起到抑制大气对金属锈蚀的作用。

4. 防霉腐包装技术

在运输包装内装运食品和其他有机碳水化合物货物时,货物表面可能生长霉菌,在流通过程中如果遇到潮湿环境,霉菌生长和繁殖得极快,甚至伸延至货物内部,使其腐烂、发霉、变质,因此要采取特别的防护措施。

在包装措施中,通常采用冷冻包装法、高温杀菌法或真空包装法。冷冻包装法的原理是减缓细菌活动和发生化学变化的过程,以延长储存期,但不能完全消除食品变质的可能。高温杀菌法可消灭引起食品腐烂的微生物,可在包装过程中用高温处理防霉。有些经干燥处理的食品包装,应防止水汽侵入以防霉腐,可选择防水汽和气密性好的包装材料,采取真空和充气包装。真空包装法也称减压包装法或排气包装法。这种包装可阻挡外界的水汽进入包装容器内,也可防止在密闭着的防潮包装内部存有潮湿空气,在气温下降时结露。采用真空包装法,要注意避免过高的真空度,以防损伤包装材料。

防止运输包装内货物发霉,还可使用防霉剂,防霉剂的种类甚多,用于食品时,必须选用无毒防霉剂。包装机电产品的大型封闭箱,可酌情开设通风孔或通风窗等,这也是常用的防霉措施。

5. 危险品包装技术

危险品有上千种,按其危险性质,我国将危险品分为九大类:爆炸品;气体;易燃液体;易燃固体、易于自燃的物质、遇水放出易燃气体的物质;氧化性物质和有机过氧化物;毒性物质和感染性物质;放射性物质;腐蚀性物质;杂项危险物质和物品,包括危害环境物质。

对于有毒商品的包装,要明显地标明有毒的标志。防毒的主要措施是包装严密不漏、不透气。对于有腐蚀性的商品,要注意商品和包装容器的材质是否发生化学变化。对于金属类的包装容器,要在容器壁涂上涂料,防止腐蚀性商品对容器的腐蚀。对于易燃、易爆商品,有效的保障方法是采用塑料桶包装,然后将塑料桶装入铁桶或木箱中,每件净重不超过 50 千克,并有自动放气的安全阀,当桶内达到一定气体压力时,能自动放气。

(二)销售包装技术

1. 充气包装

充气包装是采用二氧化碳或氮气等惰性气体置换包装容器中的空气的一种包装技术和

方法,因此也被称为气体置换包装。这种包装方法是根据好氧性微生物有氧代谢的特性,在密封的包装容器中改变气体的组成成分,降低氧气的浓度,抑制微生物的生理活动、酶的活性和鲜活商品的呼吸强度,达到防霉、防腐和保鲜的目的。

2. 真空包装

真空包装是将物品装入气密性容器后,在容器封口之前抽真空,使密封后的容器内基本没有空气的一种包装方法。一般的肉类商品、谷物加工商品以及某些容易氧化变质的商品都可以采用真空包装,真空包装不但可以避免或减少脂肪氧化,而且抑制了某些霉菌和细菌的生长。同时,在对其进行加热杀菌时,容器内部气体已排出,因此加速了热量的传导,提高了高温杀菌效率,也避免了加热杀菌时由于气体的膨胀而使包装容器破裂。

3. 收缩包装

收缩包装就是用收缩薄膜裹包物品(或内包装件),然后对薄膜进行适当加热处理,使薄膜收缩而紧贴于物品(或内包装件)的包装技术和方法。收缩包装的优点在于,其能将零散多件商品很方便地包装在一起,节省纸盒的使用量;能对商品起到保鲜作用,增强陈列效果。但是它也存在能源消耗较多,实现连续化、高速化生产较难等缺点。

4. 拉伸包装

拉伸包装是20世纪70年代开始采用的一种包装技术,它是由收缩包装发展而来的。拉伸包装是依靠机械装置在常温下将弹性薄膜围绕被包装件拉伸、紧裹,并在其末端进行封合的一种包装方法。由于拉伸包装不需要进行加热,所以消耗的能源只有收缩包装的1/20。拉伸包装可以捆包单件物品,也可用于托盘包装之类的集合包装。

5. 脱氧包装

脱氧包装是继真空包装和充气包装之后出现的一种新型除氧包装方法。脱氧包装是在密封的包装容器中,使用能与氧气起化学作用的脱氧剂与之反应,从而除去包装容器中的氧气,以达到保护内装物的目的。脱氧包装方法适用于某些对氧气特别敏感的物品,适用于那些即使有微量氧气也会促使品质变坏的食品包装中。

第三节　包装合理化

一、过弱包装和过度包装

包装选择不合理的表现形式通常有两种,即过弱包装和过度包装,它们都会对社会和企业产生不利影响。

过弱包装主要是指:包装强度不足导致的包装防护性不足,造成被包装物的损失;包装材料选择不当,无法很好地承担运输防护和促进销售的作用;包装容器的层次和容积不足,从而造成被包装物损失;包装成本过低,不能保证达到必要的包装要求。

由包装强度不足、包装材料选择不当等因素造成的商品在流通过程中的损耗不可低估。我国2006年的相关数据统计显示,这类损失每年就达100亿元以上。当然,随着现代物流技术的发展,包装材料和包装容器能够充分满足商品包装的多样化需求,包装过弱已不再是主要问题。随着经济的发展,尤其是电商行业的发展,过度包装已成为当前急需解决的问题。

所谓过度包装,是指包装背离了其应有的功能,具体表现为耗材过多、分量过重、体积过大、成本过高、装潢过于华丽、说辞过于夸大等。过度包装所产生的消极影响是显而易见的,它浪费资源,污染环境,增加了产品成本,损害了消费者的利益。随着环境污染、资源枯竭等问题逐渐显露出来,摒弃过度包装已经成了全社会的共识。特别是一些高端品牌制造商,已经充分意识到过度包装给人类环境造成的巨大危害,为了体现企业的社会责任感和使命感,它们坚决抛弃过度包装。

二、物流包装合理化

所谓包装合理化,是指在包装过程中使用适当的材料和适当的技术,制成与物品相适应的容器,节约包装费用,降低包装成本,既满足包装保护商品、方便储运、有利于销售的要求,又提高包装的经济效益的包装综合管理活动。我们应从两个角度来理解包装合理化。一方面,包装合理化指包装总体的合理化,这种合理化往往用整体物流效益与微观包装效益的统一来衡量;另一方面,包装合理化指包装材料、包装技术、包装方式的合理组合及运用。

（一）从物流管理角度科学确定包装

从整体物流效益与微观包装效益统一的角度来看，合理包装化应满足以下六个方面的要求。

一是包装的轻薄化。由于包装只是起保护作用，对产品使用价值没有任何意义，因此在强度、寿命、成本相同的条件下，更轻、更薄、更短、更小的包装，可以提高装卸搬运的效率。

二是包装的单纯化。为了提高包装作业的效率，包装材料及规格应力求单纯化，包装规格还应标准化，包装形状和种类也应单纯化。

三是符合集装单元化和标准化的要求。包装的规格与托盘、集装箱关系密切，因此包装规格应与运输车辆、搬运机械相匹配，用系统的观点制定包装的尺寸标准。

四是包装的机械化与自动化。为了提高作业效率和包装现代化水平，各种包装机械的开发和应用是很重要的。

五是注意与其他环节的配合。包装是物流系统的一部分，需要和装卸搬运、运输、仓储等环节一起综合考虑、全面协调。

六是有利于环保。包装是产生大量废弃物的环节，处理不好可能造成环境污染。包装材料最好可反复多次使用，并能回收和再利用；在包装材料的选择上，还要考虑不对人体健康产生影响，对环境不造成污染，即所谓的"绿色包装"。

（二）包装的减量化

包装的减量化是对传统包装在投入使用前进行的重新定位，通过对其部分功能的改变，来实现外包装量的减少，避免不必要的材料重复与浪费。它从源头上节约材料的使用，也从源头上减少废弃物的数量。在生产实践中，可以通过包装薄壁化技术和包装轻量化技术实现包装减量化。

1. 包装薄壁化技术

包装薄壁化技术是指在保证实现包装功能所需的各项机械力学性能的前提下，通过减少壁厚来减轻包装材料的用量。目前，人们已经开始探索在瓦楞纸板、塑料薄膜、金属板材的研发中采用这类技术，从而节约大量的包装原材料。

2. 包装轻量化技术

包装轻量化技术是指在保证实现包装功能所需的各项机械力学性能的前提下，减轻包装材料的重量。从包装材料来看，选用低密度、轻量化材料，可有效提高运输能源的利用效率。在同等用料前提下，材料抗压强度的提高不仅有助于实现包装容器的薄壁化，节省材料,而且有助于降低货品在运输过程中的破损率,有利于增加货品的堆放层数,提高仓储空间的利用率。

(1)包装方式减量化

包装方式减量化是在不破坏原有包装结构、作用的基础上,打破固有观念,改变局部设计,在旧元素中添加新功能,以最低程度的改变增加材料的利用率。例如,在手机包装中,包装盒将装载功能与说明作用结合在一起,减少盒体、手机说明书的二次制造,不仅盒体生命周期延长,而且盒体重复使用率高,不会被随意丢弃。

(2)包装结构减量化

包装结构减量化的目的是减少包装材料的用量,减少包装废弃物的体积和数量,以减轻环境的负载。因此,为了更好地保护产品,包装容器往往需具有一定的强度,增加包装容器的厚度会使强度提高,却会带来资源浪费,若改变材料结构,既能保证强度,又能减少材料的使用量,是一个两全其美的方案。美国数字设备公司(Digital Equipment Corporation,DEC)的研究表明,增加其产品的内部结构强度,可以减少54%的包装材料,降低62%的包装费用。

(3)包装形态减量化

包装形态减量化是指增强包裹、集装功能,实现简化目的。它不仅能够很好地解决包装盒资源浪费的问题,而且能解决目前过度包装的问题。

(4)包装风格减量化

在资源短缺、生态环境恶化的形势下,应力求在包装风格上做到减量化设计,回归到经典的简洁风格。因此,在避免过度装饰、提倡简约的包装中,设计师要以最简单的包装结构、最清新凝练的造型、最精练的色彩、最简洁的图形和文字、最节省的包装材料等核心元素,设计出打动消费者的包装作品。以经济环保的设计理念打造全新的包装、维护自然生态的平衡,是当今每一个设计师的责任与义务。

三、包装决策的困境

从以上分析来看,包装决策是一个复杂的过程,涉及不同的利益相关者,要满足不同的服务功能和不同需求,受到许多条件的约束。此外,供应链上的各种企业拥有不同的思维模式,也会对包装决策的适用性产生影响。面对如此复杂的环境,管理者需要在权衡成本和收益的基础上,提供整体包装方案,这是一项具有挑战性的任务。例如,在面对包装在营销和物流功能上的利益冲突时,管理者究竟是提供一个独特的差异化销售包装,还是一个标准化的、能提高物流效率的包装呢?此外,供应链结构和组织的日益复杂化,加剧了包装决策的困难程度。因此,管理者需要有更好的洞察力,以及更发达和更先进的决策支持工具,以作出科学合理的包装决策。

◇ **本章小结**

包装是连接生产与消费，用以促进商品快速流动、开拓消费市场，融合科学技术与艺术形式的企业行为。它既是商品的重要组成部分，又是物流活动的重要职能，也是实现商品价值和使用价值的手段之一。包装的含义是一个随着社会发展而不断延伸的动态概念，从系统的角度来看，包装系统必须满足来自许多相互依赖的领域和客户的需求。包装的基本功能是保护、容纳、保存产品和进行信息传递。但是随着包装概念的不断发展，包装的作用逐渐复杂化，涉及物流、营销和环境等多个方面。从供应链系统的角度，我们应该从物流过程、包装系统以及包装与物流的相互作用三个方面考虑包装的作用。在生产、流通和消费过程中，包装所起的作用不同，包装的类别也不相同。对包装的科学分类应有利于充分发挥包装在流通和消费领域的作用。

集合包装的出现是对传统包装运输方式的重大变革，它是工业生产、商品流通和运输现代化的产物。集合包装可以简化单件货物运输包装，又能使包装物流作业，如包装、装卸、搬运、运输、仓储、配送等实现安全、迅速、简便、经济的目的，在运输包装中占有越来越重要的地位。根据集合包装的具体使用形式，我们可以将集合包装分为很多类，主要有集装箱、集装托盘、滑片集装、框架集装、无托盘集装、集装袋等。最常采用的集合包装方式有集装箱、托盘和集装袋。

包装材料是指用于制造包装容器、包装装潢、包装印刷、包装运输等满足产品包装要求所使用的材料，其在整个包装工业中占有重要地位，是发展包装技术、提高包装质量和降低包装成本的基础。现代包装材料可以分为天然材料和人工材料两大类。包装容器主要包括包装袋、包装盒、包装箱、包装瓶、包装罐、塑料周转箱等。合理的包装方法和科学的包装技术，可以有效降低商品损伤的风险。我们讨论的包装技术通常包括运输包装技术与销售包装技术。

过弱包装和过度包装是包装选择不合理的常见表现。我们应从两个方面来理解包装合理化。一方面，包装合理化指包装总体的合理化，这种合理化往往用整体物流效益与微观包装效益的统一来衡量；另一方面，包装合理化指包装材料、包装技术、包装方式的合理组合及运用。

◇ **思考与练习**

1. 简述包装的概念。如何从系统的角度理解包装？
2. 请解释包装的层次及各层次间的关系。如何理解"包装是物流的一个子系统"这个观点？
3. 包装的基本作用是什么？
4. 请解释包装与物流、营销、环境之间的关系。

5. 什么是"物流包装"和"包装物流"？它们之间有何差异？
6. 物流包装和商流包装的差异是什么？
7. 什么是集合包装？其作用是什么？
8. 集合包装包括哪些基本的类型？
9. 简述物流包装匹配问题。
10. 常见的包装材料包括哪些？各有什么优缺点？
11. 简述包装材料的发展趋势。
12. 常见的包装容器有哪些？其发展趋势是什么？
13. 包装选择不合理的表现形式是什么？
14. 简述包装合理化的措施。

◇ **案例分析**

韩国三星公司包装材料优化策略

韩国三星公司是一家以电器、电子产品为主的国际著名企业，其产品遍及世界各地。三星公司注重在企业活动中对环境的管理，在实施绿色包装方面主要采取了如下手段。

一是注重聚苯乙烯泡沫塑料的循环利用。聚苯乙烯泡沫塑料作为防震包装的填充材料，需求量很大，为了对这种材料进行重复利用，三星公司与学术机构共同研究"基于物理方法的聚苯乙烯泡沫塑料的回收利用"课题。该课题研究的目的是解决聚苯乙烯泡沫塑料作为减震材料的重复利用问题，而不是聚苯乙烯泡沫塑料在其他产品中的再循环。他们应用一种未加热的压缩机械，使聚苯乙烯泡沫塑料的物理特性得到恢复，从而能将其重新用作减震材料。

二是减少包装材料的使用量。三星公司通过计算机仿真法，识别产品中最脆弱的部分，从而对防震包装结构进行优化设计，降低包装中聚苯乙烯泡沫塑料的使用量。例如，通过计算机仿真技术，三星公司的某款空调包装中的聚苯乙烯泡沫塑料的用量从每台180克降至每台148克。

三是使用对环境友好的包装材料。三星公司致力于研制新型的环保包装材料，例如，在打印机的包装中，三星公司采用蜂窝状的纸缓冲吸振，它比常规纸品的重量降低了10%；在电脑及显示器包装中，三星公司采用纸制的波纹状衬板作为吸振包装。

从三星公司的做法可以看出，对包装材料的优化可以体现在以下几个方面：尽量使用可以重复使用的包装材料；在满足产品包装要求的前提下，使用尽量少的包装材料；尽量使用环保型包装材料。

资料来源:《物流包装优秀案例分析要点》(https://www.weizhuannet.com/p-12112434.html),内容有改动。

■ 思考题:
1. 简述包装在物流管理中的重要作用。
2. 包装材料的选择如何影响物流成本?
3. 简述包装合理化的方法。
4. 结合案例,分析三星公司采用了哪些包装合理化手段。

第五章 装卸搬运作业与技术

◇ 学习目标

■ 知识目标

了解装卸搬运的基本概念、特点和分类;认识常见的装卸搬运设备。

■ 能力目标

能够合理选择装卸搬运设备;能组织基本的装卸搬运作业并对装卸搬运作业进行合理化管理。

■ 情感目标

培养学生的系统性思维能力和整体意识。

◇ 学习重难点

1. 装卸搬运的概念及分类
2. 装卸搬运设备的选择
3. 装卸搬运作业的组织及合理化

◇ 本章导读

装卸搬运是物流的基本功能之一,它在物流活动中起着承上启下的作用,因而全面了解装卸搬运对于理解其他物流活动具有十分重要的意义。本章介绍装卸搬运的概念、分类,常用的装卸搬运机械及其选择,并对装卸搬运的合理化进行阐述。

导入案例

双鹤医药的物流服务发展"瓶颈"

云南禄丰双鹤医药有限公司(简称双鹤医药)是一个以市场为核心、以现代医药科技为先导、以金融支持为框架的新型公司,是西南地区经营药品品种较多、较全的医药专业公司。虽然双鹤医药已经形成规模化的产品生产和网络化的市场销售体系,但在流通过程中,双鹤医药的物流管理严重滞后,造成物流成本居高不下,不能形成价格优势。这严重阻碍了物流服务的开拓与发展,这个问题成为公司发展业务的"瓶颈"。

装卸搬运活动是衔接物流各环节的关键,而双鹤医药恰好忽视了这一点。双鹤医药搬运设备的现代化程度很低,只有几个小型货架和手推车,装卸搬运作业仍以人工作业为主,工作效率低,且易损坏物品。另外,仓库设计得不合理,需要依靠人工完成长距离的搬运。库内作业流程混乱,形成重复搬运,无效搬运在所有搬运作业中占比约70%,这损坏了商品,也浪费了时间。

资料来源:《云南双鹤医药的装卸搬运环节分析》(www.docin.com/p-302140580.html),内容有改动。

第一节 装卸搬运概述

物品从生产到消费的流动过程中,装卸搬运作业是不可缺少的,装卸搬运在物流活动中起着承上启下的作用。物流的各环节和同一环节的不同步骤之间,都必须进行装卸搬运作业,正是装卸搬运作业把物流各个阶段连接起来,使之成为连续的流动的过程。在生产企业的物流中,装卸搬运成为连接各生产工序的纽带,它是从原材料、设备等装卸搬运开始,到产品装卸搬运为止的连续作业过程。装卸搬运并不直接创造价值,但装卸搬运的好坏影响着物流成本。因而,装卸搬运是物流系统的构成要素之一,是为满足采购、配送、运输和保管的需要而进行的作业。合理的装卸搬运是提高物流效率的重要手段之一。

一、装卸与搬运的区别

装卸是指在指定地点,将物品以人力或机械装入运输设备,或将物品从运输设备卸下。它是改变物品的存放地点的活动,主要指物体在上下方向的移动。搬运是指在同一场所内,对物品进行以水平移动为主的物流作业。它是改变物品的空间位置的活动。两者合称装卸搬运。

从以上概念可知,装卸与搬运的主要区别在于,装卸是商品在空间上发生的以垂直方向为主的位移,而搬运则是商品在区域内发生的短距离、以水平方向为主的位移。由于商品在空间上发生绝对的垂直位移或发生绝对的水平位移的情况是不多的,多数情况是两者的复合运动,因此,通常情况下,以垂直方向为主的位移被称为"装卸",以水平方向为主的位移被称为"搬运"。

以往,装卸搬运是使用人力较多的作业,近几年来,人们开始追求机械化、自动化、省力化和无人化等方法,以减少劳动力和降低成本。这种趋势是提高装卸搬运效率的方向。

二、装卸搬运的特点

在实际操作中,装卸与搬运是密不可分的,两者是一起发生的。装卸搬运具有如下特点。

(一)装卸搬运是附属性、伴生性的活动

装卸搬运是物流每一项活动开始及结束时必然发生的活动,因而有时常被人忽视,有时被看作进行其他操作时不可缺少的组成部分。例如,我们一般所说的"汽车运输"实际上就包含了装卸搬运,仓库中泛指的保管活动,也含有装卸搬运活动。

(二)装卸搬运是支持性、保障性的活动

我们不能将装卸搬运的附属性理解为装卸搬运的被动性,实际上,装卸搬运对其他物流活动有一定的决定作用。装卸搬运会影响其他物流活动的质量和速度,例如,装车不当,会引起运输过程中的损失;卸放不当,会为货物进行下一步运动带来困难。许多物流活动在有效的装卸搬运的支持下,才能实现高水平运作。

(三)装卸搬运是衔接性的活动

任何其他物流活动在互相过渡时,都是以装卸搬运来衔接的,因而,装卸搬运往往成为

整个物流的瓶颈,是物流各功能之间能否形成有机联系和紧密衔接的关键。要建立一个有效的物流系统,关键是看这一衔接是否有效。比较先进的系统物流方式,例如联合运输方式,就是致力于发展这种衔接而出现的。

三、装卸搬运的重要性

如前所述,装卸搬运本身并不创造价值,但是对物流发展和效益提升意义重大。一方面,物流过程各环节之间以及同一环节不同活动之间,都是与装卸搬运作业有机结合起来的,因而能使物品在各环节、各种活动中处于连续运动或所谓的流动状态;另一方面,它在物流活动中是不断出现和反复进行的,且出现的频率高于其他物流活动,所以其往往成为决定物流速度的关键。

(一)装卸搬运是连接其他主要物流环节的桥梁

装卸搬运作为物流系统的构成要素之一,是为运输和保管的需要而进行的作业。例如,运输、保管、包装和流通加工等物流活动,都是靠装卸搬运活动联结起来的,另外,在仓库管理等活动中,为进行检验、维护、保养所进行的装卸活动,如货物的装上、卸下、移送和分类等,也要通过装卸和搬运来完成。但是,相对于运输产生的场所效用和保管产生的时间效用来说,装卸搬运活动本身并不产生价值。然而,它又是一个不可缺少的环节。

(二)装卸搬运是影响物流效率的重要环节

装卸搬运在运输与保管活动中体现出的衔接作用,使得其对物流系统中的运输效率和仓储效率产生显著的影响。

在货物运输过程中,完成一次运输循环所需的时间、在发运地的装车时间和在目的地的卸车时间占有不小的比重,特别是在短途运输中,装卸车时间所占比重更大,有时甚至超过运输工具运行时间。据统计,在我国,铁路货运以 500 千米为分界点,如果运距超过 500 千米,则运输在途时间多于起止的装卸时间;当铁路运输的运距低于 500 千米时,装卸搬运的时间则超过实际运输的时间。在美国和日本之间的远洋船运中,一个往返周期为 25 天,其中在途时间为 1~3 天,而装卸搬运则需要 12 天。因此,缩短装卸搬运时间,对加速车船运输和货物周转具有重要作用。在仓储活动中,有统计数据表明,每生产 1 吨产品,往往需要 252 吨次的装卸搬运。因此,装卸搬运效率对货物的收发速度和货物周转速度也产生直接影响。

（三）装卸搬运是影响物流成本的主要因素

如前所述，装卸搬运作业量往往是货物运量和库存量的若干倍，所以需要有较多的活动和物化劳动的投入，这些劳动消耗要计入物流成本。随着工业生产规模的扩大和自动化程度的提高，装卸搬运费用在工业生产成本中所占的比例越来越大。例如，在工业产品生产过程中，美国企业的装卸搬运费用占总成本的20%~30%，德国企业的物料搬运费用占营业额的1/3。我国铁路运输的始发和到达的装卸作业费用大致占运费的20%，如果采用船运，装卸作业费用大致占运费的40%。因此，提高物料运输和存放过程的自动化程度，对改进物流管理水平、提高产品质量、降低生产成本、缩短生产周期、加速资金周转和提高整体效益有重要的意义。

四、装卸搬运的分类

装卸搬运活动的基本动作包括装车（船）、卸车（船）、堆垛、入库、出库以及连接上述各项动作的短程输送，是随运输和保管等活动而产生的必要活动。装卸搬运活动的种类非常多，从不同的角度，可以将装卸搬运分为不同的类型。

（一）按实施装卸搬运的物流设施、设备对象分类

按实施装卸搬运的物流设施、设备，可以将装卸搬运分为仓库装卸、铁路装卸、港口装卸、汽车装卸等。

仓库装卸配合出库、入库、维护保养等活动进行，并且以堆垛、上架、取货等操作为主。

铁路装卸是对火车车皮的装进及卸出，特点是一次作业就实现一车皮的装进或卸出，很少出现类似仓库装卸中的整装零卸或零装整卸的情况。

港口装卸包括码头前沿的装船，也包括后方的支持性装（卸）运，有的港口装卸还采用小船在码头与大船之间过驳的办法，因而其装卸的流程较为复杂，往往需要经过几次装卸及搬运作业才能最后实现船与陆地之间货物过渡的目的。

汽车装卸一般一次装卸批量不大，由于汽车的灵活性可以减少或在根本上减去搬运活动，人们可以直接、单纯地利用装卸作业达到在汽车与物流设施之间过渡货物的目的。

（二）按装卸搬运的机械及机械作业方式分类

按装卸搬运的机械及机械作业方式，可以将装卸搬运分为使用吊车的"吊上吊下"方式、使用叉车的"叉上叉下"方式、使用半挂车或叉车的"滚上滚下"方式、"移上移下"方式及散装散卸方式等。

1. "吊上吊下"方式

"吊上吊下"方式是采用各种起重机械从货物上部起吊,依靠起吊装置的垂直移动实现装卸,并在吊车运行的范围内或回转的范围内实现搬运,或依靠搬运车辆实现小搬运。由于吊起及放下属于垂直运动,这种装卸方式就属于垂直装卸方式。

2. "叉上叉下"方式

该方式采用叉车从货物底部托起货物,并依靠叉车的运动进行货物位移,搬运完全依靠叉车本身,货物可不经中途落地直接放置到目的处。使用这种方式,货物的垂直运动不多,主要是水平运动,因此"叉上叉下"方式属于水平装卸方式。

3. "滚上滚下"方式

"滚上滚下"方式主要指港口装卸这种水平装卸方式。利用叉车、半挂车、平车或汽车承载货物,连同车辆一起开上船,到达目的地后,车辆再从船上开下来,这就是"滚上滚下"方式。利用叉车的"滚上滚下"方式,在船上卸货后,叉车必须离船。利用半挂车、平车或汽车的"滚上滚下"方式,由拖车将半挂车、平车或汽车拖拉至船上后,拖车开下离船,载货车辆连同货物一起被运送到目的地,再原车开下或拖车上船拖拉半挂车、平车或汽车开下。"滚上滚下"方式需要有专门的船舶,对码头也有不同的要求,这种专门的船舶被称为"滚装船"。

4. "移上移下"方式

"移上移下"方式是在两车(如火车及汽车)之间进行靠接,然后利用各种方式,不使货物垂直运动,而使货物在水平方向从一个车辆上移动到另一车辆上。"移上移下"方式需要使两种车辆水平靠接,因此,需要对站台或车辆货台进行改装,并配合移动工具实现这种装卸。

5. 散装散卸方式

散装散卸方式一般用于对散装货物进行装卸。一般情况下,从装点直到卸点,货物不再落地,这是集装卸与搬运于一体的装卸方式。

(三)按装卸搬运的作业特点分类

按装卸搬运的作业特点,可以将装卸搬运分为连续装卸与间歇装卸两类。

连续装卸主要是针对同种大批量散装或小件杂货通过连续输送机械,连续不断地进行作业,中间无停顿,货物间无间隔。在装卸量较大、装卸对象固定、货物对象不易形成大包装的情况下,适合采取这一方式。

间歇装卸有较强的机动性,装卸地点可在较大范围内变动,主要适用于货流不固定的各种货物,尤其适用于包装货物、大件货物。此外,散粒货物也可以采取此种方式。

(四)按装卸搬运的作业对象分类

1. 单件作业法

单件作业法是指按件计的货物逐个进行装卸操作的作业方法,它是以人力作业为主的作业方法。单件作业法对机械、装备、装卸条件要求不高,可采取人力、半机械化及机械装卸,因而机动性较强,不受固定设施、设备的地域局限。但是,由于单件装卸是逐件处理货物,因此装卸速度慢,容易出现货损及货差。目前,单件、逐件装卸搬运的方法依然存在,这主要有三个原因:一是单件货物本身特有的安全属性,导致无法采用机械进行装卸搬运作业;二是在装卸搬运场合不适宜采用机械装卸;三是货物形状特殊、体积过大,不便于采用集装化作业。

2. 集装作业法

集装作业法是指对货物先进行集装,再对集装件进行装卸搬运的方法。集装作业法一次装卸搬运量大,作业速度快,仅对集装体进行作业,因而货损、货差小。集装作业法的作业范围较广,一般货物都可进行集装。粉、粒、液、气状货物,经过一定包装后,也可集合成大的集装件;长、大、笨重的货物,经适当分解处置后,也可采用集装方式进行作业。集装作业法广泛地应用于装卸搬运作业中,常用的集装作业方法有以下几种。

(1)集装箱作业法

采用集装箱作业法,指的是在港口以跨车、轮胎式龙门起重机、轨道式龙门起重机为主进行垂直装卸,以拖挂车、叉车为主进行水平装卸。如果是在铁路站台,则以轨道式龙门起重机为主进行垂直装卸,以叉车、平移装卸机为主进行水平装卸。

(2)托盘作业法

托盘作业法是用叉车作为托盘装卸搬运的主要机械,即叉车托盘化。水平装卸搬运托盘主要采用搬运车辆和辊子式输送机;垂直装卸搬运托盘主要采用升降机、载货电梯等;在自动化仓库中,则采用桥式堆垛机和巷道堆垛机完成在仓库货架内的取、存装卸。

(3)货捆作业法

货捆作业法是先将货物捆成单元(集装袋、网等),再利用带有与各种框架集装化货物相配套的专用吊具的门式起重机、桥式起重机和叉车等进行装卸搬运作业,是颇受欢迎的集装作业法。

(4)滑板作业法

滑板作业法是用与托盘尺寸相一致的带翼板的滑板承放货物,组成搬运作业系统,再用带推拉器的叉车进行装卸搬运作业。

(5)框架作业法

框架作业法中的框架通常采用木质或金属材料制作,要求有一定的刚度、韧性,质量较轻,以保护商品,方便装卸,有利于运输作业。

(6)网袋作业法

将粉粒状货物装入多种合成纤维和人造纤维编织成的集装袋,将各种袋装货物装入多种合成纤维或人造纤维编织成的网,或将各种块状货物装入用钢丝绳编成的网,这种先集装再进行装卸作业的方法被称为网袋作业法。

(7)挂车作业法

挂车作业法是先将货物装到挂车里,然后将空车拖上或吊到铁路平板车上的装卸作业方法。人们通常将此作业完成后形成的运输组织方式称为背负式运输,这是公铁联运的常用组织方式。

3. 散装作业法

散装作业法指对大批量粉状、粒状货物进行无包装散装、散卸的装卸方法。装卸可连续进行,也可间断进行,但都需要机械化设施、设备。在特定情况下,且货物批量不大时,也可采用人力装卸。散装作业法可以进一步细分为倾翻法、重力法、气力输送法、机械法等。

(1)倾翻法

倾翻法是指将运载工具的载货部分倾翻,使货物卸出的方法,主要用于铁路敞车和自卸汽车的卸货。铁路敞车被送入翻车机,夹紧固定后,敞车和翻车机一起翻转,货物倒入翻车机下面的受料槽。带有可旋转车钩的敞车和一次翻两节车的大型翻车机配合作业,可以实现列车不解体卸车,卸车效率可达5000吨/小时。如果是汽车,则一般依靠液压油缸顶起货厢实现卸载。

(2)重力法

重力法是利用货物的势能来完成装卸作业的方法,主要适用于铁路运输业,汽车也可用这种方法装载。重力法装车设备有筒仓、溜槽、隧洞三类。其中,筒仓、溜槽装铁路车辆时,效率可达5000~6000吨/小时。另外,重力卸车主要指底开门车或漏斗车在高架线或卸车坑道上自动开启车门,煤或矿石依靠重力自行流出的卸车方法。列车边走边卸,整列的卸车效率可达1万吨/小时。

(3)气力输送法

气力输送法指的是利用风机在管道内形成气流,依靠气体的动能或压差来输送货物的方法。使用这种方法的装置结构紧凑,设备简单,劳动条件好,货物损耗少,但消耗的功率较大,噪声较大。近年发展起来的依靠压差的推送式气力输送正在努力克服上述缺点。气力输送法主要用于装卸谷物和水泥等。

(4)机械法

机械法是指利用能承载粉粒货物的各种机械进行装卸,主要有两种方式:一种是用吊车、叉车改换不同机具或用专用装载机,进行抓、铲、舀形式的作业,完成装卸及一定的搬运作业;另一种是用皮带、刮板等各种输送设备,进行一定距离的托运卸货作业,并与其他设备配合实现装货。

第二节 装卸搬运机械的使用与管理

一、装卸搬运机械的作用和分类

装卸搬运机械是装卸搬运作业现代化的重要标志之一。对设备的类型、主要参数以及各种类型机械特征的了解,是选择和使用装卸搬运机械必须具备的条件。

(一)装卸搬运机械的作用

装卸搬运机械的性能和作业效率对整个物流系统的作业效率影响很大,大力推广和应用装卸搬运机械,不断更新装卸搬运机械和实现现代化管理,对于加快现代化物流发展,促进国民经济发展,均有着十分重要的作用。

装卸搬运机械的作用体现为以下五点。

第一,提高装卸效率,节省劳动力,减轻装卸工人的劳动强度,改善劳动条件。

第二,缩短作业时间,加速车辆周转,加快货物的送达。

第三,提高装卸质量,保证货物的完整和运输安全。特别是体积大且笨重货物的装卸,如果依靠人力,一方面难以完成,另一方面保证不了装卸质量,容易发生货物损坏或偏载,甚至危及行车安全。采用机械作业,则可避免这种情况的发生。

第四,降低装卸搬运作业成本。装卸搬运设备的应用,势必会提高装卸搬运作业效率,而效率的提高会使每吨货物分摊到的作业费用相应减少,从而使作业成本降低。

第五,充分利用货位,加速货位周转,减少货物堆码的场地面积。采用机械作业,由于堆码可达到一定的高度,加快了装卸搬运的速度,能及时腾空货位,减少对场地面积的占用。

（二）装卸搬运机械的分类

装卸搬运的作业性质和作业场合不同，需要的装卸搬运机械也不同。根据作业是单纯的装卸或单纯的搬运，还是装卸、搬运兼顾，我们可以选择合适的装卸搬运机械。此外，作业场合不同，也需配备不同的装卸搬运机械。

1. 按作业性质分类

按装卸及搬运两种作业性质，我们可以将装卸搬运机械分为装卸机械、搬运机械及装卸搬运机械三类。有些机械功能比较单一，只具有装卸或搬运功能，这种具有单一作业功能的机械有很大的优点，即机械结构较简单，多余功能较少，专业化作业能力强，因而作业效率高，作业成本较低，但使用上受局限。有时候，从这种机械的单独操作来看，效率确实很高，但由于其功能单一，作业前后需要烦琐的衔接操作，这会降低大系统的效率。单一装卸功能的机械种类不多，手动葫芦（也称手拉葫芦）最为典型。固定式吊车，如卡车吊车、悬臂吊车等，虽然有一定的移动半径，也有一些搬运效果，但基本上还是被看成单一功能的装卸机械。单一功能的搬运机械种类较多，如各种搬运车、手推车、斗式输送机、刮板式输送机等。

在物流领域，人们很注重装卸、搬运两种功能兼具的机械，这种机械可将两种作业操作合二为一，因而有较好的系统效果。这类机械主要有叉车、在港口用的跨运车、在车站用的龙门吊以及气力装卸输送设备等。

2. 按机械工作原理分类

按装卸搬运机械的工作原理，我们可以将装卸搬运机械分为叉车类、吊车类、输送机类、作业车类和管道输送设备类。

叉车类，包括各种通用和专用叉车；吊车类，包括门式、桥式、履带式、汽车式、岸壁式、巷道式吊车；输送机类，包括辊式、轮式、皮带式、链式、悬挂式等各种输送机；作业车类，包括手车、手推车、搬运车、无人搬运车、台车等各种作业车辆；管道输送设备类，包括用于液体和粉状货物装卸搬运的，以泵、管道为主体的设备。

3. 按有无动力分类

依据此法，我们可以将装卸搬运机械分为以下三类。

第一类是重力式装卸输送机械，辊式、滚轮式等输送机就属于此类。

第二类是动式装卸搬运机械，又有内燃式及电动式两种，大多数装卸搬运机械属于此类。

第三类是人力式装卸搬运机械,用人力操作作业,主要包括小型机具、手动叉车、手车、手推车、手动升降平台等。

二、装卸搬运机械的选择

物流领域中,装卸搬运机械价格较高,往往占物流企业投资总额的较大比重,在完成设备采购后,为了维护设备的正常运转,发挥设备效能,企业还要投入大量资金进行维护保养与维修。物流装卸搬运机械的适用性、通用性和作业效率直接影响整个物流系统的整体作业水平,因此选择合适的物流装卸搬运机械有利于提升物流企业在装卸搬运环节的作业效率,有效降低物流作业成本。

(一)影响装卸搬运机械选择的因素

面对货物类型、体积、重量、形状等因素的多样性,物流企业该如何选择一款合适的设备,既能满足作业的基本需求,又能体现出较高的性价比,同时还能够保证作业的安全性和操作的方便性?通常情况下,管理者需要综合考虑以下几个因素。

1. 经济性

这考察的主要是机械的购置、使用、维修等在经济上是否合理。应从机械的全寿命费用角度考虑。

2. 技术性能

这主要考察机械的各项功能的技术指标是否满足相应的作业要求,主要从机械的动力性、机动性、人机适应性、可靠性等方面综合衡量。

3. 环境适应性

环境适应性是指装卸搬运机械在一定的工作环境下发挥其效能的适应能力,一般应从机械作业所处环境的温度、湿度、路况等方面综合考虑。

4. 作业适应性

作业适应性是指机械适应作业的程度,主要是对作业场所、作业对象及作业方式进行衡量,一般应从库房适应性、物资适应性、单机作业适应性和作业链作业适应性几个方面综合考察。

5. 维修性

维修性是机械在预定的维修级别上,由具有规定技术水平的人员,利用规定的程序和资源进行维修时,保持或恢复到规定状况的能力,主要从机械维修的难易程度及机械性能恢复程度两个方面进行考察。

6. 安全性

安全性指机械在作业过程中不发生事故的程度,一般从人员、物资和机械本身安全的角度来衡量。

7. 特殊作业要求能力

对于一些要求在特殊的作业环境和作业方式下作业的机械,这项指标主要考察机械适应特殊作业的能力,应根据具体要求进行具体分析和处理。

(二)选择装卸搬运机械的原则

为保证装卸搬运机械高效、经济地运行,在进行设备配置时,我们应考虑如下原则。

1. 适用性与先进性相结合原则

装卸搬运作业的类型、作业环境、作业量、搬运距离、货物本身的物理和化学性质等决定了装卸搬运机械的类型、额定作业能力和数量。装卸搬运机械的配置,必须以能够适应作业的需求为基本原则。当作业量大,而且作业频繁时,我们需要充分掌握作业发生的规律,考虑配备作业能力较强的大型专用机械设备;当作业量小,而且作业不频繁时,只需要根据作业量的平均水平,配备构造简单、造价低廉、能保持相当作业能力的中小型通用机械。此外,装卸搬运设备都有一定的经济寿命,因此在配置设备时,还要充分考虑物流场所未来的发展和技术的进步,使设备能够在其经济寿命周期内保持适当的技术先进性和作业能力空间。设备配置就是要在设备的适用性和先进性之间寻找一个适当的均衡点,使设备既能满足需求,又不会因为配置过高导致投资过大及作业能力的浪费。

2. 经济性原则

经济性是衡量装卸搬运机械配置是否合理的重要指标。装卸搬运是一个不直接产生经济效益的物流作业环节,装卸搬运机械的购置、使用、维修、保养成本直接反映了该环节的经济效益。配置装卸搬运机械的目标就是在满足作业需求和合理的技术先进性的前提下,实现机械在整个购置、安装、运行、维修、改造、更新,直至报废的全过程内的总成本最小,即设备的生命周期成本(life cycle cost,LCC)最小。

3. 系统化原则

装卸搬运机械的配套,是保证前后作业相互衔接、相互协调,保证装卸搬运工作连续稳定进行的重要条件。因此,在进行机械配置时,还要对整个装卸搬运系统进行流程分析,充分考虑各个作业工序之间的衔接,以使配置的机械相互适应,减少作业等待时间,提高作业效率。例如,在新建仓库和配送中心时,应同时考虑装卸搬运机械的配置、仓库的布局、设施的规划,使装卸搬运机械与场地条件、周边辅助设备相匹配,这样才能够实现仓储作业的整体最优。

第三节 装卸搬运的组织与合理化

一、装卸搬运的组织原则

装卸搬运作业的组织是指按照一定的原则,将有关人员和装卸搬运机械以一定的方式组合起来,对作业方式、作业过程、作业设备以及作业人员进行一定的组织规划,使它们形成一个有机的整体,以确保高效率地完成装卸搬运活动。在组织装卸搬运作业时,应遵循以下几个原则。

(一)程序化原则

装卸搬运程序化意味着作业次数的合理性以及作业过程的科学性。我们知道,装卸搬运活动的本身并不增加货物的价值和使用价值,相反地,它会增加货物损坏的可能性和成本。因此,首先应从研究装卸搬运机械的功能出发,分析各项装卸搬运作业环节的必要性,千方百计地取消、合并装卸搬运作业的环节和次数,消灭重复无效、可有可无的装卸搬运作业。例如,车辆不经换装直接过境,大型的发货点铺设专用线,门到门的集装箱联运等,都可以大幅度减少装卸搬运环节和次数。

对于必须进行的装卸搬运作业,应尽量做到不停顿、不间断,像流水一样地进行。工序之间要紧密衔接,作业路径应当最短,消灭迂回和交叉,要按流水线形式组织装卸作业。例如,车辆、船舶装卸的流水线作业,能减少移船、调车次数,实现货物直接落地或换装,从而减少装卸环节和次数。

(二)运营科学化原则

杜绝"野蛮装卸"是文明装卸的重要标志。在装卸搬运作业中,要采取措施保证货物完好无损,保障作业人员人身安全,坚持文明装卸。同时,还要注意不因装卸搬运作业而损坏装卸搬运机械和设施,以及运载与存储设施等。管理人员要改变装卸搬运只是一种简单的体力劳动的过时观念,积极推行全面质量管理等现代化管理方法,使装卸搬运作业的运营组织工作从经验上升为科学管理。通过科学管理,能使装卸搬运作业与其他物流活动之间,装卸搬运作业本身各工序、各步骤之间,以及装、卸、搬、运之间和系统内部各要素之间,实现相互兼顾、协调统一,这样才能发挥装卸搬运系统的整体功能。例如,铁路车站在实践中总结的"进货为装车做准备,装车为卸车做准备,卸车为出货做准备"的作业原则,正是这种兼顾协调科学管理思想的体现和应用。

(三)集装散装化原则

成件货物集装化作业,以及谷物、盐、糖、水泥、化肥、化工原料等粉粒状货物散装化作业,是装卸搬运作业的两大发展方向。实际上,集装化和散装化都是一种集中作业形式,以便把小件集中为大件,提高装卸作业效率。所以,应尽可能将各种成件货物集装成集装箱、托盘、货捆、网袋等货物单元,然后装卸搬运;应尽可能将各种粉粒状货物散装入专用车、船、库,以提高装卸搬运效果。

(四)省力促活原则

节约劳动力,降低能源消耗,是装卸搬运作业的最基本要求。因此,作业场地应尽量保证坚实平坦,这对节省劳力和减少能耗都有作用;在满足作业要求的前提下,货物净重与货物单元毛重之比应尽量接近1,以减少无效劳动;尽量采取水平装卸搬运和滚动装卸搬运,实现省力化。总的来说,省力化装卸搬运原则是:能往下则不往上,能直行则不拐弯,能用机械则不用人力,能水平则不要上斜,能滑动则不摩擦,能连续则不间断,能集装则不分散。

提高货物装卸搬运的活性化程度,也是装卸搬运的基本要求。活性化程度是从物的静止状态转变为可装卸状态的难易程度。人们通常用活性指数表示商品堆存形态的活性化程度。例如,库中货物凌乱不堪,则活性化程度低;货物整齐堆码,易于搬运,则活性化程度高。活性指数一般可分为5个等级:散堆于地面上,为0级;装入箱内,为1级;装在货盘或垫板上,为2级;装在车台上,为3级;装在输送带上,为4级。活性指数越高,物品越容易进入装卸搬运状态。

（五）标准化原则

标准化最简洁的解释是，通过判定、发布标准，使重复的事物和概念达到统一，以获得最佳的秩序和社会效益。标准化往往与系列化、通用化相联系。装卸搬运标准化是对装卸搬运的工艺、作业、装备、设施、货物单元等所制定、发布的统一标准，装卸搬运标准化对促进装卸搬运合理化起着重要作用，它也是实现装卸搬运作业现代化的前提。

（六）安全效率化原则

装卸搬运作业一般是运输和存储的前奏，运载工具满载和库容的充分利用是提高运输和存储效益及效率的主要因素之一。所以，在进行装卸搬运作业时，要根据货物的轻重、大小、形状、物理性质、化学性质，以及货物的去向、存放期限、车船库的形式等，采用恰当的装卸方式，巧妙配装，使运载工具满载，使库容得到充分利用，以提高运输、存储效益和效率。

装卸搬运作业在考虑效率的同时，还要考虑相应设施设备的承载能力限制，采取科学的方法，使装货载荷均匀地分布在承受的载面上，这样可以保证运输、装卸搬运设备和仓储设施的安全，并能达到延长使用寿命的目的。

二、装卸搬运的合理化

商品的装卸搬运贯穿于商品实体运动的全过程。无论是商品的运输、储存和保管，还是商品的配送、包装和流通加工，都伴随着装卸搬运作业。在整个物流活动中，装卸搬运所占的比重很大。因此，装卸搬运效率的高低、装卸搬运质量的好坏、装卸搬运成本的大小，都与整个物流活动关系密切。可以说，装卸搬运合理化也是物流合理化的一个重要问题，改善装卸搬运作业是加速车船周转、加快商品运达速度、减少资金占用、简化包装和减少货损的重要手段，对提高物流总体效益具有重要作用。那么，如何实现装卸搬运的合理化呢？

（一）防止和消除装卸搬运中的无效作业

装卸搬运中的无效作业是指在装卸搬运作业活动中，超出必要的搬运、装卸量的多余的低效的作业。消除和防止无效作业对装卸搬运作业的经济性和效率性的提高具有重要作用。我们可以从以下几个方面来防止、消除和减少装卸搬运中的无效作业。

一是尽量减少装卸搬运的次数，使装卸搬运次数降低到最低水平，避免没有物流效果的装卸搬运作业。

二是要提高被装卸搬运物料的纯度。物料的纯度主要是指物料中含有的杂质、水分和与物料本身无关的其他物质的质量。物料的纯度越高,表明装卸搬运作业的有效程度越高。反之,则表明无效作业越多,效率性及经济性越低。

三是包装要适宜。特别是流通包装,它是物流中不可或缺的辅助作业手段。包装的实用化、简单化和轻型化会不同程度地减少装卸搬运作用于包装上的无效劳动,使效率性和经济性均得到提高。

四是尽量缩短装卸搬运作业的距离。物料在装卸搬运过程中,要实现水平和垂直两个方向的位移,选择最短的路线完成这一活动,就可以避免超越这一最短路线所带来的无效劳动,从而减少人、财、物的投入,降低物流成本。

(二)提高装卸搬运的灵活性

如前所述,装卸搬运的活性指数表明了装卸搬运作业中对物料进行装卸搬运作业时的快慢和难易程度,其值与货物状态及装卸作业之间的关系如表 5-1 所示。在设计和堆放货物时,事先应考虑到物料装卸搬运作业的方便性,提高物料的活性指数。

表 5-1 活性指数与装卸搬运作业间的关系

活性指数	状态	是否需要下列活动				已完成的活动	未完成的活动
		聚集	拿起	抬高	运出		
0	散堆于地面上	要	要	要	要	0	4
1	装入箱内	否	要	要	要	1	3
2	装在货盘或垫板上	否	否	要	要	2	2
3	装在车台上	否	否	否	要	3	1
4	装在输送带上	否	否	否	否	4	0

人们通常采用平均活性指数来说明和分析物料装卸搬运的灵活程度。对某一物流过程物料所具备的活性情况,累加后计算其平均值,就得到平均活性指数,用"δ"表示。δ 值的大小是确定和改变装卸搬运方式的重要依据。计算平均活性指数的公式为:

平均活性指数=活性指数总和/作业工序数

这样,依据平均活性指数的大小,我们可以采用以下不同的改进方法。

当 $\delta \leqslant 0.5$ 时,所分析的装卸搬运系统半数以上处于活性指数为 0 的状态,即大部分物料处于散装情况,其改进方式是采用料箱、推车等集装器具改变物料的存放状态。

当 $0.5 < \delta \leqslant 1.3$ 时,大部分物料处于集装状态,其改进方式是采用叉车、卡车等动力搬运装置提升活性指数。

当 $1.3 < \delta \leqslant 2.3$ 时,大部分物料处于活性指数为 2 的状态,可采用单元化物料的连续装卸和运输方式改善活性指数。

当 $\delta > 2.3$ 时,大部分物料处于活性指数为 3 的状态,其改进方法是选用拖车、机车车头拖挂的装卸搬运方式。

例如,某企业的装卸搬运作业流程及各作业流程的活性指数如图 5-1 所示。

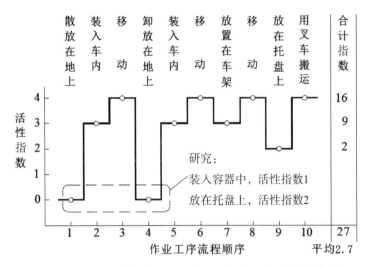

图 5-1　某企业的装卸搬运作业流程及各作业流程的活性指数

根据图 5-1 中的数据,我们可以计算出该装卸搬运系统的平均活性指数。

平均活性指数＝活性指数总和／作业工序数
$$=(0+3+4+0+3+4+3+4+2+4)/10$$
$$=2.7$$

计算结果说明,大部分物料处于活性指数为 3 的状态。虽然这表明整个装卸搬运系统处于较高的活性状态,但我们依然可以通过改善个别作业环节的活性,来提升整个系统的灵活性。例如,作业 1 和作业 4 的活性指数为 0,物料处于散放状态,我们可以通过将物料放入容器中(活性指数为 1)或码放在托盘上(活性指数为 2),来提升装卸搬运活性,提高工作效率。

在装卸搬运的活性分析中,除了可以采用上述指数分析法外,还可以采用活性分析图法。活性分析图法是将某一物流过程通过图示来表示,呈现出装卸、搬运活性程度,这种方法具有明确的直观性,使薄弱环节容易被发现和改进。运用活性分析图法时,我们通常分三步进行:第一步,绘制装卸搬运图;第二步,按搬运作业顺序绘制物料活性指数变化图,并计算活性指数;第三步,对装卸搬运作业的缺点进行分析改进,做出改进设计图,计算改进后的活性指数。

从理论上讲,活性指数越高越好,但也必须考虑到实施的可能性。例如,物料在储存阶段,活性指数为 4 的输送带和活性指数为 3 的车辆,在一般的仓库中很少被采用,这是因为大批量的物料不可能存放在输送带和车辆上。

(三)实现装卸搬运作业的省力化

装卸搬运作业是使物料发生垂直和水平位移。因此,要实现装卸搬运作业的省力化,并提高效率,就要在作业中尽可能地消除重力对装卸搬运带来的不利影响。要实现这一目的,可以采取的方法是比较多的。例如,在有条件的情况下,可以利用重力进行装卸,它可以减少能量的消耗,减轻劳动强度;将没有动力的小型运输带(板)斜放在卡车、货车或站台上进行装卸作业,使物料在倾斜的输送带(板)上进行移动,这种装卸主要是依靠重力的水平分力完成的;在搬运作业中,利用台车替代人工搬运,由器具承担物体的重量,人们只要克服滚动带来的阻力,使物料水平前移就可以,这无疑是十分省力的办法。

利用重力式移动货架也是一种利用重力实现省力化的装卸搬运方式之一。重力式货架的每层格均有一定的倾斜度,货箱或托盘可自己沿着倾斜的货架层板滑到输送机械上。物料滑动的阻力越小越好,通常货架表面均处理得十分光滑,或者在货架层上装有滚轮,或者在承重物资的货箱或托盘下装有滚轮,这样就能将滑动摩擦变为滚动摩擦,物料移动时所受到的阻力会更小。

(四)充分提高作业的机械化水平

物流管理发展初期阶段,搬运机械大多在人力无法胜任操作的情形下使用,如超重物品;搬运量大、耗费人力多、人力难以操作的物品;粉体或液体的物料搬运;速度太快或距离太长,人力不能胜任时;装卸作业高度差太大,人力无法操作时。而今机械设备在装卸搬运作业中的使用,则是为了提高生产率、安全性、服务性和作业的适应性等,将人力从简单重复的作业中解放出来,以让他们在更高级的工作中发挥作用。

在未来,将机械技术和电子技术相结合,将先进的微电子技术、电力电子技术、光缆技术、液压技术、模糊控制技术应用到机械的驱动和控制系统中,实现物流设备的自动化和智能化,将是装卸搬运的发展方向。例如,大型高效起重机的新一代电气控制装置将发展为全自动数字化控制系统,可使起重机具有更高的柔性,以提高单机综合自动化水平。公路运输智能交通系统的开发和应用已引起各国的广泛重视。此外,将卫星通信技术及计算机、网络等多项高新技术结合起来的物流车辆管理技术正在逐渐被应用。

数字资源 5-1
自动化物流搬运

提高装卸搬运机械的装卸质量、生产率和降低装卸搬运作业成本是组织装卸搬运机械的中心和目的,它包括下列内容。

1. 确定装卸任务量

管理者需要根据物流计划、经济合同、装卸作业不均衡程度、装卸次数、装卸车时限等,来确定作业现场年度、季度、月、旬、日平均装卸任务量。装卸任务量有事先确定的因素,也有临时变动的可能。因此,管理者要合理地运用装卸设备,就必须把计划任务量与实际装卸作业量两者之间的差距缩小到最低水平。同时,管理者还要考虑装卸作业的物资对象的品种、数量、规格、质量指标以及搬运距离,尽可能地做出详细的规划。

2. 确定设备技术指标

基于装卸任务量,管理者需要根据装卸搬运设备的生产率和装卸搬运任务的大小等因素,确定装卸搬运机械的数量和各项技术指标。

3. 编制作业计划

管理者需要根据装卸搬运任务、装卸搬运设备生产率和需用台数,编制装卸搬运作业进度计划。它通常包括装卸搬运机械的作业时间表、作业顺序、负荷情况等详细内容。

4. 执行作业计划

管理者需要根据作业计划下达装卸搬运进度计划,安排劳动力和作业班次。在执行作业计划时,还需要统计和分析装卸搬运作业成果,评价装卸搬运作业的经济效益。

(五)推广集合化装卸搬运法

在装卸搬运作业过程中,人们通常根据不同物料的种类、重量、形状和性质等来确定不同的装卸搬运作业方法。对于普通包装的物料,可采用分块处理法,逐个进行装卸搬运;对于颗粒状物料,则采用散装处理法,原样装卸搬运。集装处理法则是将物料以托盘、集装箱、集装袋等为单位进行组合后装卸搬运。应尽可能对包装物料进行集装处理。如前所述,集装具有非常多的优点,如装卸搬运单位数量多,作业效率高,可大量节约装卸搬运作业耗费的时间,能提高物料装卸搬运的灵活性,劳动力不需要直接接触各种物料,达到保护物料和节省劳动力的效果。

(六)合理规划装卸搬运作业过程

合理规划装卸搬运作业过程是指对整个装卸搬运作业过程的连续性进行合理安排,以尽量减少装卸搬运距离和装卸搬运次数,从而提高装卸搬运的有效性。提高装卸搬运作业的连续性需要做到以下几点:在作业现场,装卸搬运机械合理衔接;在将不同的装卸搬运作业相互结合使用时,力求使它们的装卸搬运速率相等或接近;充分发挥装卸搬运调度人员的作用,装卸搬运作业一旦发生障碍或出现停滞状态,调度人员要立即采取有力的措施补救。由此看来,装卸搬运作业现场平面布置的科学性和合理性尤为重要,它直接关系到装卸搬运的距离。在规划作业现场时,管理者要考虑装卸搬运机械与货场长度、货位面积之间的协调性,要有足够的场地,并满足装卸搬运机械工作面的要求,场内的道路布置要为装卸搬运创造良好的条件,有利于加速货位的周转。

综上所述,在物流的各个环节或同一环节的不同活动之间,装卸搬运作业都是不可或缺,且发生频率最高的一项作业。因此,装卸搬运活动效率和成本的高低,将直接影响企业物流的整体效率和成本。装卸搬运活动的合理化对物流系统整体的合理化至关重要,我们应该像重视其他物流环节一样重视装卸搬运,从整个物流系统的角度看待装卸搬运作业的管理,而不只是将它作为物流环节中的一部分。

◇ **本章小结**

  装卸搬运在物流活动中起着承上启下的作用,它把物流各个阶段连接起来,使之成为连续的流动的过程。虽然装卸和搬运在概念上有所差异,但在实际操作中,它们密不可分,两者是伴随在一起发生的。装卸搬运物流活动并不创造价值,但是对物流发展和效益提升意义重大。装卸搬运活动的基本动作包括装车(船)、卸车(船)、堆垛、入库、出库以及连接上述各项动作的短程输送,是随运输和保管等活动而产生的必要活动。从不同的角度,可以将装卸搬运分为不同的类型。

  装卸搬运机械是装卸搬运作业现代化的重要标志之一,其机械性能和作业效率对整个物流系统的作业效率影响很大。装卸搬运机械从作业性质、机具工作原理和有无动力三个角度,可以分为不同的类型。合理选择装卸搬运机械有助于提升作业效率和降低作业成本。影响装卸搬运机械选择的因素是多样的,包括经济性、技术性能、环境适应性、作业适应性、维修性、安全性和特殊作业要求能力等。

  在整个物流活动中,装卸搬运所占的比重很大,装卸搬运合理化也是物流合理化的一个重要问题。防止和消除装卸搬运中的无效作业、提高装卸搬运的灵活性、实现装卸搬运作业的省力化、充分提高作业的机械化水平、推广集合化装卸搬运法、合理规划装卸搬运作业过程是实现装卸搬运合理化的主要方法。

◇ **思考与练习**

1. 装卸与搬运的区别是什么?
2. 简述装卸搬运在物流中的作用。
3. 按机械作业方式,可以将装卸搬运分为哪几类?
4. 常用的装卸搬运设备有哪几类?各适用于哪些情形?
5. 影响装卸搬运设备选择的因素有哪些?
6. 简述现代信息技术的发展对装卸搬运作业的影响。
7. 什么是活性指数?如何提升装卸搬运的灵活性?
8. 装卸搬运的合理化措施有哪些?

◇ **案例分析**

丰田的搬运和准时化

在需要的时候,按照需要的数量,以最低的成本供给需要的东西,这一思想就是少量搬运,它已经成为丰田的基本原则。

搬运会给准时化生产带来很大的影响。丰田建立了各种各样的生产结构体系,在反复实施这些生产结构体系的训练中,基于减少搬运浪费思想的丰田生产方式扎根于丰田。丰田命名了各种搬运方式,如虫式搬运方式、包租汽车搬运方式、出租汽车搬运方式、换乘搬运方式等,以消除生产中的搬运浪费。

搬运浪费的思想,可以在企业内通过消除搬运浪费的方式得到贯彻,其目标是使不产生附加价值的工序数量无限接近零。为了使搬运创造附加价值,就必须使产品和信息保持一致,改善多次搬运的现状。例如,搬运作业人员从生产线上成套集中搬运零部件,供应给组装生产线,这就是搬运创造了附加价值。

资料来源:《丰田生产方式:分析工序单位,实施省人化》(https://doc.mbalib.com/view/406ba2ddaa6da49f8124b3552cf96ca2.html),内容有改动。

■ 思考题:
1. 装卸搬运对生产效率有何影响?
2. 装卸搬运合理化的方法有哪些?
3. 结合案例,分析丰田是如何通过减少搬运浪费实现准时化生产的。

第六章 流通加工

◇ 学习目标

■ **知识目标**
了解流通加工的基本概念、产生原因和主要形式。

■ **能力目标**
能够区分流通加工和生产加工;能够判断流通加工是否合理;能够提出流通加工合理化建议。

■ **情感目标**
培养学生善于观察、勇于探索的精神。

◇ 学习重难点

1. 流通加工的概念及作用
2. 流通加工的主要形式
3. 流通加工的合理化

◇ 本章导读

虽然流通加工不属于物流的基本功能之一,但是随着现代物流的发展,其对企业和国民经济的发展都表现出越来越重要的意义。本章将介绍流通加工的概念、产生的原因及作用,并对流通加工的合理化进行阐述。

◇ 导入案例

"预制菜"冲击下的集贸市场该何去何从?

党的二十大报告提出,要构建优质高效的服务业新体系,推动现代服务业同先进制造业、现代农业深度融合。集市贸易作为最古老的贸易形态,在我国已有数千年的历史。但是,在现代化超级市场的挤压下,以及居民对生鲜消费"便利化"的需求不断增强的情况下,集贸市场的生存空间越来越小,有些国家的集贸市场已经被"赶"到了城市狭窄偏僻的小巷之中。此外,生鲜消费在时间、体力、精力、心力几个维度的便利程度产生了变化。当前,受工作节奏加快、数字经济发展、家庭结构小型化、人口老龄化等因素的影响,社会大众对便捷食品的需求快速增加。

预制菜简化了烦琐的买菜、洗菜、切菜、烹制步骤,融合了品质、营养与口感,符合健康化的行业发展趋势,既迎合了年轻消费群体的生活方式,也契合了餐饮企业降本提效的强烈诉求,具备广阔的发展前景。数据显示,2022年,中国预制菜市场规模达4196亿元,同比增长21.3%。中国预制菜市场规模有望以20%左右的高增长率逐年上升,在2026年达10720亿,我国预制菜产业有望发展成下一个万亿级市场。①

预制菜行业的发展对传统集贸市场造成了巨大的冲击。许多城市的政府部门也都在思考集贸市场的生产空间,积极开展对集贸市场的整治工作。

资料来源:《2022年中国预制菜产业发展白皮书》(https://www.iimedia.cn/c400/92015.html),内容有改动。

第一节 流通加工概述

国家标准(GB/T 18354—2021)将流通加工定义为:根据顾客的需要,在流通过程中对产品实施的简单加工作业活动(如包装、分割、计量、分拣、刷标志、拴标签、组装等)。

---

① 参见 http://yjy.people.com.cn/n1/2023/0710/c440911-40031856.html。

一、流通加工的产生与作用

（一）流通加工产生的原因

流通加工的出现，反映了物流理论的发展，反映了人们关于物流、生产分工观念的变革，它是大生产发展的必然和必须。流通加工产生的背景包括以下几个方面。

1. 现代生产方式的发展

现代生产发展的趋势之一是生产规模大型化、专业化。企业依靠单品种、大批量的生产方法，降低生产成本，获取较高的经济效益，这样就出现了生产相对集中的趋势。这种生产规模大型化、专业化程度越高，生产相对集中的程度也越高。生产的集中化进一步引起产、需之间的分离，即生产与消费不在同一个地点，有一定的空间距离；生产及消费在时间上不能同步，存在着一定的时间差；生产者及消费者并不处于一个封闭圈内，某些企业生产的产品供给成千上万人消费，而某些消费者使用的产品又来自许多生产者。弥补这种生产消费分离不足的手段则是运输、储藏及交易。但是，近年来人们进一步认识到，现代生产引起的产需分离并不局限于上述三个方面，还有一种重大的分离，就是生产及需求在产品功能上的分离。大生产的特点之一便是少品种、大批量、专业化，产品的功能（规格、品种、性能）往往不能和消费需求密切衔接。有效应对这一分离的方法，就是流通加工。所以，流通加工的诞生，是现代生产发展的一种必然结果。

2. 消费的个性化趋势

消费的个性化和产品的标准化之间存在着矛盾，使本来就存在的产需分离变得更严重。人们通过采取增加生产工序或消费单位加工改制的方法，在一定程度上可以弥补这种分离，但是却大幅增加了生产及管理的复杂性和难度，使得个性化生产的效率大大降低。因此，消费个性化的新形势及新观念，为流通加工开辟了道路。在这种情况下，对顾客需求最为了解的流通部门，就自然而然地承担起了由生产环节到消费环节的中间环节的加工任务，这也就是流通加工产生的根源。

3. 人们关于流通作用观念的转变

在生产不太复杂、生产规模不大时，所有的加工、制造几乎全部集中于生产及再生产过程中，而流通过程只是实现商品价值及使用价值的转移。在社会生产向大规模、专业化生产转变之后，社会生产越来越复杂，生产的标准化和消费的个性化矛盾的出现，使得生产过程中的加工制造常常满足不了消费者的要求。与此同时,流通的复杂化特征为流通过程增加了困难。于是,部分加工活动开始由生产及再生产过程向流通过程转移,在流通过程中形成了某些加工活动,这就是流通加工。

流通加工的出现使流通过程明显地具有了某种"生产性",这使人们改变了长期以来拥有的"流通是价值及使用价值转移"的旧观念,明白流通过程是可以主动创造价值的,而不单是被动地保持和转移价值的过程。因此,人们必须研究流通过程中孕育着多少创造价值的潜在能力,这就使人们有可能通过努力,在流通过程中以较小的代价进一步提高商品的价值和使用价值。这是流通过程从观念到方法的巨大变化,也是流通加工诞生的关键。

4. 效益观念的树立

效益观念的树立也是促使流通加工形式得以发展的重要原因。20世纪60年代后,效益问题逐渐引起人们的重视。效益观念使人们开始关注成本增减与收益增减的关系,流通加工可以以少量的投入获得较大的效果,属于高效益的加工方式,自然能得到发展。所以,从技术上讲,流通加工可能不如生产技术复杂,但这种方式是现代观念的反映,在现代的社会再生产过程中起着重要作用。

(二)流通加工的作用

1. 流通加工的基本作用

从本质上说,流通加工是将商品加工工艺、工序从生产过程转移到物流过程,是流通过程中的辅助加工活动,是物流系统的构成要素之一。流通加工的基本作用表现在以下几个方面。

(1)提高原材料利用率

利用流通加工环节进行集中下料,可将从生产厂家直接运来的简单规格产品,按使用部门的要求下料。集中下料的优势在于,可以优材优用、小材大用、合理套裁,取得很好的技术经济效果。例如,有数据显示,对平板玻璃进行集中裁制、开片供应等方式的加工,可以使玻璃利用率得到提高。

(2)方便用户

用量小或临时需要原料的使用单位,通常缺乏进行高效率初级加工的能力,但它们可以依靠流通加工,省去进行初级加工的设备及人力,例如将水泥加工成生混凝土,将原木或方材加工成门窗,冷拉钢筋及冲制异型零件,钢板打孔等。

(3)提高加工效率及设备利用率

人们可以通过流通加工的方式,建立集中加工点,采用效率高、技术先进、加工量大的专门机具和设备进行加工。这样做可以提高加工质量、设备利用率以及加工效率,从而降低加工费用及原材料成本。例如,单个企业在对钢板下料时,采用气割的方法,留出较大的加工余量,出材率低,加工质量也不好。但是,通过流通加工,可以实现多个企业采用高效率的剪切设备集中加工,这在一定程度上克服了上述缺点。

(4)充分发挥各种运输手段的最高效率

流通加工环节将实物的流通分为两个阶段。一般说来,从生产厂商到流通加工点的距离长,而从流通加工点到消费环节的距离短。第一阶段是在数量有限的生产厂商与流通加工点之间进行定点、直达、大批量的远距离输送,因此可以采用船舶、火车等大量输送的手段;第二阶段则是利用汽车和其他小型车辆来输送经过流通加工后的多规格、小批量、多用户的产品。这样可以充分发挥各种运输手段的最高效率,加快运输速度,节省运力和运费。

(5)增加产品附加值

除上述几点外,我们还可以在流通过程中进行一些改变产品某些功能的简单加工,以提高产品的经济效益。例如,许多制成品,如洋娃娃玩具、时装、轻工纺织产品、工艺美术品等,在贸易口岸进行简单的装潢加工后再出口,仅此一项就可使产品售价提高20%以上。所以,在物流领域中,流通加工可以成为高附加值的活动。这种高附加值的形成,主要着眼于满足用户的需要,提高服务功能,是贯彻物流战略思想的表现,体现了流通加工低投入、高产出的重要作用。

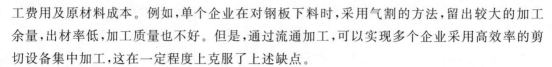

2. 现代物流业中流通加工作用的延伸

虽然流通加工并非物流中必然出现的功能要素,但是其对推动国民经济的发展和完善国民经济的产业结构和生产分工具有重要意义。这是因为流通加工无论起点是供应链的哪一个环节,都有无限地向供应链上下游乃至物流网络组织延伸的能力和趋势。

(1)加工和配送相结合

加工和配送相结合策略,就是在流通加工中心设置配送点,或者在配送中心设置流通加工车间,这种策略有两个特点:一是可以按照买方的需求进行加工;二是将流通加工作为分拣、配货的一环。如此做法可以为物流企业带来两方面的优势:一是加工过程与配货作业相结合,省去许多烦琐的环节,提升了作业效率;二是在配送服务之前还有加工这一环节,可以提升配送服务水平。

(2)加工与仓储相结合

随着现代运输业的发展,客户对物流的需求越来越倾向于小批量、多批次模式,这种情况造成了客户对仓储需求的降低,一些仓储公司适时转变服务战略,针对仓储所在地的资源开发流通加工作业,在供应链中占据了一席之地。加工仓库就是一种非常常见的形式,它是将商品保管与加工相结合的流通仓库,主要职能是根据市场的需要,对储存的商品进行选择、整理、分级、包装等简单的流通加工,再根据订单配送出去。例如,海产品、农产品在加工仓库经过简单的分级、包装后,再配送到各个商超、酒店,其表现出的特点是出货的批量小、规格多、时间紧,吞吐频繁,因此要特别注意加工、储存、分发、装运之间的相互衔接,以防差错。

（3）加工和运输相结合

流通加工能有效地衔接干线与支线运输，使两种运输线路实现更加合理、更有效的衔接。干线与支线间的衔接是必须停顿的物流环节，在该环节，将货物按照干线或支线运输的合理要求进行适当加工，再进行中转作业，可以大幅提高运输效率和运输装载水平。

（4）加工和商流相结合

从前文的分析中我们可以看出，合理的流通加工可以有效地促进商品销售。例如，流通加工与配送服务相结合，不仅能提高配送的效率和水平，还能大幅提高产品销量。除此之外，流通加工通过包装、分装、保鲜等加工过程，对商品形态做出改变，在提升客户购买便捷性的同时，也满足了客户的个性化需求，这些措施都可以有效地促进商流的发展。

（5）加工和原材料采购相结合

原材料是生产企业赖以生存的资源，因此，原材料的信息挖掘与管理、采购、运输是影响生产企业盈利水平的重要环节。若流通加工企业将经营内容延伸到这些环节中去，全面掌握原材料质量、价格、客户关系等情况，且在材料运输之前进行合理的加工以降低运输成本和耗损，将有助于提升企业在供应链网络中的优势地位。

（三）流通加工与生产加工的区别

虽然流通加工使流通过程具有了生产性，但它仍属于流通中的一种特殊形式，其通过改变或完善流通对象的原有形态发挥桥梁和纽带作用。流通加工和一般的生产加工在以下几个方面表现出较明显的差异。

1. 加工对象不同

流通加工的对象是进入流通过程的商品，具有商品的属性；生产加工的对象不是最终产品，而是原材料、零配件、半成品。

2. 加工程度不同

流通加工大多是简单加工，而不是复杂加工。一般来讲，如果必须进行复杂加工才能形成人们所需的商品，那么这种复杂加工应专设生产加工过程，生产过程理应完成大部分加工活动。流通加工是对生产加工的一种辅助及补充，它绝不是对生产加工的取消或代替。

3. 加工目的不同

从价值角度看，生产加工的目的在于创造价值及使用价值，以满足消费者的需求。而流通加工则是一方面在不做出大改变的情况下完善商品的使用价值，以满足消费者的需求，另一方面以自身流通为目的,创造合适的流通条件,这是流通加工不同于一般的生产加工的特殊之处。

4. 加工组织者不同

与生产加工的组织者不同,流通加工的组织者是从事流通工作的部门或组织,如商业企业或物资流通企业。它们能密切结合流通的需要,选择合适的加工活动以及加工地点。生产加工则由生产部门或企业完成。

二、流通加工的经济效益

流通加工的经济效益可以表述为流通加工的劳动投入与效益产出的对比关系。在具体的流通加工部门,流通加工的经济效益可表现为流通加工的数量和实现价值与劳动占用的对比关系。

(一)流通加工的直接经济效益

1. 流通加工提高效率

流通加工是集中进行的加工,其加工效率比分散加工要高得多。对于用量少和临时需要的使用单位,如果依靠自行加工,那么其加工水平和加工熟练程度都无法与流通加工相比。即使是数量规模较大的企业进行加工活动,其加工效率也不占优势。比如,建筑企业完成的安装玻璃的开片加工,往往在施工场地针对某一工程进行,而流通加工企业的玻璃开片,可以满足若干个建筑工地的需求,其加工效率更高,劳动生产率也更高。

2. 流通加工提高设备的利用率

加工设备在分散加工的情况下,由于受生产周期和生产节奏的限制,设备利用时紧时松,甚至可能有长时间的停滞,这种加工过程的不均衡,会导致加工设备的加工能力得不到充分的发挥,设备利用率低。但是,在流通领域中,流通加工面向全社会,加工的数量大幅度地增加,加工对象的范围都得到了大幅度的扩大,这有利于加工设备发挥它们的潜力,设备利用率也得到充分的提高。

3. 流通加工提高被加工产品的质量

流通加工是专业化很强的加工,专业化加工有利于加工人员掌握作业技术,提高作业的熟练程度,从而提高加工质量。从流通加工企业的加工设备的水平来看,它们的专业化往往要高于分散加工,因而产品的加工质量也会高于分散加工,这有助于经济效益的提高。

4. 流通加工提高原材料的利用率

流通加工集中下料可以优材优用,小材大用,合理套裁,明显具有提高原材料利用率的优势。原材料的节省是利润的源泉,几乎所有的流通加工都能达到节省原材料的目的,只是加工方法和形式存在差别,因而节省原材料的效果大小不同。

(二)流通加工的社会经济效益

流通加工除了能够为企业带来直接效益外,还能够有助于社会经济效益的提升,我们可以从以下几个方面来理解。

一是流通加工代替生产企业的分散加工,能为生产企业缩短生产的时间,使企业腾出更多的时间进行创造性的生产,为社会提供更多的物质财富。

二是流通加工部门可以用表现为一定数量货币的加工设备为更多的生产或消费服务,这样可以相对减少全社会的加工费用支出。

三是流通加工能对生产的分工和社会生产专业化起到中介作用。它可以使生产部门按更大的规模进行生产,有助于生产部门和全社会劳动生产率的提高。

四是流通加工可以在社会必需的加工活动中更为集中、有效地使用人力、物力、财力,相比生产企业加工,流通加工更能提高加工的经济效益。

五是流通加工提高了原材料的利用率,可以大幅度节省用于社会生产的物质资源,所产生的经济效益可延伸到社会生产的许多部门。它使企业能利用一定的物质资源创造更多的社会财富。

六是流通加工为流通部门增加了收益。流通部门为了获得更多的利润,开展流通加工就是一个理想的选择。对加工企业而言,开展相对简单、投入相对少的流通加工,可以获得较为理想的经济效益;对社会而言,流通企业获利,同时社会效益也会提高。

三、流通加工的类型

依据不同的加工目的,我们可以把流通加工分为不同的类型。

（一）为弥补生产领域加工不足的深加工

因为考虑产品生产的规模效应和产品的通用性，以及一些生产上的约束因素，有许多产品在生产领域的加工只能到一定程度，而不能完全实现终极的加工。例如，钢铁厂的大规模生产只能按标准规定的规格生产，以使产品有较强的通用性，使产能得到有效利用；木材为了方便运输，在产地只能加工到圆木、板材或者方材这种程度，进一步的下料、切裁或者其他深加工则根据客户订单由流通加工企业完成。

（二）为满足需求多样化进行的服务性加工

生产部门为了实现高效率及规模效应，产品往往不能完全满足客户需要。为了既满足客户需求的多样化，又能够实现规模化生产，往往需要通过流通加工，将生产出来的单一化、标准化产品进行多样化的改制加工。例如，混凝土搅拌车可以根据客户的要求，把沙子、水泥、石子、水等各种不同材料按比例要求装入可旋转的罐中。在配送路途中，汽车边行驶边搅拌，到达施工现场后，混凝土已经均匀搅拌好，可以直接投入使用。还有对钢材卷板的舒展、剪切加工，对平板玻璃按需要的规格进行开片加工，将木材改制成枕木、板材、方材等，这些都属于服务性加工，目的是满足客户的多样化需求。

（三）为保护产品所进行的加工

在物流过程中，直到用户将产品投入使用前，产品的保护问题一直存在。在物流过程中，为了防止产品在运输、储存、装卸、搬运、包装等过程中遭受损失，保障使用价值的顺利实现，人们通常会在流通过程中，对商品进行稳固、改装、保鲜、冷冻或者涂油等简单加工。为保护产品所进行的加工还包括对水产品、肉类、蛋类的保鲜、冷冻、防腐加工，对丝、麻、棉织品的防虫、防霉加工等。

（四）为提高物流效率的加工

有些商品本身的形态使之难以进行物流操作，而且商品在运输、装卸搬运过程中极易受损，因此人们需要进行适当的流通加工对这一缺陷进行弥补，使物流各环节易于操作，提高物流效率，降低物流损失。例如，将造纸用的木材磨成木屑，可以极大地提高运输工具的装载效率；将自行车在消费地区进行装配加工，可以提高运输效率，降低损失；对石油气的液化加工，能使很难输送的气态物转变为容易输送的液态物，也可以提高物流效率。

（五）为促进销售的流通加工

流通加工可以从若干方面起到促进销售的作用，如将零配件组装成用具，以便于直接销售。还可以将过大包装或散装物分装成适合依次销售的小包装，将以保护商品为主的运输包装改换成以促进销售为主的销售包装，以起到吸引消费者、促进销售的作用，或者将蔬菜、肉类洗净切块，以满足消费者的要求。这种流通加工一般不改变商品的本体，只是进行简单的改装和加工。随着客户消费观念的变化，越来越多的流通加工企业开始对商品进行组装、分块等深加工，以满足客户的服务需求。

（六）为提高加工效率的流通加工

流通加工以集中加工的形式，克服了许多生产企业的初级加工数量有限、加工效率不高、难以投入先进科学技术等弊病。以一家流通加工企业代替若干生产企业的初级加工工序，能促进生产水平的提高。此外，流通加工利用其综合性强、用户多的特点，可以运用合理规划、合理套裁、集中下料的办法，这就能有效提高原材料利用率，减少损失和浪费。

（七）衔接不同运输方式的流通加工

在干线运输及支线运输的结点，设置流通加工环节，可以有效解决大批量、低成本、长距离干线运输与多品种、少批量、多批次末端运输之间的衔接问题，在流通加工点与大生产企业间形成大批量、定点运输的渠道，再以流通加工中心为核心，组织对多用户的配送。也可以在流通加工点将运输包装转换为销售包装，从而有效衔接不同目的的运输方式。

（八）生产-流通一体化的流通加工形式

依靠生产企业与流通企业的联合，或者生产企业涉足流通，或者流通企业涉足生产，能形成生产与流通加工的合理分工、合理规划、合理组织，统筹进行生产与流通加工的安排，这就是生产-流通一体化的流通加工形式。这种形式可以促成产品结构及产业结构的调整，充分发挥企业集团的经济技术优势，是目前流通加工领域的新形式。

从以上的分析中我们可以看出，各种形式的流通加工展现出了一系列优点。相关企业可以把流通加工看作经营过程中的一环，在满足生产和消费的基础上获得利润，同时在市场和利润的引导下使流通加工在各个领域中有效地发展。

第二节　流通加工合理化

一、不合理的流通加工形式

流通加工是在流通领域中对生产的辅助性加工,从某种意义上来说,它是生产过程的延续,这个延续可能有正、反两方面的作用。合理的流通加工能有效地补充和完善产品的使用价值,但是如果流通加工设计不当,就会对生产加工和流通加工产生负面效应,所以应尽量避免不合理的流通加工。不合理的流通加工主要表现在以下几个方面。

(一)流通加工地点设置不合理

流通加工地点的选址是整个流通加工是否有效的重要因素。一般而言,为衔接单品种大批量生产与多样化需求的流通加工,加工地设置在需求地区才能实现大批量的干线运输与多品种末端配送的物流优势。如果将流通加工地设置在生产地区,一方面,将会使多品种小批量产品由产地向需求地进行长距离运输,这无疑使运输成本大幅增加;另一方面,生产企业到流通加工企业的短距离运输无法体现规模效益,显然这是不合理的。

如果流通加工的作用是为了方便物流,则其应设置在进入社会物流之前,即选址在生产地。假如将其设置在物流之后,即设置在消费地,则不但不能解决物流问题,反而会在流通中增加一个中转环节,装卸搬运等作业活动相应增加,因而也是不合理的。此外,交通便利性、地价、社会经济环境等都会影响流通加工产生的效益,因此,在选址时,人们要合理考虑这些因素。

(二)流通加工方式选择不当

流通加工方式涉及流通加工对象、流通加工工艺、流通加工技术和流通加工程度等内容。流通加工方式的正确选择实际上是指流通加工与生产加工的合理分工,本应由生产完成的,却错误地由流通加工完成,或者本应由流通加工完成的,却错误地由生产完成,都会造成不合理。一般而言,工艺复杂的,技术装备要求高的,或加工可以由生产过程轻易完成的作业,都不宜在流通加工中进行。流通加工尤其不应与生产过程争夺技术要求较高、效益要求较高的最终生产环节,更不应使生产者变成初级加工者或前期加工者。流通加工不是对生产加工的替代,而是一种补充和完善。如果流通加工方式选择不当,就会出现与生产过程争利的恶果。

（三）流通加工投入产出比不高

流通加工之所以能够有生命力，是因为其重要优势之一就是有较大的投入产出比，有效地起着补充、完善的作用。但是有的流通加工过于简单，或对生产及消费者作用都不大，甚至有时流通加工是盲目的，未能解决品种、规格、质量、包装等问题，反而增加了作业环节和成本，这些都是流通加工不合理的重要表现。此外，如果流通加工成本过高，不能达成以较低的投入实现较高回报的目的，在多数情况下都是不合理的。

二、流通加工合理化的要求

流通加工合理化指实现流通加工的最优配置，不仅要做到避免各种不合理的流通加工，使流通加工有存在的价值，而且要综合考虑流通加工与配送、运输、商流等的有机结合，以获得最佳的流通加工效益。

（一）科学选址，合理布局

流通加工的地点选择十分重要，否则将会影响其作用的发挥。为了更好地衔接大批量生产与多样化、小批量消费，应将流通地点设置于消费地区，而不是设置于生产企业周边，否则将会无法发挥大批量标准产品生产与小批量分散配送的优势，反而增加运输的难度，无法发挥生产企业大批量标准化生产的优势。同时，应优化流通加工企业的网络化布局，结合产品特性和消费者需求，形成有效的服务覆盖体系，提高响应速度。

（二）融入本地经济，形成产业纽带

流通加工方式的确定实际上是它与生产加工的合理分工。流通加工的存在不是对生产加工的简单代替，而是一种补充和完善。因此，流通加工企业在选择项目时，应考虑自己服务的产业和行业。流通加工企业可以考虑涉足地方政府扶持的产业，使自身作为纽带连接生产企业和终端客户。比如，钢铁行业和汽车行业都是大行业，也是一些地方的支柱行业。它们一个是中游行业，另一个是下游行业，汽车行业直接面对消费者，消费者的需求越来越个性化，因而汽车钢板的裁剪、焊接的样式会越来越多，简单的加工不能满足需求，深入的流通加工有可能将这两大产业衔接起来。

当然，尽管流通加工业有走向深度加工的趋势，但是流通加工企业还是要尽量避免选择工艺复杂、产品高端的行业，要尽量与生产企业进行合理分工。尤其要注意的是，流通加工企业不能因为在某一时期，市场上某一产品需求旺盛，就擅自进入生产领域，与生产企业争利，这样虽然短期内有利可图，但从长期来看，这有悖流通加工产生的初衷，不利于行业的发展。

（三）发展一体化集成作业

流通加工是物流作业中的一环，不能与其他作业形式相分离，而应重视采用一体化集成作业，无须设置独立的流通加工中间环节，应使流通加工与中转流通巧妙结合在一起，以提高作业效率，降低作业成本。例如，配送中心的物流作业就应按照具体的客户要求，将流通加工置于分货、拣货、配货中，合理地选择作业形式，同时要考虑到运输形式和消费者的配套设施；特别是水泥、木材等产品的流通加工，进行一体化集成作业时，要从整个物流系统的整体角度出发，选择合适的作业形式，这样才能真正形成"储运—流通加工—配送"的一体化作业。

（四）发展绿色流通加工

绿色流通加工是绿色物流的三个子范畴之一。流通加工具有较强的生产性，合理地选择流通加工形式可以有效地保护环境。发展绿色流通加工的途径其中之一就是变消费者分散加工为专业集中加工，以规模作业方式提高资源利用效率，以减少环境污染。像中央厨房这种流通加工形式，最大的好处就是通过集中规模采购，集约化、标准化生产，以及集中配送的方式，来实现菜品的质优价廉，降低了食品安全风险，与此同时，也减少了因分散采购、加工、分拣、配送所造成的资源浪费和环境污染。

综上所述，对于流通加工合理化的最终判断，是看其是否能实现社会效益和经济效益的平衡，是否取得了最优效益。对流通加工企业而言，其与一般生产企业一个重要的不同之处是，流通加工企业更应树立将社会效益放在首位的观念。如果流通加工企业只是追求企业的微观效益，不适当地进行流通加工，甚至与生产企业争利，这就有违流通加工的初衷，或者其本身已不属于流通加工范畴了。

◇ 本章小结

流通加工的出现，反映了物流理论的发展，反映了人们关于物流、生产分工观念的变革，它是大生产发展的必然和必须。从本质上说，流通加工是将商品加工工艺、工序从生产过程转移到物流过程，是流通过程中的辅助加工活动，是物流系统的构成要素之一。虽然流通加工并非物流中必然出现的功能要素，但是其对推动国民经济的发展和完善国民经济的产业结构和生产分工具有重要意义。流通加工的经济效益可以表述为流通加工的劳动投入与效益产出的对比关系。在具体的流通加工部门，流通加工的经济效益可表现为流通加工的数量和实现价值与劳动占用的对比关系。流通加工有不同的形式。各种形式的流通加工展现出了一系列优点。相关企业可以把流通加工看作经营过程中的一环,在满足生产和消费的基础上获得利润,同时在市场和利润的引导下使流通加工在各个领域中有效地发展。合理的流通加工能有效地补充和完善产品的使用价值,但是如果流通加工设计不当,就会对生产加工和流通加工产生负面效应。

流通加工地点设置不合理、流通加工方式选择不当、流通加工投入产出比不高,是不合理的流通加工的主要形式。科学选址,合理布局,融入本地经济,成为产业纽带,发展一体化集成作业,发展绿色流通加工有助于实现流通加工的合理化。

◇ 思考与练习

1. 什么是流通加工?流通加工产生的原因是什么?
2. 简述流通加工的作用。
3. 流通加工与生产加工的区别是什么?
4. 流通加工的经济效益体现在哪些方面?
5. 常见的流通加工类型有哪些?
6. 不合理的流通加工形式有哪些?
7. 简述实现流通加工合理化的措施。
8. 简述流通加工中的一体化集成作业的含义。

◇ 案例分析

时装的 RSD 服务

时装的 RSD 服务是时装的接受(receive)、分类(sort)和配送(distribution)服务。TNT 快递公司(TNT Express)的一家分公司开展了该项业务,它可以为顾客提供从任何地方来,到任何地方去的时装流通加工、运输、分送的服务。

时装 RSD 服务建立在时装仓库的基础上。时装仓库最大的特点是具有悬挂时装的多层仓库导轨系统。时装一般由 2~3 层导轨悬挂,可以直接传输到运送时装的集装箱中,形成时装取货、分类、库存、分送的仓储、流通加工、配送等的集成系统。在这个基础上,无论是平铺的时装还是悬挂的时装,都可以"享受"最优越的运输条件,"享受""门到门"的运输服务。

时装的 RSD 服务实际上是一种流通加工业务,它满足了时装制造厂家、进口商、代理商或零售商的需要,依据顾客及市场的情况对时装的取货、分类、分送(供销)全部过程负责。时装的RSD服务还可以完成制衣过程的质量检验等工作,并在时装仓库中完成进入市场前的一切准备工作,包括取货(直接到制衣厂上门取时装)、分类(根据时装颜色、式样进行分类)、检查(检查时装是否有色差、脱线等质量问题)、装袋(贴标签后装袋、装箱)、配送(按销售计划,将时装直接送达经销商或用户)、信息服务与管理(提供相应的时装信息服务和计算机化管理)。

许多属于生产过程的工作程序和作业,可以在仓储过程中完成,这是运输业务的前向和后向延伸,是社会化分工协作的又一具体体现。这样,服装生产厂家可以用最小的空间(生产场地)、最少的时间、最低的成本来实现自己的销售计划,物流企业也有了相对稳定的业务量。

资料来源:《流通加工的几个案例》(https://www.docin.com/p-2084586126.html),内容有改动。

■ 思考题:

1. 流通加工与生产加工有何区别?
2. 时装的RSD服务体现了流通加工的哪些作用?

第七章　配送业务管理

◇ **学习目标**

■ **知识目标**

掌握配送的概念、特点、作用;掌握配送的功能、类型;掌握配送中心的概念、功能;理解不合理配送的表现形式,掌握合理配送的标志和合理配送应采取的措施。

■ **能力目标**

掌握配送合理化;掌握配送中心的功能和作业流程。

■ **情感目标**

培养学生的创新思维。

◇ **学习重难点**

1. 配送模式的选择
2. 配送中心的功能
3. 配送合理化
4. 配送中心的布局

◇ **本章导读**

本章介绍了配送的概念、分类,配送和物流的关系,配送的模式;分析了配送中心的概念、类型,配送中心与物流中心的区别,配送中心的功能;简单介绍了配送中心的规划、选址和布局;介绍了配送合理化与不合理的表现形式,配送计划的制定与实施,配送路线的优化。

◇ 导入案例

美团、蜂鸟的即时配送

随着新零售的发展、智能技术的变革与消费体验的升级,各行业对即时配送服务的需求上升,即时配送市场用户规模仍有较大的增长空间。2019年第二季度,美团的餐饮外卖交易金额达 931 亿元,同比增长 36.5%;营业收入 128 亿元,同比增长 44.2%。美团新业务及其他分部的第二季度营业收入达到 46 亿元,同比增长 85.1%。即时配送业务版图扩张势头较为迅猛。从提供同城本地生活服务的美团外卖、美团买菜,到提供同城一对一专业递送服务的美团跑腿,美团不断拓展业务覆盖场景。2019 年 5 月 6 日,美团推出新品牌"美团配送",并宣布升级配送开放平台。美团配送运用 4 种运力网络模式,以满足不同配送场景和不同商家需求。2019 年 6 月 5 日,饿了么正式宣布旗下即时物流平台蜂鸟品牌独立,并升级品牌名为蜂鸟即配。蜂鸟即配不仅升级了阿里本地生活配送服务能力,更加速了整个阿里新零售的发展。将来,阿里云数据系统可以为蜂鸟即配提供更强大的算力和运力支持。

资料来源:《2019 年中国即时配送行业案例分析——美团、蜂鸟、达达、京东到家》(https://www.iimedia.cn/c1020/68001.html),内容有改动。

第一节 配送概述

一、配送的概念

数字资源 7-1
"智驴"服务"双十一",
高校物流配送解锁
"最后一公里"

国家标准(GB/T 18354—2021)将配送(distribution)定义为:根据客户要求,对物品进行分类、拣选、集货、包装、组配等作业,并按时送达指定地点的物流活动。

配送是一种完善的、高级的输送活动,是"配"与"送"两项活动的有机结合。所谓"配",是指货物的分拣和配货。所谓"送",是指各种送货方式和送货行为。在整个物流环节中,配送处于系统的末端,是直接与店铺相联系的部分。配送发挥了资源配置作用,而且是"最终配置",即配送是最接近用户的物流阶段。配送的主要经济活动是送货,但应是现代送货,是和现代科技相结合的,是"配"和"送"的有机结合。配送以用户的需要为出发点,但应该以最合理的方式满足用户需求。配送是有一定合理的区域范围的。配送已逐步成为企业发展的重要战略手段。

二、配送的特点和作用

(一)配送的特点

配送包含物流的基本活动,是物流多种功能的组合。配送集运输、包装、分拣、保管、配货、装卸等为一体,是较小范围内物流活动的体现。配送不是一般意义上的送货,配送与一般送货的区别在于:配送利用有效的分拣、配货等理货手段,提高送货的规模,降低了送货的成本;配送是多环节、多项目的综合性一体化的物流活动。随着现代化技术的不断发展,配送的范围也在不断扩大,比如,美国的沃尔玛公司利用全球卫星定位系统在全球范围内进行配送。

分拣和配货是配送的主要活动。配送虽然综合了多项物流活动,但是它和运输、仓储等主要活动有区别,其中,分拣和配货是其区别于运输和仓储等其他物流活动的主要活动。

配送是末端运输,是最接近消费者的运输,区别与一般的干线运输。

配送以用户的需求为出发点。从配送的定义中我们可以看出,配送是从用户利益出发,按照用户的要求进行的一种活动,配送质量直接影响用户的满意度。

(二)配送的作用

首先,配送有利于实现物流合理化。配送减少了车辆的空驶,提高了运输效率和经济效益。配送使得物流更加专业化、社会化,使物流活动成为规模经济活动,提高了物流活动的经济效益。

其次,配送降低了物流成本。现代配送是以专业化为基础的综合性的流通活动。配送对于降低物流成本的意义体现在供应链物流和整体社会物流上,具体说来,就是集中社会库存和分散的运力,以配送企业的库存取代分散于各家各户的库存,进而以社会供应系统取代企业内部的供应系统。同时,由于采用了现代化、智能化的配送设备和技术手段,配送活动进一步变得灵活化和高效化,这使得"用时间消灭空间"成为可能,使一些企业的"零库存"生产成为可能。

最后,配送能有效促进流通的组织化和系列化。物流属于流通的范畴。因此,物流的变革和现代化必然会推动流通的现代化。配送作为现代物流的重要内容,其发展体现着社会分工的专业化和物流资源配置的整合化,也促进了流通的组织化和系列化。

三、配送的流程

1. 一般的配送流程

一般的配送流程如图 7-1 所示。

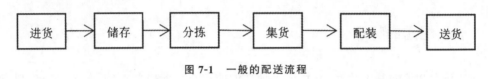

图 7-1　一般的配送流程

2. 特殊的配送流程

一般商品的配送按照图 7-1 中的流程完成。不同类型的商品在配送时,配送流程会因商品特点的不同而有所区别。

食品的配送流程为:进货—储存—分拣—送货。

煤炭等散货的配送流程为:进货—储存—送货。

木材、钢材等原材料的配送流程为:进货—加工—储存—分拣—配货—送货。

机电产品的散件、配件的配送流程为:进货—储存—加工—储存—装配—送货。

第二节　配送的分类和模式

一、配送的分类

按配送商品的种类及数量,可以将配送分为三类:多品种、少批量配送;少(单)品种、大批量配送;配套配送。

数字资源 7-2
即时配送,
开启竞争

按配送时间及数量,可以将配送分为定时配送、定量配送、定时定量配送、定时定路线配送、即时配送等。

按配送组织者的不同,可以将配送分为商店配送和配送中心配送。

二、配送的模式

配送模式是企业对配送所采取的基本战略和方法。根据国内外的发展经验及我国的配送理论与实践,目前已经形成了自营配送、共同配送、互用配送、第三方配送等几种配送模式。

(一)自营配送模式

自营配送模式是企业物流配送的各个环节由企业自身筹建并组织管理,实现对企业内部及外部货物进行配送的模式。这种模式有利于企业供应、生产和销售的一体化作业,系统化程度相对较高,既可以满足企业内部原材料、半成品及成品的配送需要,又可以满足企业对外进行市场拓展的需求。不足之处表现在,企业为了建立配送体系,投资规模将会大幅增加,在企业配送规模较小时,配送的成本和费用也相对较高。

(二)共同配送模式

共同配送模式是物流配送企业之间为了提高配送效率,并实现配送合理化所建立的一种功能互补的配送联合作业模式。在共同配送模式中,生产、批发或零售连锁企业可以共同参与,由一家配送中心承担它们的配送作业,如多家公司将各自的商品汇总装在同一辆卡车上,共同进行配送工作。共同配送模式的核心在于充实和强化配送的功能,提高配送效率,实现配送的合理化和系统化。共同配送模式的优势在于有利于实现配送资源的有效配置,弥补配送企业功能的不足,促使企业配送能力的提高和配送规模的扩大,更好地满足客户的需求,提高配送效率,降低配送成本。共同配送能有效降低物流成本,是当今世界很多国家广泛采用的一种配送模式。开展共同配送时,要坚持功能互补、平等自愿、互惠互利、协调一致的原则。

根据日本工业标准的解释,可以将共同配送分为以下几种形式。

一是由一个配送企业综合各用户的要求,在配送时间、数量、次数、路线等方面的安排上,在用户可以接受的前提下,做出全面规划和合理计划,以便实现配送的优化。

二是由一辆配送车辆混载多货主货物的配送,这是一种较为简单易行的共同配送方式。

数字资源7-3
为降低末端
配送成本,
共同配送
应该如何做?

三是在用户集中的地区,由于交通拥挤,在各用户单独配置接货场或处置场有困难时,设置多用户联合配送的接收点或处置点。

四是在同一城市或同一地区中,有多个不同的配送企业,各配送企业可以共同利用配送中心、配送机械或设施,对不同配送企业的用户共同实行配送。

(三)互用配送模式

互用配送模式是几个企业为了维护各自的利益,以契约的方式达成某种协议,互用对方配送系统而进行配送的模式。其优点在于企业不需要投入较大的资金和人力,就可以扩大自身的配送规模和范围,但需要企业有较高的管理水平以及与相关企业的组织协调能力。互用配送模式比较适合于电子商务条件下的B2B交易方式。

(四)第三方配送模式

随着物流产业的不断发展以及第三方配送体系的不断完善,第三方配送模式正在成为工商企业和电子商务网站进行货物配送的首选模式和方向。第三方配送模式的运作方式如图7-2所示。

图 7-2 第三方配送模式的运作方式

第三节 配送合理化

一、不合理配送的表现形式

(一)资源筹措不合理

配送企业在筹措资源时,需要通过规模效益降低资源筹措成本,使配送资源筹措成本低于用户自己筹措资源的成本,因此企业能够获得优势。资源筹措的不合理性体现在以下方面;因用户数量不多导致多支付代购和代筹费用;因配送量计划不准导致资源筹措过多或过少;在筹措资源时,未考虑与资源供应者建立长期稳定的供需关系。

（二）库存决策不合理

配送能充分利用集中库存总量低于各用户分散库存总量的优势,降低用户实际平均分摊库存,同时节约社会财富。配送企业需要科学管理库存,实现低总量库存,否则配送仅仅是库存转移。

（三）价格不合理

配送服务定价要合理。如果配送服务质量较高,价格适当提高,一部分用户也可以接受。如果配送企业定价过低,则其可能在无利或者亏损的情况下运行,也是不合理的。

（四）配送与直达的决策不合理

一般来说,配送增加了环节,但是这个环节的增加,可以降低用户平均库存水平,因此可以获得一定的经济效益。当用户批量大,可以直接通过社会物流系统批量进货时,比通过配送中转更能节约费用,这种情况下的配送就属于不合理的配送。

（五）送货中的运输不合理

配送是集中配装后送货,对于多个小用户来讲,配送可以节省运力和运费。如果不利用这一优势,仍然采用一户一送,则车辆无法满载,则属于不合理配送。

除以上几点外,不合理配送还表现为因经营理念的不合理,不能发挥配送的优势。例如,配送企业利用配送,向用户转嫁资金、库存困难,在库存过大时,配送企业强迫用户接收货物,以缓解库存压力;在资金紧张时,配送企业长期占用用户资金等。

二、配送合理化的标志

（一）库存

库存是判断配送合理与否的重要标志,具体指标有库存总量和库存周转。在一个配送系统中,库存总量从分散于各个用户转移给配送中心,配送中心库存数量加上各用户在实行配送后的库存量之和,应低于实行配送前各用户的库存量之和。此外,从用户角度判断,各用户在实行配送前后的库存量比较,也是判断配送合理与否的标准,某个用户库存量上升而库存总量下降,也属于一种不合理的配送。库存总量是一个动态的量,上述比较应当是在一定经营量的前提进行下。在用户生产有了发展之后,库存总量的上升则反映了经营的发展,必须扣除这一因素,才能对库存总量是否下降做出正确判断。

由于配送企业具有调剂作用,能够以低库存保持高的供应能力,配送企业的库存周转一般总是快于原来各企业的库存周转。此外,从各个用户角度进行判断,对各用户在实行配送前后的库存周转进行比较,也是判断配送合理与否的标志。

以上库存标志都依据库存储备资金来计算,而不以实际物资数量来计算。

(二)资金

配送应有利于资金占用降低及资金运用的科学化。具体判断标志有资金总量、资金周转和资金投向的改变。

资金总量指的是用于资源筹措的流动资金总量,它会随储备总量的下降及供应方式的改变发生减少。从资金运用来看,由于配送企业运作节奏加快,资金充分发挥作用,同样数量的资金,在过去需要较长时间才能满足一定的供应要求,在实施配送之后,这些资金在较短时间内就能达到此目的。所以,资金周转的快慢,是衡量配送合理与否的标志。资金投向的改变指的是将资金分散投入还是集中投入,这是资金调控能力的重要反映。实行配送后,资金必然应当从分散投入转变为集中投入,以增强调控作用。

(三)成本和效益

总效益、宏观效益、微观效益、资源筹措成本都是判断配送合理与否的重要标志。对于不同的配送方式,可以有不同的判断侧重点。例如,如果配送企业、用户都是各自独立的以利润为中心的企业,则判断配送是否合理时,不仅要看配送的总效益,而且要看配送创造的社会宏观效益及两个企业的微观效益,忽视任何一方都是不合理的。

(四)供应保证

用户最担心的是供应保证程度降低,配送必须提高而不是降低对用户的供应保证程度。我们可以从以下方面判断一个企业的供应保证能力。

(1)缺货次数

实行配送后,对各用户来讲,该到货而未到货以致影响用户生产以及经营的次数,就是缺货次数。缺货次数下降,才能使配送更加合理。

(2)配送企业的集中库存量

对每一个用户来讲,如果集中库存量所形成的保证供应能力高于配送前单个企业保证程度,从供应保证来看才算合理。

(3)即时配送的能力及速度

即时配送是在用户出现特殊情况时采用的特殊供应保障方式。即时配送的能力及速度必须高于未实行配送前用户的紧急进货能力及速度才算合理。

（五）节约社会运力

目前，末端运输是因运能、运力使用不合理而造成较大浪费的领域，因而人们寄希望于配送来解决这个问题。这也成了配送合理化的重要标志。运力使用的合理化是依靠送货运力的规划、整个配送系统的合理流程以及它们与社会运输系统的合理衔接实现的。送货运力的规划是任何配送中心都需要花力气解决的问题，而其他问题依赖配送及物流系统的合理化，判断起来比较复杂。我们可以从以下方面做出简要判断：社会车辆总数减少，而承运量增加，则配送合理化程度高；社会车辆空驶减少，则配送合理化程度高；一家一户自提自运减少，社会化运输增加，则配送合理化程度高。

（六）物流合理化

判断物流合理化的标准为：是否降低了物流费用；是否减少了物流损失；是否加快了物流速度；是否发挥了各种物流方式的最优效果；是否有效衔接了干线运输和末端运输；是否不增加实际的物流中转次数；是否采用了先进技术。

三、实现配送合理化的措施

(1)采用综合化的专业配送

采用综合化的专业配送，指的是通过采用专业设备、设施及操作程序，取得较好的配送效果，并降低配送的复杂程度及难度，从而实现配送合理化。

(2)实施加工配送

将配送与加工相结合，能充分利用中转，不增加新的配送环节。同时，配送能使加工的目的更明确，使配送加工企业和用户的联系更紧密。

(3)实施共同配送

通过共同配送，配送企业能合理规划路径，充分利用车辆资源，以最近的路程、最低的成本完成配送。

(4)实行送取结合

这要求配送企业与用户建立稳定、密切的协作关系。配送企业不仅成为用户的供应代理人，而且可以作为产品的储存据点，甚至成为产品的代销人。在配送时，配送企业将用户所需的物资送到，再将该用户生产的产品用同一车辆运回，该产品也成了配送中心的配送产品之一,免去了生产企业的库存压力。这种送取结合的模式,能充分利用运力,也使配送企业功能得到更大程度的发挥,有利于实现配送合理化。

(5)推行即时配送

即时配送是最终解决用户的断供之忧,大幅度提高供应保障能力的重要手段。即时配送是配送企业快速反应能力的具体化,是配送企业能力的体现。即时配送成本较高,但它是配送合理化的重要保证和手段。此外,如果用户实行零库存,即时配送也是重要的保证和手段。

(6)推行准时配送系统

准时配送是配送合理化的重要内容。企业做到了准时配送,用户才可以放心地实施低库存或零库存,可以有效地安排接货的人力、物力,最高效率地开展工作。另外,保证供应能力在某种程度上也取决于准时供应。从国外的经验来看,准时供应配送系统是现在许多配送企业追求配送合理化的重要手段。

第四节 现代物流配送中心

一、配送中心的概念

(一)概念

在实际生活中,配送和其他经济活动一样,通常也是由专业化的组织来进行安排和操作的。配送中心指从事配送业务的物流场所或组织,应基本符合下列要求:主要为特定的用户要求;配送功能健全;拥有完善的信息网络;辐射范围小;多品种、小批量;以配送为主,以储存为辅。

(二)配送中心与物流中心的区别

物流中心从事物流活动,并且拥有完善的信息网络。配送中心的基本特征为:主要面向社会提供公共物流服务;物流功能健全;集聚辐射范围大;存储、吞吐能力强;为下游配送中心客户提供物流服务。

配送中心与物流中心之间的区别主要体现为以下三点。一是辐射范围不同。配送中心辐射范围小;物流中心辐射范围大。二是所处位置不同。配送中心处于供应链的下游;

物流中心处于供应链的上游。三是功能侧重点不同。配送中心以配送为主,以存储为辅,涉及产品的品种多,批量小;物流中心以存储为主,吞吐能力强,涉及产品的品种少,批量大。

二、配送中心的分类

(一)按经济功能进行分类

按经济功能,可以将配送中心分为供应型配送中心、销售型配送中心和储存型配送中心。供应型配送中心是专门为某个或某些用户(如大型连锁超市)组织供应配送。销售型配送中心以销售经营为目的,以配送为手段。储存型配送中心以货物的存储为目的。比如,瑞士西巴 盖吉公司(Giba Geigy AG)的配送中心可以储存4万个托盘,是典型的储存型配送中心。

(二)按物流设施的归属和服务范围进行分类

按物流设施的归属和服务范围,可以将配送中心分为自用(或自有)型配送中心和公用型配送中心。

自用型配送中心是指隶属于其一个企业或企业集团,通常只为本企业服务,不对本企业或企业集团外开展配送业务的配送中心。在国内和国外,这类配送中心常见于商业连锁体系自建的配送机构,例如,美国沃尔玛公司的配送中心是由沃尔玛公司独资建设的,专为本公司所属的零售门店配送商品。

公用型配送中心是以营利为目的,面向社会开展后勤服务的配送组织。其主要特点是服务范围不局限于某一企业或企业集团内部。随着物流业的发展,物流服务逐步从其他行业中独立出来,向社会化方向发展。近年来,公用型配送中心作为社会物流的一种组织形式,在国内外迅速普及。

(三)按服务范围和服务对象进行分类

按服务范围和服务对象,可以将配送中心分为城市配送中心和区域配送中心。城市配送中心多与零售经营相结合,运距短,反应能力强,从事多品种、少批量、多用户的配送,例如北京食品配送中心、烟草配送中心等。区域配送中心的配送规模较大,用户也较多,配送批量也较大,例如,美国沃尔玛公司的配送中心占地12万平方米,每天可为6个州的100家连锁店配送产品。

（四）按所处理或所经营的货物进行分类

按所处理或所经营的货物，可以将配送中心分为经营散装货物的配送中心、经营原材料（生产资料中的一种）的配送中心、经营"件货"的配送中心、经营冷冻食品的配送中心、特殊商品配送中心等。

（五）按运营主体进行分类

按运营主体，可以将配送中心分为以制造商为主体的配送中心、以批发商为主体的配送中心、以零售商为主体的配送中心、以仓储运输业者为主体的配送中心等。

数字资源 7-4
不同运营主体的
配送中心

三、配送中心的功能

配送中心的主要功能有集货、储存、分拣及配货、配送加工、配装、配送运输和送达服务。

（一）集货

集货是配送的基础工作。集货包括筹集货源、订货或购货、进货及有关的质量检查、结算、交接等。配送的优势之一，就是可以集中用户需求，进行一定规模的备货。集货是决定配送成败的初期工作，若备货成本高，配送效益就会降低。

（二）储存

配送中心的储存有储备及暂存两种形态。储备是按一定时期的配送要求形成的对配送的资源保证。该类储备数量较大，结构也较完善，人们视货源及到货情况，可以有计划地确定经常储备及保险储备结构和数量。另一种储存形态是暂存，是具体执行配送时，按分拣配货要求，在理货场地所做的少量储存准备。暂存还有一种形式，是在分拣、配货之后形成的暂存，这种暂存主要是调节配货与送货的节奏，暂存时间不长。

（三）分拣及配货

分拣不同于其他物流形式的功能要素，是配送成败的一项重要支持性工作，也可以说是送货向高级形式发展的必然要求。有效的分拣及配货可以大幅提高送货服务水平，是决定整个配送系统水平的关键要素。

（四）配送加工

在配送中,配送加工这一功能要素不具有普遍性,但是往往是有重要作用的功能要素。通过配送加工,企业可以大幅提高用户的满意度。配送加工是流通加工的一种,但它有不同于一般流通加工的特点,即配送加工一般只取决于用户要求,其加工的目的较为单一。

（五）配装

在单个用户配送数量不能达到车辆的有效载运负荷时,就存在如何集中不同用户的配送货物,进行搭配装载以充分利用运能、运力的问题,这就需要配装。通过配装送货,企业可以大幅提高送货水平,降低送货成本。

（六）配送运输

配送运输属于运输中的末端运输、支线运输。配送运输和一般运输形态的主要区别在于,配送运输是较短距离、较小规模的运输形式,一般以汽车为工具。此外,配送运输的路线选择问题是一般干线运输所没有的。在干线运输中,干线是唯一的运输路线;而在配送运输中,由于配送用户多,一般城市交通路线又较复杂,如何组合成最佳路线、使配装和路线有效搭配等,是配送运输的特点,也是难度较大的工作。

（七）送达服务

将配好的产品送达用户,这还不算是配送工作的完结,因为送达货和用户接货往往还会出现不协调,有可能使配送前功尽弃。因此,要圆满地实现运到之货的移交,有效地、方便地处理相关手续并完成结算,还应讲究卸货地点、卸货方式等。送达服务也是配送独有的特殊性服务。

四、配送中心的作业流程

（一）配送中心的基本作业流程

配送中心是为了提供完善的配送服务而设立的经营组织,其核心职能是通过集货、储存、加工、分拣、配送运输等环节完成配送功能。不同类型的配送中心的作业过程会有所区别,但基本作业流程基本一致,只是在相应的环节有调整。配送中心的基本作业流程如图7-3所示。

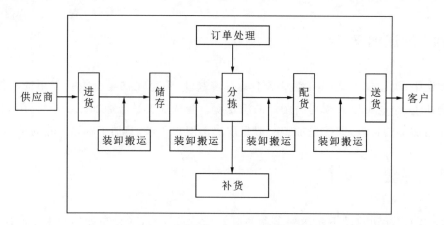

图 7-3 配送中心的基本作业流程

（二）配送中心的分拣作业

在配送作业的各环节中，分拣作业是核心环节，在配送搬运成本中，分拣作业的搬运成本约占 90％，分拣作业时间约占整个配送中心作业时间的 30％～40％。合理规划分拣作业系统，对提高配送中心的作业效率和服务水平具有决定性的影响。

1. 分拣作业的环节

分拣作业过程包括 4 个环节：行走、拣取、搬运和分类。

分拣时，无论采用何种方法分拣，作业人员或机械必须接触并拣取货物，因此形成了拣货过程中的人员行走或货物的运动。缩短人员或机械行走及货物的运动距离成为提高分拣作业效率的关键。无论是人员还是机械拣取货物，都必须首先确认被拣货物的品名、规格、数量等内容是否与分拣信息传递的指示一致。在拣货信息被确认后，拣取过程由人员或自动化机械完成。在出货频率不是很高，且货物的体积小、批量少，搬运的重量在人力范围所及的情况下，可采用人工拣取方式；对于体积大、重量也大的货物，可以利用叉车等搬运机械辅助作业；对于出库频率很高的货物，应采用自动分拣系统。

为了提高分拣效率，配送中心或仓库在收到多个客户的订单后，按批作业的方式安排拣取，然后根据不同的客户或送货路线分类集中；有些需要进行流通加工的货物，还可以根据加工方法进行分类，加工完成后再按一定方式分类出货。分类完成后，货物经过查对、包装，就可以出货、装运、送货。

从分拣作业的 4 个环节中，我们可以看出，分拣作业所消耗的时间主要包括以下 4 个方面：形成拣货指令的订单信息处理过程所需的时间；人员或机械行走，以及货物运动的时间；准确找到方位并确认所拣货物及其数量所需的时间；拣取完毕，将货物分类集中的时间。

因此，缩短以上 4 个作业环节所占用的时间，能有效提高分拣效率。此外，为防止发生分拣错误，提高物、账的相符率以及顾客的满意度，降低作业成本也是分拣作业管理的目标。

2. 分拣作业的方式

分拣作业可以分为摘果式拣取和播种式拣取两种方式。摘果式拣取即订单分别拣取,是分别按照每份订单来拣货;播种式拣取即批量拣取,是将多张订单累积成一批,汇总数量后形成拣货单,然后根据拣货单的指示依次拣取商品,再进行分类。

(1)摘果式拣取

摘果式拣取是拣货员根据每一份订单,在仓库内循环作业,按照订单所列商品及数量,将客户所订购的商品逐一由仓库储位或其他作业区中取出,然后集中在一起的拣货方式。摘果式拣取方式的特点有:作业方法简单,接到订单可拣货、送货,作业前置时间短;作业人员责任明确,易于安排人力;拣货后不用进行分类作业,适用于配送批量大的订单的处理;商品品类多时,拣货行走路径加长,拣取效率较低;拣货区域大时,搬运系统设计困难。

摘果式拣取的处理弹性比较大,临时性的生产能力调整较为容易,适合订单大小差异大、订单数量变化频繁、季节性强的商品配送。此外,在商品外形和体积变化较大,商品差异较大的情况下,宜采用摘果式拣取方式,如化妆品、家具、电器、百货、高级服饰等。

(2)播种式拣取

播种式拣取是将多张订单集合成一批,将商品品种类别加总后,再进行拣货,然后依据不同客户或不同订单分类集中的拣货方式,又称为批量式拣取。播种式拣取方式的特点为:适合配送批量大的订单作业;可以缩短拣取货物时的行走时间,增加单位时间的拣货量;必须等订单累积到一定数量时,才做一次性的处理,因此会产生停滞时间。

人们通常在进行系统化、自动化设置之后,在作业速度提高,而产能减小的情况下采用播种式拣取方式。这种方式适合订单变化较小,订单数量稳定的配送中心和外形较规则、固定的商品出货,如箱装、扁袋装的商品。另外,需要进行流通加工的商品也适合采用播种式拣取方式,拣取后再批量加工,然后分类配送,有利于提高拣货和加工效率。

第五节 配送中心规划与设计

配送中心规划是指在配送中心某个区域进行全新的规划设计,或者对已有系统进行优化或重新设计。配送中心的规划与设计包括内部布局设计、设施设备规划、配送中心的选址等。

一、配送中心规划

(一)配送中心的规模

在进行配送中心的总体设计时,首先要确定配送中心的总体规模,主要包括进行物流量预测、确定单位面积的作业量定额、确定配送中心的占地面积。

1. 进行物流量预测

物流量预测是根据历年业务经营的大量原始数据,以及企业发展的规模和目标做出的。在确定配送中心的能力时,要考虑商品的库存周转率、最大库存水平,通常以备齐商品的品种作为前提,根据 ABC 分类法,做到 A 类商品备齐率为 100%,B 类商品备齐率为 95%,C 类商品备齐率为 90%,由此确定配送中心的平均储存量和最大储存量。

2. 确定单位面积的作业量定额

企业根据范围和经验,可以确定单位面积的作业量定额,从而确定各项物流活动所需的作业场所面积。例如,储存型配送中心比流通型配送中心的保管效率高,即使使用叉车托盘作业,储存型配送中心的过道面积占仓库面积 30% 以下,而流通型配送中心往往要占 50%。但是,企业也要避免一味追求储存率高,而造成理货场堵塞、作业混杂等现象,避免无法达到配送中心要求的周转快、出货迅速的目标。

3. 确定配送中心的占地面积

一般来说,辅助生产建筑的面积为配送中心建筑面积的 5%~8%,另外,还要考虑办公和生活建筑的面积,它们占配送中心建筑面积的 5% 左右。确定了配送中心总的建筑面积后,可以再根据规划部门对建筑覆盖率和建筑容积率的规定,估算出配送中心的占地面积。

(二)配送中心的区域布置

1. 配送中心的作业区

配送中心的作业区包括收货区、储存区、理货区、配装区、加工区。

(1)收货区

在收货区,工作人员完成接收货物的任务和货物入库之前的准备工作,如卸货、检验等工作。因货物在接货区停留的时间不太长,并处于流动状态,因此接货区的面积相对来说都很大。收货区的主要设施有验货用的电脑、验货场区和卸货工具。

(2)储存区

这个作业区里分类储存着验收后的货物。储存区一般分为暂时储存区和常规储存区。由于货物需要在这个区域内停留一段时间,并要占据一定位置,因此相对而言,储存区所占的面积比较大。在储存区,一般配置各种设备,其中包括各种货架、叉车、起堆机等起重设备。从位置来看,有的储存区与收货区连在一起,有的储存区与收货区分开。

(3)理货区

理货区是配送中心人员进行拣货和配货作业的场所。一般来说,拣货和配货工作量较大的配送中心,其理货区面积也较大。例如,负责对便利店进行配送的配送中心,按便利店的要求,不但要对货物进行拆零,还要完成向多家门店以少批量、多批次的方式进行配送,所以这样的配送中心的拣货和配货区域的面积较大。

与其他作业区一样,在理货区内,也配置着许多专用设备和设施。如果靠人工完成拣选任务,一般有手推货车、货架等;如果采用自动拣选装置,其设施包括重力式货架、皮带机、传送装置、自动分拣装置、升降机等。

(4)配装区

由于种种原因,有些分拣出来并配备好的货物不能立即发出,而是需要集中在某一场所等待统一发货,这种放置和处理待发货物的场所就是配装区。在配装区内,工作人员要根据每个用户的位置、货物数量进行分放,并选择单独装运或者混载装运。在配装区内,货物停留的时间不长,所以货位所占的面积不大,配装区的面积比储存区小得多。

(5)加工区

有些配送中心要对生鲜食品进行配送,因此配送中心在布置上除了设置一般性的作业区外,还设有配送货物加工区,在这个区域内对生鲜食品进行加工,如对蔬菜去除老叶和清洗等,对鱼类食品进行宰杀等,如果配送中心的用户以经营生鲜食品为主,则配送中心的加工区域所占面积较大。

 2.配送中心的作业区布置

配送中心作业区的布置方法有流程性布置法和活动相关性布置法。流程性布置法是将物流移动路线作为布置作业区的主要依据。活动相关性布置法是根据各区域的综合相关情况进行作业区布置的方法,一般用于整个厂区或辅助性区域的布置。

(三)配送中心的设备规划

配送中心的内部设备主要包括物料搬运设备、储存设备、分拣设备、包装设备和加工设备等,这些设备是配送中心进行各种作业操作不可缺少的工具。我们以物料搬运设备和储存设备的选择为例进行简要介绍。

1. 物料搬运设备的选择

物料搬运设备的选择是否合理,直接影响配送中心的生产效率。搬运设备的选择和空间布局设计包括设备的选择、设备的指派和设备的搬运路径的确定。各种搬运设备组成一个搬运系统,一个良好的搬运系统是配送中心高效运作的基础。

2. 储存设备的选择

配送中心的储存设备主要包括托盘、容器、储存货架等。其中,托盘和容器一般都有现成的标准或系列,可以根据货物的特性和数量进行选择;储存货架的种类很多,在配送中心内的应用可以灵活多变,不同类型的货架适用于各种货物的储存和出货需求,是配送中心内的关键设备。货架的种类有许多种,以满足各种不同的物品、储存单位、承载容器及存取方式的需求。

在进行设备选择之前,要进行存储需求分析,考虑存储物品的特性、存取特征、出入库量、搬运设备和库房结构等因素,在选择储存设备时,要以充分利用容量、便于存取货物、有利于提高搬运效率和促进货物在仓库的快速流动等为原则。设备选定后,还应对所选方案做出定性、定量评价,选取优化方案。

二、配送中心选址

配送中心选址是以提高物流系统的经济效益和社会效益为目标,根据供货状况、需求分布、运输条件、自然环境等因素,用系统工程的方法,对配送中心的地理位置进行决策的过程。当在一个物流系统中需要设置多个配送中心时,不仅要确定配送中心的位置,而且要确定配送中心的数量、规模、服务范围,建立一个服务好、效率高、费用低的物流网络系统,这一过程被称为网点布局。

(一)配送中心选址的基本原则

1. 系统工程原则

配送中心的工作,包括收货、验货、搬运、储存、装卸、分拣、配货等基本活动,以及与供应商、零售商等的衔接。使配送中心均衡、协调地运转是极为重要的,其关键是以系统工程原则做好分析和预测。

2. 价值工程原则

在激烈的市场竞争中,配送中心要尽量做到配送准时,缺货率低,在满足高质量配货服务的同时,还要考虑物流成本。配送中心的建造耗资巨大,需要做出多个方案并进行比较,要对项目进行可行性分析,才有可能获得最大的社会效益和经济效益,配送中心的选址是其中一个重要环节。

3. 柔性原则

市场总在不断变化,产品的规格、型号、批量等也随着变化,在进行配送中心选址时,应考虑方案的可变化性,以适应物流量的变化。在规划设计第一期工程时,应将后期可能发生的改变纳入总体规划,并充分考虑扩建后的业务需要。

(二)配送中心选址的影响因素

1. 客户分布

配送中心是为客户服务的,客户的分布情况会影响其选址,例如,商业配送中心因为客户是超市和零售店,大多分布在城市内人口较密集的地区,为了提高物流服务水平,一般布局在城市附近。

2. 供应商分布

供应商分布的密集度会影响配送中心的选址。一般情况下,为了减少库存,配送中心会靠近供应商,但是如果供应商过于分散,则会增加配送成本。另外,如果配送中心接近大批量进货的客户,则能降低运输成本。

3. 交通条件

交通条件会影响配送成本和物流效率,尤其是大宗货物的配送。配送中心应尽可能靠近交通通道,如港口、铁路货运站、高速公路等。

4. 土地条件

土地条件指土地的可获得性和土地成本。配送中心用地要符合国家的土地政策和城市规划,尽可能降低用地成本。

5. 人力资源因素

人力资源因素指的是配送中心的员工来源和人力资本。

6. 地区或城市规划

配送中心的规划是地区或城市规划的一部分,必须符合城市规划的要求,包括布局、用地,以及与其他行业的协调性。

7. 自然条件

配送中心需要存放货物,自然环境中的湿度、温度、降雨量等会对其产生影响,增加物流成本。

本章小结

配送是最接近消费者的一个物流功能要素,是物流中一种特殊的、综合性的活动形式,是商流与物流的紧密结合,其作为物流系统的重要作业环节,对加强物流管理起了重要作用。本章首先介绍配送的概念、特点、作用及流程,在此基础上介绍配送的分类和模式,阐述不合理的配送与配送合理化的表现形式。配送中心是物流配送活动的主要基础设施,是现代物流的发展方向。本章介绍了配送中心的概念、分类、功能,配送中心与物流中心的区别,以及配送中心作业流程,重点介绍了分拣作业。配送中心的规划与设计涉及配送中心规模的确定,配送中心的区域布置,配送中心的设施设备规划以及配送中心的选址。

思考与练习

1. 简述配送的概念、功能及特点。

2. 简述配送的模式。
3. 简述配送合理化的标志。
4. 简述配送中心的作业流程。
5. 简述分拣方式。
6. 你认为智能快递柜能解决快递末端配送问题吗？请说明原因。

案例分析

大力发展共同配送为何如此关键？

近年来，共同配送模式越来越得到更多快递网点的认可，有些网点负责人早已把共同配送经营得红红火火。据了解，目前在全国 2800 余个县级行政区，已经有近 1500 个开展了共同配送模式，但这在快递行业毕竟属于"吃螃蟹"，还有很多网点的负责人在观望犹豫，担心共同配送未来的发展走向。那么，发展共同配送，到底是盲目冒险，还是明智之举呢？

《中共中央国务院关于做好 2023 年全面推进乡村振兴重点工作的意见》（简称《意见》）明确指出，要立足国情农情，体现中国特色，建设供给保障强、科技装备强、经营体系强、产业韧性强、竞争能力强的农业强国。《意见》还对邮政、快递推进乡村振兴提出相关要求。在加快发展现代乡村服务业方面，《意见》提出要加快完善县乡村电子商务和快递物流配送体系，建设县域集采集配中心，推动农村客货邮融合发展，大力发展共同配送、即时零售等新模式，推动冷链物流服务网络向乡村下沉。

《意见》明确支持大力发展共同配送，这为下沉市场快递行业未来的发展指明了方向。在乡村振兴大背景之下，让农村市场富起来是必然结果，在此过程中，需要通过物流快递打通县镇乡村的致富之路，而共同配送在其中为什么显得如此关键呢？答案是，收派两端都需要共同配送。目前，快递进村、农产品上行等政策不断出台，农村越来越多的人开始在各大电商平台购物消费，同时农村特色农产品也越来越多地需要向外输出，但农村快递因为件量少且分散的特点，快递存在无法送货上门等难题，形成"最后一公里"派送问题。打通农村快递物流"最后一公里"，是实现脱贫致富和乡村振兴的必然要求。

在农村地区，一方面，劳动力缺失，另一方面，配送环境和城市相比更加复杂，即农村地区广袤，且道路条件大部分不如城市地区。驿站、自提柜等方式，同样会因无法大密度布局而不能提升配送效率，也无法降低快递员的劳动强度。农村用户同样拥有享受正常寄递时效的权益。在这样的矛盾下，农村快递的"最后一公里"难题愈发凸显。只有坚持因地施策、科学管理、统筹布局，覆盖农村的物流网络才能高效运转。共同配送模式将各个快递品牌整合一起，统一管理，可以最大限度地解决目前农村地区快递派送难的问题。

共同配送可以提高效率、降低成本。建立共同配送中心，从之前的各个快递品牌独立进行分拣和配送，改为整合资源，人力、场地、运力共享，达到效率最大化的目的。各个快递品牌在区域内完全依靠自己的配送体系，相互之间模式近似。从外部环境与快递行业发展规律来看，这种投入没有完全将效率发挥出来。融合并重组末端网络，能够提升末端资源利用率，同时也能够在电商节、直播等形式带来的短时间内快递包裹激增的情况下，使末端网络拥有更好的承压能力。建立共同配送，并不是让快递企业降低末端人工用量，而是共同优化资源和体系，否则仍将陷入快递多到无人派送的境地。

现在，很多网点派费下调，收件价格持续下跌，相应地，利润越来越低。生存压力之下，网点急需转型，转型的最佳选择之一就是发展共同配送模式。实施共同配送可以大幅降低网点成本。比如，以前，1个快递品牌在所在区域需要配置5个快递员，那么5个快递品牌就需要配置25个快递员，单个快递品牌件量少，区域大，快递员一天到晚忙着派件，也送不了多少件，而且各个品牌快递员之间还存在重复派件的情况，浪费人力资源。实施共同配送以后，快递公司可以把区域划分得小一点，比如，把以前的5个区域划分为8个区域，某个区域只需要1个快递员派送多个品牌的快递，那么一共只需要8个快递员，人员得到了极大的优化。与此相对应，三轮车等车辆需求也少了许多。再比如，以前1个品牌需要1个200平方米的分拣场地，5个品牌就需要5个200平方米的分拣场地；整合之后，5个品牌共用分拣场地，只需要租赁一个大概500平方米的分拣场地即可，这大幅节省了场地租赁成本。

共同配送也面临巨大的挑战。首先是实施共同配送之后的品牌整合问题。怎么整合？股权如何划分？以谁的意见为主？这些问题都需要解决，如果处理不好，产生重大意见分歧，各品牌不能达成共识，将会带来不可估量的危害。其次是管理问题。以前是一个品牌管一群人，现在多个品牌整合一起，人多了，事也多了，组织架构发生变化，人员管理更加复杂，因此决策者能否把更加庞大的组织管理经营好，是发展共同配送必须要回答的问题。即便从外部聘请职业经理人，面对共同配送这个刚刚起步的新型模式，也有巨大的风险。再次是资金压力。实施共同配送之后，需要有房租、人工、车辆等初期资金投入，之后还有设备投入，这些都是不小的成本支出，对投资者的资金要求较高。最后是各个品牌之间的融合问题。品牌不一样，面对的总部和省区管理模式、考核方法、系统工具都会不同，如何将不同品牌的脉络摸清，找出适合自身的最佳路径，需要很长时间的摸索。

资料来源：《中央一号文件提出大力发展共同配送，为何如此关键？》(cj.sina.com.cn/articles/view/2780826007/a5c00997001011pgb)，内容有改动。

■ 思考题：
1. 快递行业发展共同配送的原因有哪些？
2. 农村共同配送能否解决"最后一公里"问题？为什么？
3. 如何实施共同配送？

第八章　物流信息管理

◇ 学习目标

■ 知识目标

掌握广义的物流信息以及狭义的物流信息的内涵,掌握物流信息的特点,了解当下常用的物流信息技术,包括条形码技术、电子数据交换技术、射频识别技术、地理信息技术、全球定位技术。

■ 能力目标

了解物流信息在现代物流中的地位,了解物流信息的特点,知道当前市场上的物流活动主要运用了哪些物流信息技术,了解这些物流信息技术的基本原理。

■ 情感目标

理解党的二十大报告中的"加快发展物联网,建设高效顺畅的流通体系"与物流信息管理之间的关系。

◇ 学习重难点

1. 物流信息的重要性
2. 典型的物流信息技术原理
3. 物流信息技术原理的使用场景

◇ 本章导读

本章主要介绍了物流信息的相关技术。首先,条形码技术被广泛应用于物流管理中,可实现对物流信息的快速、准确识别和记录。其次,电子数据交换技术为不同企业和组织之间的信息交流提供了标准化的接口和格式。而射频识别技术的应用,使得物流信息的采集和跟踪更加智能化和自动化。此外,地理信息系统和全球定位系统的高精度地理信息定位功能,也在物流管理中发挥着越来越重要的作用。通过本章的学习,我们可以深入了解物流信息管理中的相关技术和应用,从而更好地提高物流效率和准确度。

◆ **导入案例**

京东物流努力成为值得信赖的供应链基础设施服务商

京东集团2007年开始自建物流,2017年4月25日正式成立京东物流集团。京东物流是中国领先的技术驱动的供应链解决方案及物流服务商,以"技术驱动,引领全球高效流通和可持续发展"为使命,致力于成为全球最值得信赖的供应链基础设施服务商。

京东物流建立了包含仓储网络、综合运输网络、"最后一公里"配送网络、大件网络、冷链物流网络及跨境物流网络在内的高度协同的六大网络,具备数字化、广泛和灵活的特点,服务范围覆盖了中国几乎所有的区域和人口,不仅建立了中国电商与消费者之间的信赖关系,还通过"211限时达"等时效产品和上门服务,重新定义了物流服务标准,客户体验保持领先水平。截至2022年6月30日,京东物流运营超1400个仓库,包含京东物流管理的云仓面积在内,京东物流仓储总面积约2600万平方米。同时,京东物流在全球运营近90个保税仓库、直邮仓库和海外仓库,总管理面积近90万平方米。

京东物流的服务产品主要包括仓配服务、快递快运服务、大件服务、冷链服务、跨境服务等,其一体化业务模式能够一站式满足所有客户需求,帮助客户优化存货管理、减少运营成本、高效地重新分配内部资源,使客户专注其核心业务。目前,京东物流为超过30万企业客户提供服务,针对快消、服装、家电家具、3C、汽车、生鲜等多个行业的差异化需求,形成了一体化供应链解决方案。

京东物流始终重视技术创新在企业发展中的重要作用。基于5G、人工智能、大数据、云计算及物联网等底层技术,京东物流正在持续提升自身在自动化、数字化及智能决策方面的能力,不仅通过自动搬运机器人、分拣机器人、智能快递车、无人机等,在仓储、运输、分拣及配送等环节大幅提升效率,而且自主研发了仓储、运输及订单管理系统等,支持客户供应链的全面数字化,通过专有算法,在销售预测、商品配送规划及供应链网络优化等领域实现决策。凭借这些专有技术,京东物流已经构建了一套全面的智能物流系统,实现服务自动化、运营数字化及决策智能化。截至2022年6月30日,京东物流已申请的专利和软件许可超7000项,其中与自动化和无人技术相关的专利数量超过4000项。

京东物流构建了协同共生的供应链网络,中国及全球各行业合作伙伴参与其中。2017年,京东物流创新推出云仓模式,将自身的管理系统、规划能力、运营标准、行业经验等用于第三方仓库,通过优化本地仓库资源,有效增加闲置仓库的利用率,让中小物流企业也能充分利用京东物流的技术、标准和品牌,提升自身的服务能力。截至2022年6月30日,云仓生态平台合作云仓的数量已超过1700个。

同时，京东物流着力推行战略级项目"青流计划"，从环境、人文社会和经济三个方面，协同行业和社会力量，共同关注人类的可持续发展。京东物流是国内首家完成设立科学碳目标倡议（Science-Based Targets initiative，SBTi）的物流企业，同时使用更多清洁能源，推广和使用更多可再生能源和环保材料，践行绿色环保措施。

京东物流正坚持"体验为本、技术驱动、效率制胜"的核心发展战略，将自身长期积累的新型实体企业发展经验和长期技术投入所带来的数智化能力持续向实体经济开放，服务实体经济，持续创造社会价值。

资料来源：《京东物流》（https://wapbaike.baidu.com/item/％E4％BA％AC％E4％B8％9C％E7％89％A9％E6％B5％81/20476410），内容有改动。

数字资源 8-1
科学碳目标倡议

第一节 物流信息概述

一、物流信息的定义

信息（information）是关于客观事物可通信的知识，我们可以从以下几个方面来理解信息的特征。首先，信息是对客观事物特征的反映，是对客观事物各种属性、特征的认知。其次，信息是可以通信的，信息的主要特征之一就是可以交流，人们主要通过各种工具来接收信息。最后，信息与数据（data）不同，数据更多表征的是对事物的记录，而信息则是加工、总结、分析后的数据，是可以用来指导行为决策的知识。

国家标准（GB/T 18354—2021）将"物流信息"（logistics information）定义为"反映物流各种活动内容的知识、资料、图像、数据的总称"。因此我们可以认为现代物流是物料的物理性流动和物流信息流动的结合，且物流信息在其中扮演的角色越来越重要。

现代的物流管理学讲究从整体、系统的角度来研究物流活动，研究物流信息同样也是如此。物流信息的来源有两个,一个是因物流活动而产生的信息,另一个是与物流活动间接相关的外部信息,因此,我们对物流信息的认识也涉及狭义和广义两个角度。

从狭义角度看,物流信息是指与物流活动(如运输、保管、包装、流通加工等)有关的信息。物流企业在进行相关决策时,都需要利用这些物流信息,比如运输方式的选择、运输线路的确定、运输工具的选择、库存量的确定等,都需要用到物流信息。

从广义角度看,物流信息不仅指与物流活动有关的信息,而且包含与物流活动间接相关的其他信息,比如商流信息或者环境信息。从系统论的角度来说,可以把物流活动看作一个复杂系统,而该系统又是更大系统中的一部分。对于物流活动来说,商流信息以及市场信息都会影响物流活动,比如,商品价格发生变动影响了终端消费者对产品的需求,零售商根据该需求的变动进行预测,结合当前库存信息决定是否需要向上游发送采购要求,如果发送采购要求,则需要联系物流企业进行运输,如果不需要采购,也需要联系物流企业直接进行货物的配送。可见,如果要更精细化、更全面地对物流活动进行预测和决策,就需要掌握以及处理更多的物流信息。广义的物流信息不仅可以帮助我们更好地整合供应链的上下游节点,而且能够提升供应链的运转效率,使供应链活动的计划、组织、协调、控制更加及时和准确。正是物流信息的这些特点,使得现代的供应链管理对于物流信息的重视程度越来越高,能够及时、准确地获取并分析大量的广义物流信息,是现代企业在市场竞争中取得优势的必要条件。

二、物流信息的特点

(一)数量庞大

物流活动往往涉及从供应链上游到终端消费者的多个环节,不同环节涉及不同的企业,再加上物流活动涉及的货物品种和数量都较多,整个运输过程时间长,距离远,因而物流活动中直接和间接涉及的信息量级是非常惊人的。随着企业规模的扩大以及辐射范围的增加,物流信息的量会越来越大。

(二)更新快

物流活动所产生的信息,比如服务的价格、市场的需求、货物的位置、配送的状态等,都是具有时效性的,这就意味着想要利用物流信息来进行准确决策,就必须提高信息获取的及时性。

(三)来源多样化

广义的物流信息不仅来源于供应链从上游到下游的不同公司,而且来源于物流活动以及供应链之外的市场信息,其信息来源是非常多样化的。因此,在不同的企业间及时、准确地交换并处理物流信息,是降低供应链节点之间交易成本、促进供应链的一体化发展的关键因素。

第二节 物流信息技术

物流信息技术是指运用于物流各环节中的信息技术。它是建立在计算机、网络通信技术平台上的各种技术应用,包括硬件技术和软件技术,如计算机技术、通信网络技术、全球定位技术、地理信息技术、条形码、射频识别技术,以及在这些技术手段支撑下的数据库技术、面向行业的信息系统等软件技术。其中,使用较为广泛的是条形码技术、电子数据交换技术、射频识别技术、地理信息技术、全球定位技术。

一、条形码技术

(一)条形码技术的定义

条形码是一种无键盘的数据输入应用程序,具备输入速度快、精度高、费用省、处理信息量大等特点,有助于自动识别和数据收集。它开始于杂货店,现在被广泛用于各行各业,包括产品的出入库、医院、超市、逆向物流等。近些年来,条形码的使用范围越来越广泛。

条形码技术是在计算机的应用实践中产生和发展起来的一种自动识别技术。它是为实现对信息的自动扫描而设计的,是实现快速、准确而可靠地采集数据的有效手段。条形码技术的应用解决了数据录入和数据采集的瓶颈问题,为物流管理提供了有利的技术支持。条形码技术的核心内容是通过光电扫描设备识读条形码符号来实现机器的自动识别,并快速、准确地把数据录入计算机来进行数据处理,从而达到自动管理的目的。

(二)条形码技术的优点

对于物流管理说,条形码技术可以极大地降低信息录入错误的风险,提高信息录入速度,并且可以与自动化设备相结合,处理海量物资的运输、产品的出入库、订单的配送等,是物流数字化、自动化、无人化的重要保障,是实现销售时点信息系统(point of sales,POS)、电子数据交换、电子商务、供应链管理的技术基础,是促进物流管理现代化、提高企业管理水平和竞争能力的重要技术手段。

二、电子数据交换技术

(一)电子数据交换技术的定义和工作方式

电子数据交换(electronic data interchange,EDI)技术是指通过电子方式,采用标准化的格式,利用计算机网络进行结构化数据的传输和交换。

电子数据交换技术旨在实现两个企业之间核心数据的交换,帮助企业与交易伙伴传输业务数据,如订单、发货通知、发票、物流信息等。和传统的邮件及纸质单据相比,企业应用电子数据交换技术处理信息更安全、自动、高效,能快速处理大批量业务数据。

构成电子数据交换技术系统的三个要素是 EDI 软硬件、通信网络以及数据标准化。

应用 EDI 技术的工作方式大体为:发送方准备要发送的文件,通常需要利用 EDI 转换软件将原始信息编辑处理为平面文件(flat file),也可以是图片、PDF 等;将平面文件通过翻译软件(translator)转换为标准 EDI 报文,图片、PDF 通常不需要经过格式转换,将文件直接发送给接收方;接收方 EDI 系统收到 EDI 报文;接收方将收到的 EDI 报文取出并翻译成平面文件;接收方将转换后的数据同步到业务系统中进行处理。

(二)电子数据交换技术的优点

使用 EDI 技术的主要优点有:降低了纸张的消费;减少了大量重复劳动,提高了工作效率;使得贸易双方能够以更迅速、更有效的方式进行贸易,简化了订货过程或存货过程,使双方能及时地充分利用各自的人力和物力资源;可以改善贸易双方的关系,厂商可以准确地估计日后商品的需求量,货运代理商可以简化大量的出口文书工作,商业用户可以提高存货的效率,提高他们的竞争能力。

三、射频识别技术

(一)射频识别技术的定义

射频识别(radio frequency identification,RFID)技术主要是利用电磁场原理,通过射频实现设备之间的双向通信,从而实现数据交换的功能。该技术最大的特点是无须接触即可获取信息。RFID 技术常用的射频频段主要有低频、高频、超高频和微波频段。

RFID 技术可以同时高速识别多个不同的目标,不需要接触即可远程读取,可以在恶劣的环境下保持一定的可靠性,因此 RFID 技术的应用场景非常广泛(见图 8-1)。

图 8-1　RFID 技术的应用场景

例如,一个大型制造工厂会一次使用多种工具。通过使用 RFID 设备,项目经理可以快速轻松地定位现场的任何工具,确保实施有效的工具管理。此时,RFID 标签将位于工具上。RFID 阅读器接收到标签的信号,然后将接收有关工具所在位置的数据。RFID 阅读器将此位置信息发送到数据库,以供项目经理读取,然后项目经理可以找到该工具。

(二)射频识别技术的工作原理

RFID 技术的工作原理如下。一个典型的 RFID 系统由阅读器(reader)、电子标签(tag)以及数据管理系统三个部分组成。当电子标签处于阅读器的识别范围内时,阅读器发射特定频率的无线电波,电子标签将收到阅读器发出的射频信号,并产生感应电流。借助该电流,电子标签发送出存储在其芯片中的信息。这类电子标签一般被称为无源标签或被动标签。或者由标签主动发送某一频率的信号到阅读器,这类电子标签一般被称为有源标签或主动标签。阅读器接收到电子标签反馈的信息后,进行解码,然后送至相关应用软件或者数据管理系统,进行数据处理。

四、地理信息技术

(一)地理信息技术的定义

地理信息系统(geographic information system,GIS)是一种包含地理数据(即与位置相关的现象的描述)的数据库,它经常与用于管理、分析和可视化这些数据的软件工具相结合。地理信息系统采用多种技术、过程、方法,它们与工程、规划、管理、运输、物流、保险、电信,以及商业相关的各种操作和众多应用有关。因此,地理信息技术和位置智能应用是位置支持服务的基础,这些服务依赖于地理分析和可视化。

地理信息系统通过将位置作为关键指数变量,具有了将以前不相关的信息联系起来的能力。地球上的位置和范围可以通过日期以及 X、Y 和 Z 坐标被记录下来,X 表示经度,Y 表示纬度,Z 表示海拔。所有基于位置和范围的参考都应该彼此相关,并最终与一个"真实的"物理位置或范围相关。地理信息系统的这一关键特征已经开始为科学探究和研究开辟新的途径。

(二)地理信息技术的优点

地理信息技术的应用非常广泛,它可以帮助我们在交通方面取得卓越的成就。它有助于我们更有效地规划、监测和管理涉及运输规划和管理的复杂系统。地理信息技术在交通运输中的应用非常广泛,主要应用领域包括公路维护、交通建模、事故分析和路线规划。

使用地理信息技术,最重要的目的是通过地图实现可视化。有了实时数据的可视化,交通规划者可以很容易地确定可能出现的问题,这些问题可以更有效、更经济地被解决。地理信息技术数据还可以转化为功能道路模型,用于大规模交通模拟。地理信息技术数据可以将世界各地的道路网络建模为具有属性的折线。从地理信息技术数据库中提取的道路地图可以自动创建几何正确和拓扑一致的大规模道路网络的 3D 模型,方便地用于实时交通仿真、虚拟世界的交互式可视化和自动驾驶汽车导航。得到的模型还可以为交通模拟提供重要的道路特征,包括平滑连接的坡道、高速公路、立交桥、合法的合并区和十字路口。

地理信息技术还有助于处理交通事故。交通事故是比较重要的国家和国际问题之一,其后果对一个国家的政治、经济和社会水平都有重要影响。交通事故信息的管理要求信息系统具有对空间和描述性数据的分析和获取能力。地理信息技术提供了强大的空间分析功能,允许相关部门获取资料,以更好地理解出行行为和进行事故分析。

五、全球定位技术

全球定位(global positioning)技术广泛用于在海、陆、空进行全方位实时三维导航与定位。全球定位技术在物流领域可以应用于汽车自定位、跟踪调度,用于铁路运输管理,或者用于军事物流。

在物流中应用全球定位技术的优势主要体现在以下几个方面。

首先,全球定位技术的应用必将提升物流企业的信息化程度,使企业日常运作数字化,包括企业拥有的物流设备或者客户的任何一批货物都能用精确的数字来描述,不仅能提高企业的运作效率,而且能提升企业形象,为企业能够争取更多的客户。

其次,全球定位技术和无线通信技术的结合,使得流动在不同地方的运输设备变得透明而且可以控制。物流企业利用决策模型库的支持,根据实际仓储情况,以及借助全球定位技术获取的实时道路信息,可以计算出最佳物流路径,为运输设备导航,减少运输时间,降低运输费用。利用全球定位技术和地理信息技术,物流企业可以对车辆进行实时定位、跟踪、报警、通信等,能够掌握车辆基本信息,对车辆进行远程管理,有效避免车辆的空载现象,同时客户也能及时了解货物在运输过程中的细节情况。比如,在草原牧场,收集牛奶的车辆如果在途中发生故障,传统物流企业往往不能及时找到故障车辆,这可能导致整车的原奶变质,损失惨重。应用全球定位技术,企业能够方便地解决这个问题。

最后,全球定位技术能够促进物流运作的协调,促进协同商务的发展,促使物流企业向第四方物流角色转换。物流企业能够实时地获取车辆的具体位置、载货信息,故物流企业能用系统的观念运作企业的业务,降低空载率。物流企业这一职能的转变,使其能为某条供应链服务,发挥第四方物流的作用。物流企业借助全球定位技术,把整个企业的业务变得透明,为协同商务打下基础。但是,将地理信息技术、全球定位技术、无线通信技术与互联网技术充分整合并应用于物流和供应链管理领域,这一模式在国内还没有完全成熟,但这是有益的尝试,值得探索和研究。

数字资源 8-2
GIS 和 GPS 的
联系与区别

◇ 本章小结

当前,市场竞争异常激烈,对物流信息的及时挖掘和分析是提高供应链的柔性、快速响应能力以及可靠性的关键。本章在对物流信息进行定义的基础上,分析了物流信息的特点,并介绍了当下广泛使用的典型的物流信息技术,包括条形码技术、电子数据交换技术、射频识别技术、地理信息技术、全球定位技术。

◇ 思考与练习

1. 简述物流信息的概念。
2. 简述物流信息的特点。
3. 思考地理信息技术和全球定位技术之间的联系及它们当前的应用场景。
4. 你还知道其他哪些物流信息技术?请举例说明。

◇ 案例分析

"微签"上线一年结硕果,顺丰合作海康威视入选"2022 中国电子商务物流创新案例"

目前,传统供应链面临仓配成本高、库存协同难调配、线上线下数据割裂以及预测系统缺失等诸多挑战,特别是信息孤岛、供求失衡等突出问题,成为企业提升效率与效益的短板。

企业急需通过数智赋能,打通从生产到销售的产业价值链各环节信息,融合线上数据与线下信息,构建一体化供应链服务能力。

顺丰以物流履约能力为起点,以数智化科技为重要工具,以物流与供应链时效性与服务能力为基础,打通终端消费者与制造企业的物流与信息链条,针对各个行业的行业特性输出全链条服务解决方案,与各个行业客户共同探索新的商业模式可能性,在数智化新零售背景下共同拓展更广阔的业务增长空间。

本案例就是顺丰专注于供应链中收件和派件场景大客户个性化增值服务的微派团队,在对末端个性化服务场景适配不同解决方案时,洞察交付环节痛点,抓住供应链客户结算和回款程序的"七寸",从而形成的行业标准化解决方案。

在供应链交付环节,传统签回单作为企业间定期进行账款结算的凭证,重要性不言而喻,工厂、企业客户一直将针对物流服务环节的回单考核放在相当重要的位置,作为采购物流服务的关键指标。

然而,纸质回单的签署往往需要经过发货运输、采购方签收、回寄、发货方审核确认与存档等多个环节,不仅运营成本高,质量管控难,错签率高,重签费时费力,而且可能产生法律纠纷。

顺丰对供应链场景、对回单的了解并非一蹴而就,而是日积月累、反复尝试的结果。

顺丰的签回单服务可以追溯到2005年。当时,顺丰处于客户规模大、客户投诉多、回款不及时、持续高成本运营、每年回单业务补贴数居高不下的困境,和其他物流企业一样,顺丰甚至可能是最早一批感受到回单业务苦与痛的企业。但同时,顺丰致力于推动行业变革,以强大的科技能力作为支撑,一直在积极求变。

从最早推出行业内纸质回单标准服务,在全国范围内开展线下培训,规范数十万顺丰快递员的签回单操作,到将任务步骤指引植入终端,指导快递员现场操作,再到通过AI算法优化回签流程,实时进行拍照合规性和有效性指导,并将照片实时回传给寄方客户,缩短寄方客户的等待时间……顺丰一直没有停止创新的步伐。

即便如此,签回单仍然存在一些无法解决的问题,如拍照不清晰、错签、漏签、代签、纸质单易破损丢失、补签难、法律效力存疑等。整个物流行业基本处于纸质回单时代,顺丰的举措已是业内领先之举,如何破局是顺丰持续思考的问题。

"微签(微SIGN)"正是顺丰针对这些痛点而推出的创新产品。

2021年5月,顺丰正式上线了由旗下顺丰科技孵化的微签(微SIGN),将传统纸质回单业务全面升级,顺丰因此成为国内首家将电子合同技术应用于物流交付履约环节的企业。该产品实现了原纸质单据全流程电子化签署流转,并且顺丰通过与国内知名电子合同供应商合作,确保已签署的电子回单具有法律效力。

海康威视是国内头部智能物联企业,B2B物流需求巨大,仅在顺丰每年的回单业务就超百万单。过去,海康威视为了定期与客户对账结款,规避抵赖风险,每一单快递都需要签署纸质回单并寄回存档,由此产生的相关成本无疑是一个极其庞大的数字。

在双方达成合作后,顺丰通过微签(微 SIGN)为海康威视提供回单全流程无纸化签署方案,助力其数字化转型,为客户带来以下令人欣喜的变化。

一是提高了效率。无感收件为双方提供了便利,回单签署完成后实时回传,提升了收派件效率,已签署的回单确保合格后无须校验,可以直接归档。

二是具有法律保障。顺丰可为已签署单据提供法律出证服务作为诉讼支撑材料,确保签署真实性,法律效力有保障。

三是降低了成本。微签(微 SIGN)降低了耗材成本、管理运营成本,双方每年均能节约数百万费用,实现了双赢。

海康威视对微签(微 SIGN)在回单上的应用,无疑是其在数字化转型上突破性的尝试,不仅仅是基于对合作方顺丰的完全信任,更是体现了其作为行业领导者对新事物、新技术、新能力的开放性态度。

2022 年 9 月 26 日,顺丰宣布,海康威视已完成纸质回单到微签(微 SIGN)电子回单的全量切换。

微签(微 SIGN)的应用除了提升服务体验和获得商业回报之外,更为重要的是,它重新定义了物流行业的电子回单标准,打造了行业标杆,以此引领行业发展。快递、物流、第三方供应链,都是微签(微 SIGN)持续重点发力的目标领域。

在一年的时间里,微签(微 SIGN)已经沉淀了上百家企业客户,覆盖了制造业、医美、租赁、电商、酒水等多个行业的头部客户,上线初期的业务数据充分说明了市场对微签(微 SIGN)的认可。

在这期间,顺丰基于物流场景,持续对产品进行迭代更新,助推其走向成熟,逐步适配更多标准物流场景。海康威视这样的标杆级智能物联企业的项目落地,无疑会进一步加速同行业客户复制落地,意义非凡。

顺丰已经注册了"微 SIGN"商标知识产权,并且上线了微签(微 SIGN)增值服务"电子回单",以帮助更多的企业完成关键节点的数智化改造,包括针对不同垂直领域推出适配性方案,以及赋能第三方,让非顺丰发件客户也能使用其产品。

未来,顺丰的微签(微 SIGN)产品将从供应链上下游纽带的回单凭证切入,以点到面的数字化变革,逐步渗透和推动全链路的企业数智化转型。

2022 年 9 月,第十三届中国电子商务物流大会在宁波召开,顺丰合作海康威视入选"2022 中国电子商务物流创新案例"。顺丰 2025 年的目标是成为全球智慧供应链的领导者,科技则是顺丰达成这一目标的"护城河"。微签(微 SIGN)不仅意味着顺丰在物流科技领域的投入和成果产出获得行业的认可,整体回单服务的场景升级之路也同样显现出顺丰通过科技助力业务升级、为客户提供更优服务体验,以及进行数字化变革的决心。微签(微 SIGN)产品的诞生只是顺丰在助力传统企业客户数字化升级道路上的一个缩影,未来,顺丰将继续依托科技赋能优势,持续探索数字化转型创新产品和项目,引领中国的物流科技化升级之路。

资料来源:《"微签"上线一年结硕果,合作海康威视入选"2022中国电子商务物流创新案例"》(https://www.sf-express.com/chn/sc/news/165),内容有改动。

■ 思考题:

通过本案例或查阅其他最新的资料,举例说明物流信息技术为企业的发展带来的影响。

第九章　物流外包与第三方物流

◇ **学习目标**

■ 知识目标

理解物流市场的定义,了解当前物流市场的供给和需求,理解物流外包的主要原因,理解影响物流业务外包需求的因素,理解企业物流业务外包的形式,掌握第三方物流的定义和分类,理解第三方物流产生的原因。

■ 能力目标

了解物流市场的组成结构,了解第三方物流产生的原因以及第三方物流企业的不同类型。

■ 思政目标

党的二十大提到,要"建设高效顺畅的流通体系,降低物流成本",理解物流外包与第三方物流在其中所起的作用。

◇ **学习重难点**

1. 物流市场需求分析
2. 第三方物流的分类
3. 影响物流业务外包需求的因素
4. 第三方物流产生的原因

◇ **本章导读**

本章将介绍我国物流市场的现状及其需求与供给情况,探讨业务外包和物流外包的概念和特点。同时,本章还将深入分析第三方物流的发展现状与趋势,重点探讨其在物流业中扮演的角色和发挥的作用。通过学习本章内容,读者可以了解我国物流市场的现状以及发展趋势,进一步了解业务外包、物流外包与第三方物流的相关概念和实践应用,为物流管理工作提供参考和借鉴。

◇ 导入案例

冠生园集团的物流外包

冠生园集团是国内著名的老字号食品集团。冠生园集团拥有的近100辆货运车辆要承担上海市3000多家大小超市和门店的配送任务。实际上,货物车辆出现了淡季运力闲置、旺季忙不过来的情况,冠生园集团每年用于维持车队运行的费用达上百万元。

2002年初,其下属合资企业达能公司率先将产品配送运输全部外包,发现不仅配送准时准点,而且能节省很多费用,达能公司将节约的资金投入到开发新品与改进包装上,使企业利润又上了一个新台阶。为此,冠生园集团销售部门决定推广达能公司的做法,最终委托上海虹鑫物流有限公司(简称虹鑫物流)作为第三方物流机构。

虹鑫物流每天早上输入冠生园相关的配送数据后,制订出货最佳搭配装车作业图,安排准时、合理的车流路线。此外,合同规定,遇到货物损坏情况,虹鑫物流需要按规定赔偿。有一次,整整一车糖果在运往河北途中翻入河中,司机赔偿5万元,将掉入河中损耗的糖果全部"买下"。据统计,原来使用铁路运输发往北京的货需要7天,物流外包后,只需2~3天,而且是门到门的服务,5个月就节约了40万元的费用,由于配送及时周到,保质保量,商品流通加快,集团的销售额和利润有了较大的增长。更重要的是,企业领导从非生产性的包装、运输中解脱出来,集中精力抓好生产这个主业。

资料来源:《企业物流外包的案例》(https://wenku.baidu.com/view/007d5ec7f51fb7360b4c2e3f5727a5e9856a27bd.html),有改动。

第一节 物流市场概述

一、物流市场的定义

物流市场(logistics market)是指为保证生产和流通过程顺利进行而形成的商品在流动

和暂时停留时所需要的服务性市场,以及包装、装卸、搬运等辅助性市场。

决定物流市场的规模以及发展情况的是物流市场的供求关系。物流市场需求是指指定范围内的市场在一定时期内有意愿并且有能力购买有效物流服务的能力或资源,也是物流需求方在当前价格水平下有意愿且有能力购买的各种物流服务或消费品的数量。物流市场供给是指在指定范围内的市场中,在一定时期内提供的有效物流服务,是物流或者非物流企业愿意以一定价格提供对应物流服务的数量。物流市场的需求方以及供给方相互促进,共同影响着物流市场的现状和发展。物流市场需求的增长会带来供给的增加以及供给方竞争程度的增加,从而通过优胜劣汰提高物流市场的供给能力和供给范围,而增长的物流市场供给能力和供给范围能够带来更多的物流市场需求。

二、物流市场需求分析

在过去,实体产品企业的物流往往是以买卖双方自己完成为主,即以自营物流为主。这时,物流市场的需求较少,且需求内容往往为基础的运输或者仓储。随着人们消费水平的提高、技术的不断进步以及产品或者服务的多样化程度的增加,我国工业企业由过去对单纯仓储、运输的需求逐步发展到对包括仓储、运输在内的综合物流的需求,以及一些个性化的增值服务的需求。工业企业由过去"大而全"或"小而全"的自办物流,逐步发展到寻求合格的第三方物流商。第三产业的不断发展也催生了新的物流市场需求。

尽管物流市场中的各个环节错综复杂,但其本质都是企业组织的逐利行为的驱动。因此,要想综合全面地分析物流市场的需求,我们不仅要分析需求量的变化,而且要分析需求结构的变化。我们可以通过一些经济指标,如国民经济指标、货运量指标、物流业产值以及产业结构指标等进行侧面分析和判断。

众所周知,物流需求是一种派生性需求,是服务于商贸活动的。或者,我们在某种程度上可以认为物流业的产值是物流需求方企业的成本。因此,国家物流需求规模的上限是由国民经济总量决定的。国家经济衰退期也往往是物流市场需求的萎靡期,国家经济的快速增长也会带来物流市场需求的增长,全国物流市场的需求量与国家经济的发展水平是高度正相关的。国际公认的衡量一个国家经济状况的最佳指标是国内生产总值(Gross Domestic Product,GDP)。因此,GDP可以作为一个衡量全国物流市场发展水平的指标。2011年,我国GDP为471564亿元[①],而这一数据在2021年为1143670亿元[②],约为2011年的2.43倍。从指标数据来看,2013—2021年,我国GDP年均增长6.6%,高于同期世界2.6%和发展中经济体3.7%的平均增长水平,我国对世界经济增长的平均贡献率超过30%,居世界第一。[③]由此可见,改革开放以来,我国的国民经济发展十分迅猛,在这其中,实体经济产业的发展势必会带来大量的物流市场需求。

---

① 数据来源:https://www.gov.cn/gzdt/2012-02/22/content_2073982.htm。
② 数据来源:news.cctv.com/2022/01/17/ARTIvFLmyeEWninsnGeVEAoW220117.shtml。
③ 资料来源:finance.cnr.cn/gundong/20220919/t20220919_526013659.shtml。

表 9-1 是 2012—2021 年我国货运量年度数据。可以看出,2012—2021 年,货物总运输量呈现整体上涨趋势。其中,2021 年货物运输量为 5298499 万吨,相比 2012 年增长了 29.2% 左右。从货运量同比增长数据可以发现,2019、2020、2021 年的增长相对异常,2019 年货运量同比增长为负,2020 年的货运量与 2019 年基本相同,2021 年的货运量同比增长约 12.12%,同比增速明显超过 2019 年以前。这反映出了我国实体产业受到新冠肺炎疫情的冲击,以及积极应对疫情,最后获得发展的过程。从不同运输方式货运量占比的变化中,我们可以发现,当前我国货物运输方式主要以公路货运为主,这是由我国国情决定的。特别值得一提的是,水路运输所占的比例在 2012—2021 年呈整体增加趋势。

表 9-1　2012—2021 年我国货运量年度数据

年份	2021 年	2020 年	2019 年	2018 年	2017 年	2016 年	2015 年	2014 年	2013 年	2012 年
货物运输量（万吨）	5298499	4725862	4713624	5152732	4804850	4386763	4175886	4167296	4098900	4100436
铁路货运量（万吨）	477372	455236	438904	402631	368865	333186	335801	381334	396697	390438
公路货运量（万吨）	3913889	3426413	3435480	3956871	3686858	3341259	3150019	3113334	3076648	3188475
水路货运量（万吨）	823973	761630	747225	702684	667846	638238	613567	598283	559785	458705
民用航空货运量（万吨）	732	677	753	739	706	668	629	594	561	545
铁路货运量占比	9.01%	9.63%	9.31%	7.81%	7.68%	7.60%	8.04%	9.15%	9.68%	9.52%
公路货运量占比	73.87%	72.50%	72.88%	76.79%	76.73%	76.17%	75.43%	74.71%	75.06%	77.76%
水路货运量占比	15.55%	16.12%	15.85%	13.64%	13.90%	14.55%	14.69%	14.36%	13.66%	11.19%
民用航空货运量占比	0.01%	0.01%	0.02%	0.01%	0.01%	0.02%	0.02%	0.01%	0.01%	0.01%
货运量同比增长	12.12%	0.26%	-8.52%	7.24%	9.53%	5.05%	0.21%	1.67%	-0.04%	—

注:数据来源于国家统计局官方网站。

如图 9-1 所示,我国获得快递业务经营许可的快递服务企业业务量在 2013—2021 年也经历了非常惊人的增长。2013 年,我国获得快递业务经营许可的快递服务企业业务量为 918674.89 万件,而 2021 年的快递业务量为 10829641.00 万件,约为 2013 年的 11.79 倍。如图 9-2 所示,我国快递业务收入也从 2013 年的 14416815.26 万元增长到了 2021 年的 103320000 万元,约为 2013 年的 7.17 倍。快递的接收者主要是个人消费者,快递业务量和快递业务收入惊人的增长反映了我国 B2C、C2C 电商业务的迅猛发展以及随之产生的与传统贸易大相径庭的物流市场需求。

数字资源 9-1
2021 年中国快递发展指数报告

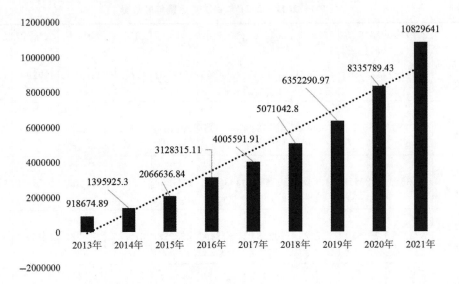

图 9-1　2013—2021 年我国获得快递业务经营许可的快递服务企业业务量(万件)
注:数据来源于国家统计局官方网站。

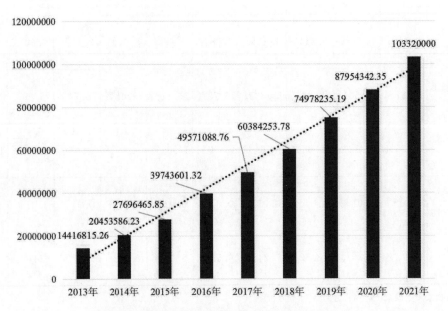

图 9-2　2013—2021 年我国快递业务收入(万元)
注:数据来源于国家统计局官方网站。

如图 9-3 所示，我国进出口总额从 2012 年的 244160.21 亿元增长到 2021 年的 390921.67 亿元，增长了 60% 左右。其中出口总额增长更快，从 2012 年到 2021 年增长了 67.9% 左右。我国一直大力发展进出口贸易，而进出口贸易业的迅速增长也会带来大量的国际物流需求，并且相较于传统的进出口外贸行业，跨境电商行业的增速更加惊人。根据《2021 年度中国跨境电商市场数据报告》，2017—2021 年，中国跨境电商市场规模（增速）分别为 8.06 万亿元（20.29%）、9 万亿元（11.66%）、10.5 亿元（16.66%）、12.5 万亿元（19.04%）、14.2 万亿元（13.6%）。[①] 跨境电商的国际物流需求相比传统外贸的国际物流需求又有明显的区别。

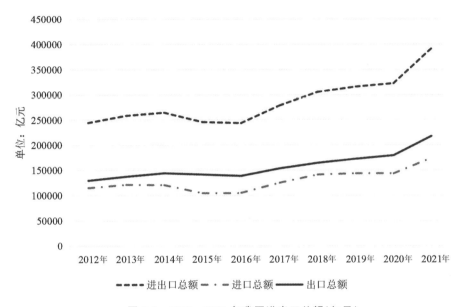

图 9-3 2012—2021 年我国进出口总额（亿元）

注：数据来源于中经数据官方网站。

三、物流市场供给分析

物流市场供给能力的基础是物流基础设施以及物流基础设备，它们影响了物流市场供给的能力水平和服务范围。对物流行业基础设施设备技术的分析研究可以反映物流市场供给能力的大小和服务的数量。改革开放以来，我国一直大力推动物流基础设施设备技术的发展。

根据国家统计局最新数据，截至 2022 年底，全国综合交通运输网络总里程超 600 万千米。2018—2022 年，我国完成交通固定资产投资超 17 万亿元，建成全球最大的高速铁路网、全球最大的高速公路网、世界级港口群。截至 2022 年底，全国铁路营业里程达 15.5 万千米，其中高铁 4.2 万千米；公路通车里程 535 万千米，其中高速公路 17.7 万千米；港口拥有

---

① 数据来源：www.jiemian.com/article/7405907.html。

生产性码头泊位 2.1 万个,全国内河航道通航里程 12.8 万千米;民用颁证机场达 254 个;共有 53 个城市开通运营城市轨道交通,运营总里程 9584 千米;实现具备条件的乡镇和建制村全部通硬化路、通客车;邮政实现"乡乡设所、村村通邮"。2022 年,全国营业性客运量达 55.9 亿人次,全国营业性货运量 506 亿吨,港口吞吐量 156.8 亿吨,集装箱吞吐量超过 3 亿标准集装箱。高速公路 9 座以下小客车出行量超 171 亿人次,网约车、共享单车日均订单量分别达 2000 余万单、3300 余万单。①

物流产业是物流市场的直接供给方,组成物流产业的物流企业的数量、规模、组成直接决定物流市场的供给能力、供给规模以及供给特征。2020 年,我国邮政行业业务收入(不包括邮政储蓄银行直接营业收入)累计完成 11037.8 亿元,同比增长 14.5%;业务总量累计完成 21053.2 亿元,同比增长 29.7%。②

第二节 业务外包及物流业务外包

一、业务外包

(一)业务外包的由来

在过去,企业倾向于采用纵向一体化发展模式,即通过发展供应链的上下游节点来降低成本,提高收益,并获得发展。其中,最典型的企业就是早期美国的福特汽车公司,它的纵向一体化发展模式在当时已经庞大到拥有自己的橡胶种植园。但是,这种纵向一体化发展模式是存在一些弊端的。首先,纵向一体化发展模式资产、资金投入大,经营风险高;其次,资源投入比较分散,导致很多环节的发展水平可能相对滞后;再次,纵向一体化发展模式会降低企业的柔性,使企业难以快速响应市场的变化;最后,企业纵向一体化发展程度越高,管理和协调的难度就越大。

数字资源 9-2
福特公司破除
纵向一体化
单一模式

随着经济全球化的发展,终端消费者的消费水平不断提高,消费者越来越重视产品的差异化以及个性化程度,这导致产品的生命周期变短,客户需求变化速度更快,这不仅需要供

---

① 数据来源:https://www.gov.cn/xinwen/2023-02/27/content_5743414.htm。
② 数据来源:https://www.mot.gov.cn/tongjishuju/youzheng/202102/t20210204_3522941.html。

应链及时挖掘市场的需求变化并做到快速响应,还需要企业不断创新开发新品,因为老品会更快地进入生命周期的衰退期。因此,在这样的市场环境下,纵向一体化发展模式已经不适合作为企业的发展战略。企业为了维持自己的竞争优势,需要保证自己的核心竞争力处于领先水平,在其他方面也不能过于落后,就像木桶原理说的那样,一个木桶不能有太明显的短板。由于企业的资源有限,企业需要将大部分资源集中于发展自己的核心竞争力所在的领域,并将其他非核心业务交给其他将其作为核心业务的专业企业来完成,这既能帮助企业保持自己的核心竞争力和优势,还能减少企业的短板,这就是业务外包的由来。

(二)发展业务外包的主要原因

在市场经济条件下,企业的任何行为一定是以追逐自身利益最大化为目标的。这里的"利益"概念是宏观的,包含所有的直接和间接利益。企业如果选择进行业务外包,一定是因为将该业务外包出去能够比自营该业务获得更高的综合效益,这里的综合效益包含多个因素,对这些因素的追求就是企业进行业务外包的原因。典型的企业发展业务外包的原因包含以下几个。

1. 使企业更加专注于核心业务,提高核心竞争力

根据企业生态位理论,当两个企业需要同样的资源以维持生存和发展时,两个企业之间就会发生生态位重叠,即存在一定程度的同质化。生态位重叠程度越高,企业同质化越严重,此时两个企业的竞争就会越激烈,而生态位完全重叠的不同企业不能长期共存,弱势的一方会被淘汰掉。为了不被淘汰,该企业可以选择将自己的生态位移动到未被其他企业占据的位置,从而避免被淘汰,即开发蓝海市场,实现差异化发展,但是,随着信息技术的进步,以及经济全球化、贸易自由化、物流运输水平的

数字资源9-3
企业生态位
原理及模型研究

提高,企业的辐射范围越来越大,资源的流动越来越迅速,这导致新产品的生命周期变短,蓝海市场"翻红"变成红海市场的速度大幅提高。企业通过差异化发展逃避竞争只能是一时的策略,想要长期生存发展,唯一的方式就是收缩企业的业务范围,集中资源,提升自己的核心竞争力,使其他企业更愿意选择合作而不是竞争,该策略也被称为生态位收缩战略。

企业实施业务外包,可以将非核心业务转移出去,借助外部资源的优势来弥补和改善自己的弱势,从而把主要精力放在企业的核心业务上。企业根据自身特点,专门深耕某一领域的某一专门业务,从而形成自己的核心竞争力。

2. 弥补企业短板

木桶原理(Cannikin Law)又称短板理论或木桶短板管理理论。其核心内容为:一个木桶盛水的多少,并不取决于桶壁上最高的那块木板,而恰恰取决于桶壁上最短的那块木板。

人们根据这一核心内容,对木桶原理做出了两个推论。其一,只有桶壁上的所有木板都足够高,木桶才能盛满水。其二,只要桶壁上有一块木板达不到规定的高度,木桶里的水就不可能是满的。对于一个企业来说,如果其在某个方面非常优秀但在其他方面滞后的话,其优秀的领域也无法创造最大的效益。这时,企业会倾向于将自己的短板领域外包给专业的企业,利用专业企业的专业技术弥补自身的短板,同时充分发挥自己的优势业务,提升企业的整体竞争力。例如,一个实体企业的产品质量非常过硬,但广告营销水平的不足导致市场一直难以开拓,这时企业可以将广告营销外包给专业的公司来弥补自身这一短板,从而更好地完成市场开拓。

3. 降低风险

企业将非核心业务外包出去,可以减少企业的固定资本投入,减少企业人力资源的投入,这可以降低企业的资金占用风险。另外,当政策环境、经济环境、市场环境存在风险时,该风险是由企业和外包企业共同承担的,业务外包就有了分散风险的作用。比如,货主企业将物流业务外包给专业的物流企业,在物流运输过程中存在风险时,该风险会由物流企业与货主企业根据合同约定来共同承担。

4. 减少企业控制难度,提高企业的快速响应能力

根据规模经济原理,当企业的规模从小变大时,企业会从规模经济逐渐转变为规模不经济,而其中导致规模不经济现象的重要原因之一就是企业因为规模过大而丧失控制能力,管理成本增加。如果企业采用业务外包,将非核心业务外包出去,就可以起到精简企业结构的作用,从而降低企业的管理难度,提升企业的控制能力,降低企业的管理成本,提高管理效率。另外,企业结构因业务外包而大幅精简,企业可以根据市场需求的变化选择合适的业务外包对象,能更好地响应市场和顾客需求的变化,企业的快速响应能力大幅提高。

二、物流业务外包

(一)影响物流业务外包需求的因素

物流业务往往涉及大笔资产投入,且涉及的环节多,专业性强,因此越来越多的企业选择将物流业务外包给专业的物流企业。尽管将物流业务外包出去可以降低企业的成本,提高企业的物资周转效率,提升企业的顾客服务水平和综合竞争力,但是我国的物流业务外包比例仍然显著低于发达国家,这并不是因为我国有更多企业将物流业务视为核心业务。由于制度、社会习惯以及历史的影响,以下几个因素影响了我国物流业务的外包。

1. 原本存在的物流资源的限制

我国的传统企业过去讲究大而全，和西方国家企业过去崇尚纵向一体化发展模式一样，也倾向于发展全方位的集团公司。如果公司的产品经常需要运输和仓储，这类企业往往都选择组建自己的仓库和车辆。这种类型的企业在进行物流业务外包决策时，往往会因为本公司保有一定的物流资源，而选择自营物流业务。即使自身的物流业务服务水平、时效、单位运输成本显著落后于市场上的专业第三方物流企业，这些企业仍会选择由公司自身的物流业务部门来完成物流任务。我国实体产品生产加工企业的物流设施设备保有率相当低，因此我们可以说，有一部分潜在的物流业务外包需求因为受到企业原有的物流资源的限制而暂时无法显现。

2. 企业不愿意改变现有结构

居安思危往往是知易行难。很多企业在经营状况良好的时候，很难去主动寻求改变来应对未来可能发生或者现在已经开始发生的变革。因此，很多经营状况良好的企业不愿意放弃当前相对落后的物流业务部门而去选择将物流业务外包给专业第三方物流企业，这也是可以理解的事情。另外，由于企业内部的一些部门往往缺乏将公司整体利益放在部门利益、自身利益之上的意识，会更愿意保留现有的物流业务部门。比如，采购部门为了随时方便地调货而选择让公司配备货车，财务部门为了做账方便而不愿意与第三方物流企业合作，企业领导对于一旦实施业务外包而需要大量裁员的惧怕，都会影响企业选择物流业务外包。

3. 对物流业务外包缺乏认识

在我国，很多企业对于物流业务外包的认知程度相对较低。其实，业务外包，包括物流业务外包的理论，相对于很多其他传统管理理论来说是较新颖的，同时，我国的物流服务企业的成立时间也普遍较短，导致很多企业对于这些物流企业的物流服务能力、水平以及自身的物流服务能力、水平之间的差距是缺乏认知的。另外，当下物流需求的多样化不断增强，物流技术的不断进步，物流交通基础设施设备的不断完善以及物流业内部的竞争越来越激烈，都驱使着物流企业不断扩大物流服务范围，但是很多企业对于这些物流企业能够提供的物流服务，尤其是一些增值服务、个性化服务是不清楚的。因此，我们可以说，企业对于专业物流业务外包企业的服务水平、服务范围的认知不足，影响了企业的物流业务外包决策。

4. 企业不愿意丧失对于物流业务的控制

假如我们把供应链看作一个人的身体，那么物流就相当于身体中的血液，负责保证人体各个器官之间的顺畅连接，负责将各器官所需的营养元素通过血管运输到相应的器官中。

很多企业非常重视物流对于提高公司竞争力的重要作用,以至于它们宁愿保有一个服务水平相对落后的物流部门,也不愿意将物流业务外包给其他企业,它们惧怕将物流业务外包给第三方物流企业后会因为其服务水平不足或其他因素而导致的风险。

5. 企业惧怕泄露商业机密

对于很多企业来说,将物流业务外包给其他物流企业会导致自己的商业机密泄露。因为企业如果想要充分发挥物流业务外包的优势,就需要与外包的物流企业进行深入全面的合作,这就需要企业将自身的内部数据与物流企业共享,存在商业机密泄露的风险。比如,对于一些商贸企业来说,将物流业务外包所需的数据共享给物流企业就意味着物流企业不仅清楚其销售的产品是什么,还清楚产品的供应商所在地,也知道其产品的实际销量以及客户的位置和联系方式,这些商业机密一旦泄露,对企业的打击是非常巨大的。

(二)企业实施物流业务外包的形式

企业选择将物流业务外包出去,是为了使自身集中更多的资源发展优势业务,从而维持乃至发展自身的核心竞争力。还有一个原因是物流业务是企业当前的短板,根据木桶原理,企业将物流业务外包出去,可以起到降本增效的作用。

因此,企业在进行物流业务外包的时候,会根据自身当前的物流业务需求情况,以及自身现有的物流资源,选择将物流业务全部外包或者部分外包。

1. 全部外包

全部外包指的是企业将全部物流业务交由其他组织来承担。对于选择将物流业务全部外包的企业来说,其根本原因只有一个,就是企业发现将物流业务全部外包可以为企业带来更高的效益。而在现实中,可能存在以下几种情况。一是企业当前的物流自营能力过低,完全无法满足企业的物流需求,放弃物流自营而选择将物流业务整体外包给第三方物流企业可以使企业获得更高的整体效益。比如,一个电商企业在业务量较小的时候,所有的物流业务,包括仓储、包装、配送业务等,都由企业的员工来完成;但在业务量快速增长之后,这个电商企业可能会选择将这些业务完全外包给专业的第三方电商仓库公司。二是企业在成立之初,根据自身的发展战略、产品特征以及客户需求偏好,决定将自身的所有物流业务完全外包给第三方企业。比如,一个连锁咖啡企业根据自身的核心发展战略——快速占领市场,以及客户对于外卖配送时效的高要求,就应该选择将自身的全部物流业务外包给专业的第三方物流企业。

2. 部分外包

部分外包指的是企业保留部分自营物流业务,将其他物流业务外包给第三方物流企业的行为。对于选择部分外包的企业来说,主要有以下两种形式。

第一,企业自身有一定的物流能力,但是企业无法完全满足当前的发展状况或者未来的发展战略带来的物流需求,因此企业选择将这一部分不能由自身承担的物流需求外包给第三方物流企业。还是以电商企业为例,如果一个国内大型电商企业开始涉足出口跨境电商业务,则可以选择将海外的仓储配送业务外包给专业的海外仓储企业来完成,而国内的采购、仓储、包装、发货业务还是由自身原有的物流部门来完成。

第二,企业的物流能力可以满足企业的需求,但是部分物流业务属于非核心业务,交由第三方物流企业来完成更有利于企业自身资源的优化配置。某些物流业务对于企业的产品以及客户需求来说影响不大,且耗费一定的人力和物力,如果交由第三方物流企业来完成,不仅可以使企业集中自身资源于更重要的业务,而且企业可能因为第三方物流企业的专业化效益以及规模效益而降低成本。

第三节 第三方物流

一、第三方物流的定义

20世纪80年代中期,欧美国家提出了第三方物流(third-party logistics,简称 TPL 或 3PL)这一概念。其中,"第三方"一词原本来源于管理学中的外包(outsourcing)这一概念。第三方物流理论自提出到现在不到60年,相对较新,第三方物流的概念也在被不断修正。以我国国家标准《物流术语》中对第三方物流的定义为例。国家标准(GB/T 18354—2006)对第三方物流的定义为:独立于供需双方,为客户提供专项或全面的物流系统设计或系统运营的物流服务模式。但在国家标准(GB/T 18354—2021)中,第三方物流的定义则变成了"由独立于物流服务供需双方之外且以物流服务为主营业务的组织提供物流服务的模式"。

我们可以从上面两个定义的差别中看出来,经过十多年的时间,第三方物流的内涵范围扩大了很多,这不仅是因为在这些年中,第三方物流本身发展出了更多形式,而且是因为物流从业者和学者们对于第三方物流的理解越来越深刻。我们可以预见,未来随着第三方物流的形式更加多样化,第三方物流的定义仍会继续扩充,但是第三方物流的本质一定不会发生变化,就是物流服务的提供方不是商品的买卖双方,而是第三方。

第三方物流的主要目标是为客户降低总物流成本，提高客户服务水平，同时通过扩大运输规模、提高运输效率增加其自身的盈利能力。

二、第三方物流产生的原因

（一）社会分工的出现和发展

第三方物流产生的根本原因是社会分工的出现和发展，我们可以用交易费用理论来解释。早期企业的规模很小，且由于物流软硬件发展落后，此时企业的辐射范围也很小，这时交易费用大于分工的效益，人们选择自给自足。随着科技的进步，企业的投入产出比增加，物流的发展使企业的辐射范围增加，规模增大，这时交易费用下降，分工的效益上升，企业会倾向于分工合作，社会分工出现。企业通过将自己的非核心业务从生产经营活动中分离出来，外包给其他公司负责，从而享受分工效益。由于分工效益源自企业的专业化效益和规模效益，因此专业化的公司能够得到更好的发展。对于物流来说，道理也是这样，物流不是其核心业务的企业倾向于将自身的物流业务部分或者全部外包给专业的物流公司，这能够创造更高的分工效益，这样的物流公司发展起来，就是我们当前所看到的各种第三方物流公司。

（二）对专业化物流服务的需求

随着人们消费水平的提高，人们选择产品的主要因素从最早的以价格为主转变为以质量为主、以差异化为主，这使得人们对于产品的多样性需求大大提高，且产品的生命周期越来越短。这就导致了对供应链高柔性和高鲁棒性的要求。

数字资源9-4
鲁棒性

另外，一些先进的管理理论的出现，比如供应链理论关注从以前的推式（push）供应链转变为拉式（pull）供应链，这强调了物流的可靠性、高效率、快速反应能力。

对于并非以物流为主营业务的产品供需双方企业来说，它们的自营物流能力是很难达到如此高的要求的，因此它们只能寻求把业务外包给专业的物流企业。第三方物流企业正是为了满足这一需求而出现的，专业的第三方物流企业不仅可以很好地提高供应链的柔性和鲁棒性，从而更好地满足终端消费者的个性化需求，还可以利用其先进的物流管理理念、专业化的软硬件，创造专业化效益，促进供应链的整合和完善。

（三）物流行业的内部竞争

交通基础设施的不断完善使得企业的销售辐射范围越来越大，贸易全球化的发展使得国内的产品能够走出国门，卖遍全球，因而物流需求大涨。从国家统计局公布的数据来看，

2001年,我国货物运输量为1401786万吨,而这一数据在2021年为5298499万吨,是2001年的3.78倍左右。而从货物进出口总额来看,2001年我国货物进出口总额为42183.62亿元,而这一指标在2021年为391008.54亿元,在20年间增长了9.27倍左右。在不断增长的物流需求下,资本不断进入物流行业,同时在全球化的市场竞争中,国内外的物流企业一同参与竞争。因此,物流企业如果想要在激烈的竞争下生存下去,不仅要选择合适的发展战略,而且需要增强自身的核心竞争力。

三、第三方物流的分类

随着物流行业的不断发展以及物流需求的不断提高,第三方物流企业也发展出了多种不同的形式。我们可以从以下几个方面对其进行分类。

(一)依据主要物流服务功能进行分类

1. 运输型第三方物流企业

该类型的物流企业主要提供的物流服务为货物运输,为货主企业货物的承运人。其主要业务是为客户提供站到站、门到门、站到门、门到站等运输服务,实现货物的点对点运输。

2. 仓储型第三方物流企业

该类型的物流企业从事的主要业务为仓储服务。企业主要为货主企业提货物的保管、存储、中转以及配送服务。当下,单一的仓储型第三方物流企业已经很少了,越来越多的第三方仓储型物流企业都可以提供额外的增值服务,比如一件代发、订单的拆分、退货换标等。尤其是跨境电商企业,往往会选择将其尾程的订单配送、退货、重新包装等业务外包给第三方海外仓企业,从而大大地降低其退货成本以及运输成本。

3. 综合型第三方物流企业

综合型第三方物流企业一般具有一定的规模,能够从事多种物流服务活动,这种类型的第三方物流企业可以为客户提供一体化的物流服务,例如为客户设计物流方案,提供货运代理、货物运输、仓储、流通加工、配送等。将物流业务外包给这种类型的第三方物流企业,可以极大地方便客户,客户只需要与一个第三方物流企业对接即可,具体的物流活动全部交由该企业来完成。

（二）依据资源占有多少进行分类

1. 资产基础型第三方物流企业

资产基础型第三方物流企业指的是企业拥有或者租赁资产，拥有自己的运输工具或者仓储设备，比如车辆、轮船、飞机或者仓库等。资产基础型第三方物流企业通过自己拥有或租赁的物流设施设备为客户提供承运或者仓储服务，是标准的重资产型企业，它们也许不会直接与货主联系，但是是货物实际的承运人。国内外有很多这样的第三方物流企业，比如中国远洋运输有限公司、中外运物流有限公司、美森（Matson）轮船公司、德邦快递等。

2. 非资产型第三方物流企业

非资产型第三方物流企业是指物流供应商不拥有或租赁资产，而是以人才、信息和先进的物流管理系统作为向客户提供服务的手段，并以此作为自身的核心竞争力的第三方物流企业。在当前供应链全球化、贸易全球化的背景下，很多物流活动由于涉及的货物规模大、物流环节复杂、运输距离长，需要专业的知识和技术才能保证供应链的高效运转。非资产型第三方物流企业依据自身掌握的信息以及物流管理系统，可以为客户整合所需的物流资源，协调整个物流活动。

在我国，最常见的非资产型第三方物流企业就是国际货运代理企业。这些货运代理企业代理客户的货物出口，客户直接与货代企业签订代理合同，由货运代理企业来完成货物在国内的公路运输，在海运或者空运企业订舱，协助货物的出口、入口清关以及尾程的配送。这种货运代理企业并不拥有轮船或者飞机，甚至可能连国内部分的货物运输用的也不是自己的卡车，但是能够极大地帮助客户进行货物运输。客户只需要签订合同并提供货物的一些基本信息，货运代理企业就可以直接上门取走货物并完成整个国际物流运输。

◇ 本章小结

本章首先分析了物流市场的内涵，并从不同维度对当前我国物流市场的供给和需求进行了分析；其次，介绍了业务外包的由来，阐述了业务外包的主要原因，分析了影响物流业务外包需求的主要因素，探究了企业物流业务外包的不同形式；最后，引入了第三方物流的定义，分析了第三方物流产生的原因以及第三方物流企业的不同类型。

◇ 思考与练习

1. 简述物流市场的概念。
2. 简述业务外包的原因。
3. 简述影响物流业务外包需求的因素。
4. 企业实施物流业务外包有哪些形式？
5. 简述第三方物流的定义和分类。
6. 你认为第三方物流一定优于自营物流吗？

◇ 案例分析

麦当劳的第三方物流公司——夏晖集团

谈到麦当劳的物流，不能不说到美国夏晖集团（HAVI Group），它还是必胜客、星巴克等知名品牌的合作物流公司。夏晖集团与麦当劳的合作，至今在很多人眼中还是一个谜。麦当劳没有把物流业务分包给不同的供应商，夏晖集团也从未"移情别恋"，这种独特的合作关系建立在忠诚的基础上，麦当劳之所以选择夏晖集团，是因为后者为其提供了优质的服务。

夏晖集团是一家拥有世界领先的多温度食品分发技术的物流公司。其业务遍布全球，为麦当劳全球几千余家餐厅提供优质的分发服务，是麦当劳食品供应链的重要成员之一。

麦当劳对物流服务的要求是比较严格的。在食品供应中，除了基本的食品运输之外，麦当劳要求物流服务商提供其他服务，比如信息处理、存货控制、贴标签、生产和质量控制等，这些"额外"的服务虽然成本比较高，但它使麦当劳在竞争中获得了优势。另外，麦当劳要求夏晖集团提供一条龙式物流服务，包括生产和质量控制在内。夏晖集团设在台湾的面包厂就全部采用了统一的自动化生产线，应用严格的食品与作业安全标准，制造区与熟食区之间有区隔，厂区装设空调与天花板，以隔离落尘，易于清洁。

麦当劳利用夏晖集团设立的物流中心，为其各个餐厅完成订货、储存、运输及分发等一系列工作，使得整个麦当劳系统得以正常运作，通过它的协调与连接，每一个供应商与每一家餐厅达到无缝衔接，为麦当劳餐厅的食品供应提供最佳保证。

麦当劳与夏晖集团的合作优势体现在以下方面。

第一，夏晖集团的平均库存远远低于竞争对手。在麦当劳和夏晖集团的伙伴关系中，夏晖集团的物流不仅扮演了第三方物流公司的角色，而且还承担着供应商的责任。麦当劳完全采用了供应商代理的形式，由夏晖集团掌握麦当劳的库存与采购，使得夏晖集团的库存保持在较低水平。

第二,夏晖集团采用了准时供应方式。供应物流活动的主导是麦当劳,它可以按照最理想的方式选择供应物流,而供应物流的承担者夏晖集团,必须以最优的服务才能被用户所接受。这也是麦当劳和夏晖集团之间能几十年保持合作关系的原因。麦当劳因为夏晖集团的供应而节约了巨大的物流成本,夏晖集团也因此有生意可做,两家企业互相扶持,形成了坚不可摧的伙伴型关系。

第三,麦当劳产品的物流损耗率仅有万分之一。为了满足麦当劳冷链物流的要求,夏晖集团在北京地区投资5500多万元人民币,建立了一个占地面积达12000平方米、拥有世界领先技术的多温度食品分发物流中心,其中干库容量为2000吨,里面存放着麦当劳餐厅用的各种纸杯、包装盒和包装袋等不必冷藏冷冻的货物。冻库容量为1100吨,设定温度为−18℃,存储着派、薯条、肉饼等冷冻食品。冷藏库容量超过300吨,设定温度为1~4摄氏度,用于生菜、鸡蛋等需要冷藏的食品。冷藏和常温仓库设备都是从美国进口的,设计细致,能最大限度地对麦当劳产品进行保鲜,保持麦当劳产品的物流损耗率在万分之一。

第四,夏晖集团采用了供应链采购。麦当劳只需把自己的需求信息向供应商连续及时传递,由供应商根据用户的需求信息,预测用户未来的需求量,并根据这个预测需求量制订自己的生产计划和送货计划,主动、小批量、多频次向用户补充货物库存,既保证满足用户需求,又使货品库存量最少、浪费最小。这种采购模式的最大受益者是麦当劳,它可以摆脱烦琐的采购事务,从采购事务中解脱出来,甚至连库存负担、运输进货等负担都已经由夏晖集团承担。

资料来源:《麦当劳的第三方物流公司——夏晖》(https://zhuanlan.zhihu.com/p/86909479),内容有改动。

■ 思考题:
1. 麦当劳为什么选择将物流业务外包给夏晖集团?
2. 夏晖集团属于哪一种类型的第三方物流企业?

第十章 供应链管理

◇ 学习目标

■ **知识目标**

了解供应链的概念、特性和类型,了解供应链管理的产生背景及概念,理解供应链管理的核心思想及关键要素,掌握供应链管理与物流管理的关系,了解供应链物流管理的目标,熟悉供应链物流管理的方法。

■ **能力目标**

充分理解和认识物流管理与供应链管理的关系,能够运用供应链管理的思想、手段和方法,识别企业物流管理中存在的问题,并加以管理和改善,能够认识到供给侧结构性改革的重要性。

■ **情感目标**

通过学习,认识到供应链管理是企业获得竞争优势的重要手段和方式,熟悉和理解供应链管理的思想和方法,为改善企业运作及提升中国国际地位努力学习,为建设美丽中国而奋斗。

◇ 学习重难点

1. 供应链的概念及类型
2. 供应链管理的核心理念
3. 供应链管理的关键要素
4. 供应链与物流管理的关系
5. 供应链物流管埋的特点

◇ 本章导读

供应链管理的提出始于20世纪90年代,随后在理论和实践中得到快速发展。21世纪,企业竞争也逐渐转变为供应链与供应链之间的竞争,供应链管理已成为企业获得市场竞争力的一个重要手段。本章介绍了供应链的概念、结构模型、特性和类型,供应链管理产生的背景、核心思想及关键要素,对比了供应链管理和物流管理的差异,并论述了供应链物流管理的目标和常用方法。

◇ **导入案例**

上海通用汽车公司的供应链管理

上海通用汽车有限公司(Shanghai GM Automotive Company Limited,SGM)是由美国通用汽车公司和上海汽车工业总公司联合投资建立的,是迄今为止最大的中美合资企业。作为世界上最大的汽车制造商,美国通用汽车公司拥有世界上最先进的弹性生产线,能够在一条流水线上同时生产不同型号、不同颜色的车辆,每小时可生产27辆汽车。在如此强大的生产力支持下,SGM在国内首创订单生产模式,紧密根据市场需求控制产量。同时,SGM的生产用料供应采用标准的及时生产(just in time,JIT)运作模式,由国际著名的莱德系统(Ryder System)公司为其设计实行零库存管理,即所有汽车零配件的库存存在于运输途中,不占用大型仓库,而仅在生产线旁设立区域配送中心(regional distribution center,RDC),维持最低安全库存。这就要求采购、包装、海运、进口报关、检疫、陆路运输等一系列操作之间的衔接必须十分紧密。

中国远洋运输(集团)公司(China Ocean Shipping Group Company,COSCO)承担了该公司全部进口零配件的运输任务,负责从加拿大的起运地到上海交货地的全程门到门运输,以及进口零配件的一关三检、码头提箱和内陆运输。

SGM在物流供应链方面的发展方向表现为以下两点。

一是短备货周期,降低库存。

SGM物流供应链安全运作的前提建立在市场计划周期大于运输周期的基础上,只有这样,零配件运输量才能根据实际生产需要决定。目前零配件的运输周期是3个月,而计划市场周期为1周,所以只能通过扩大零配件的储备量来保证生产的连续性,造成库存费用很高。COSCO的木箱配送服务虽然为其缓解了很大的仓储压力,但并非长久之计,还要通过各种办法,如改进订货方式、改进包装等,来缩短备货周期,真正实现零库存。

二是改进信息服务。

SGM需要收集、整理、分析有关的运作信息,以改善其供应链的表现。目前,SGM的整车配送、进口零配件和其他零配件的供应主要由上海中货、大通及其他供应商自行组织,各服务提供商之间无法有效地沟通信息。各方改进信息服务水平,能够协助SGM的销售部门优化营销预测的准确性和提前量,根据优化的预测信息来确定随后的生产和原料采购(进口)计划,可使每批进口零配件的品种构成更为合理,从而可相应地减少在途和上海区域配送中心中不必要的库存积压。

资料来源:《三个供应链管理案例,值得收藏!》(https://zhuanlan.zhihu.com/p/149912240),内容有改动。

第一节 供应链概述

一、供应链的定义

"供应链"这一名词直接译自"supply chain",国内也有学者将其译为"供需链",许多学者从不同的角度给出了不同的定义。

早期,有的学者认为供应链是制造企业中的一个内部过程,它是指从企业外部采购的原材料和零部件,通过生产转换和销售等环节,传递到零售商和用户的过程。有些学者把供应链的概念与采购、供应管理相关联,用供应链来表示生产商与供应商之间的关系,这种观点得到了那些研究合作关系、及时生产方式、精益化供应、供应商行为评估等问题的学者的重视。

后期,有学者开始注意企业之间的联系,更加关注供应链企业的外部环境,认为供应链应是一个通过链中不同企业的制造、组装、分销、零售等过程,将原材料转换成产品,再到最终用户的转换过程,这是更大范围、更为系统的概念。

近期,供应链的概念更加注重围绕核心企业的网链关系,如核心企业与供应商、供应商的供应商乃至一切前向的关系,核心企业与用户、用户的用户及一切后向的关系。此时,企业认为供应链是一条网链,丰田、耐克、东风日产、麦当劳、苹果等公司的供应链管理都从网链的角度来理解和实施。

到目前为止,学者们尚未给出统一的供应链定义。笔者接下来将介绍几种比较常见的定义。

美国学者史蒂文斯认为,通过增值过程和分销渠道控制从供应商到用户的流就是供应链,它开始于供应的源点,结束于消费的终点。因此,供应链就是通过计划、获得、存储、分销、服务等活动而在顾客和供应商之间形成的一种衔接,从而使企业能满足内外部顾客的需求。

哈里森认为,供应链是执行采购原材料,将它们转换为中间产品和成品,并将成品销售给用户的功能网链。

菲利普和温德尔认为,供应链中的战略合作伙伴关系是很重要的,通过建立战略合作伙伴关系,企业可以与重要的供应商和用户更有效地开展工作。

2017年10月,国务院办公厅发布的《关于积极推进供应链创新与应用的指导意见》对供应链的定义是:供应链是以客户需求为导向,以提高质量和效率为目标,以整合资源为手段,实现产品设计、采购、生产、销售、服务等全过程高效协同的组织形态。

我国学者马士华将供应链概念界定为,供应链是围绕核心企业,通过对信息流、物流、资金流的控制,从采购原材料开始,制成中间产品(零部件)以及最终产品,最后通过销售网络把产品送到消费者手中的,将供应商、制造商、分销商、零售商直到最终用户连成一个整体的功能网链结构。

二、供应链的结构模型

供应链跨越了企业界限,将企业管理的视角扩展到上下游的各个合作伙伴。根据供应链的实际运行情况,在一个供应链系统中,有一个企业处于核心地位,该企业起着对供应链中的信息流、资金流和物流进行调度和协调的作用。供应链的结构模型如图 10-1 所示。

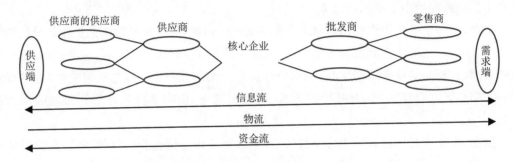

图 10-1 供应链的结构模型

从图 10-1 中我们可以看出,供应链由所有加盟的节点企业组成,其中有一个核心企业(可以是制造型企业,如汽车制造商,也可以是零售型企业,如美国的沃尔玛),其他节点企业在核心企业需求信息的驱动下,通过供应链的职能分工与合作(生产、分销、零售等),从供应端的源头开始,到产品消费市场需求端,从全局和整体的角度考虑产品的竞争力,以信息流、物流、资金流为媒介实现整个供应链的不断增值。

三、供应链的特征

从供应链的结构模型中我们可以看出,供应链是个网链结构,由围绕核心企业的供应商和用户组成。一个企业是一个节点,不同的节点企业之间是一种需求与供应关系。供应链主要具有以下特征。

1. 复杂性

因为供应链节点企业组成的跨度(层次)不同,供应链往往由多个、多类型甚至多国企业构成,所以供应链结构模式比一般单个企业的结构模式更为复杂。

2. 动态性

因企业战略和适应市场需求变化的需要，节点企业需要动态地更新，这就使得供应链具有明显的动态性。

3. 面向用户需求

供应链的形成、存在、重构，都是基于一定的市场需求而发生的，并且在供应链的运作过程中，用户的需求拉动是供应链中信息流、产品/服务流、资金流运作的驱动源。

4. 交叉性

节点企业可以是这个供应链的成员，同时又是另一个供应链的成员，众多的供应链形成交叉结构，增加了协调管理的难度。

5. 增值性

我们可以把将产品开发、供应、生产、营销、客户服务都联系在一起的供应链看作一个整体，使企业从系统的观点出发思考增值过程。一方面，要根据客户的需求，不断增加产品的技术含量和附加值。另一方面，要不断地减少客户不愿意支付的一切无效劳动与浪费，使进入市场的产品同竞争对手的产品相比，能为客户带来真正的效益和价值，从而为企业带来应有的利润。所以，供应链是一条名副其实的增值链，能使每一个节点企业都获得利润。

6. 快速响应性

快速响应市场是供应链产生的一个基本要求，因此，以动态联盟为形式的虚拟企业应运而生，动态联盟供应链成为现代扩展供应链的主要形式之一。

四、供应链的类型

根据不同的划分标准，我们可以将供应链分为不同的类型。

（一）平衡的供应链和倾斜的供应链

根据供应链容量与用户需求的关系，我们可以把供应链划分为平衡的供应链和倾斜的供应链。任何一条供应链均具有相对稳定的设备容量和生产能力(所有节点企业能力的综合,这些企业包括供应商、制造商、运输商、分销商、零售商等),但用户需求处于不断变化的过程中,则市场需求与供应能力就会出现两种情况。一种情况是,供应链的容量能满足用户需求,供应链处于平衡状态,这就是平衡的供应链。在该供应链下,企业的生产比较平衡,成本水平基本稳定,企业利用库存维持需求与供应的平衡。另一种情况是,当市场变化加剧,造成供应链成本增加、库存增加、浪费增加等现象时,企业不是在最优状态下运作,供应链则处于倾斜状态,这就是倾斜的供应链。

(二)稳定的供应链和动态的供应链

根据供应链存在的稳定性,我们可以将供应链分为稳定的供应链和动态的供应链。基于相对稳定、单一的市场需求而形成的供应链稳定性较强,而基于相对频繁变化、复杂的需求组成的供应链动态性较强。

(三)效率型供应链和响应型供应链

供应链构成类型及特点与它所支持的产品在市场上的表现特点有很大的关系。根据产品在市场上的表现特点,我们可以将产品分为功能型产品和创新型产品。

功能型产品一般用于满足用户的基本需求,变化很小,具有稳定的、可预测的需求和较长的寿命周期,但是,其稳定性同时也引起了竞争,通常会导致较低的边际利润率,日常用品一般属于这种类型。

创新型产品指那些满足人们基本需求以外的需求的产品。为了避免利润的降低,许多企业在款式和技术上进行创新,为消费者购买自己的产品提供更多的理由,如时装和计算机。虽然创新能为企业带来更高的利润,但是创新型产品的新奇性同样也使得其需求变得难以预测。因此,创新型产品的生产周期短,一般只有1~3年,模仿者会迅速侵蚀创新型产品的竞争优势,这就要求企业不断地引入更新的创新型产品。而这一产品的生产周期的短暂和类型的多样又进一步增加了需求的不可预测性。

功能型产品和创新型产品的需求特征如表10-1所示。

表10-1 功能型产品和创新型产品的需求特征

需求特征	功能型产品	创新型产品
需求预测	可预测	不可预测
产品生命周期	超过2年	1~3年
边际贡献	5%~20%	20%~60%
产品多样性	低(10~20种)	高(数以千计)
平均预测失误率	10%	40%~100%
平均缺货率	1%~2%	10%~40%

续表

需求特征	功能型产品	创新型产品
季末降价率	0	10%~25%
按订单生产的提前期	6~12个月	1~14天

功能型产品和创新型产品的特点不同,决定了两类产品需要完全不同的供应链。为了将供应链和产品类型进行合理匹配,我们还需要对效率型供应链和响应型供应链的功能有全面的认识。

效率型供应链(efficient supply chain)主要体现供应链的物料转换功能,即以最低的成本将原材料转化成零部件、半成品、产品,以及在供应链中的运输等;响应型供应链(responsive supply chain)主要体现供应链对市场需求的响应功能,即把产品分配到满足用户需求的市场,对未预知的需求做出快速反应等。两种类型的供应链特征比较如表10-2所示。

表10-2 效率型供应链和响应型供应链的比较

比较项目	效率型供应链	响应型供应链
基本目标	以最低的成本供应可预测的需求	快速响应不可预测的需求,使缺货、降价、废弃最小化
生产方面	保持较高的平均利用率	配置多余的缓冲能力
库存策略	实现高周转,使链上库存最低	合理配置零部件或成品的缓冲库存
提前期	在不增加成本的前提下压缩提前期	积极投资,以缩短提前期
供应商选择依据	主要根据成本和质量	主要根据速度、柔性和质量
产品设计策略	最大化绩效和最小化成本	使用模块化设计,尽可能减少产品差异

当知道了产品特性和供应链功能后,我们就可以设计出与产品需求相一致的供应链。设计策略如表10-3所示。

表10-3 供应链类型与产品类型策略

供应链类型	功能型产品	创新型产品
效率型供应链	匹配	不匹配
响应型供应链	不匹配	匹配

从表10-3中,我们可以看出产品和供应链的特性如何搭配,管理者可以据此判断企业的供应链流程设计是否与产品类型一致:效率型供应链适用于功能型产品,响应型供应链适用于创新型产品。

(四)敏捷型供应链

效率型供应链和响应型供应链的划分主要是从市场需求变化的角度做出的,重点是供应链如何处理市场需求不确定的问题。在供应链管理的实际过程中,我们不仅要处理来自需求端的不确定性问题,而且要处理来自供应端的不确定性问题。在有些情况下,来自供应端的不确定性对整个供应链运作绩效的影响可能更大一些。随着市场的变化越来越快,那些具备较强应变能力的企业能够及时调整策略渡过难关,而那些不具备应变能力的企业则面临被市场淘汰的风险。从供应和需求的不确定性对供应链运作管理的影响出发,人们进一步细分了供应链的类型,这就有了"敏捷型供应链"这一说法。图10-2中的敏捷型供应链是一种综合能力最强的供应链系统,它能够对需求和供应的不确定性做出及时反应,使自己始终能够随着运行环境的变化而变化。

		需求的不确定性	
		低(功能型产品)	高(创新型产品)
供应的不确定性	低(稳定流程)	Ⅰ. 效率型供应链 杂货、服装、 食品、石油和天然气	Ⅱ. 响应型供应链 时装、家具、 计算机、流行音乐
	高(变化流程)	Ⅲ. 风险规避型供应链 水力发电和 某些食品加工	Ⅳ. 敏捷型供应链 电信、高端电脑、 半导体

图 10-2　考虑需求不确定性和供应不确定性的供应链类型

第二节　供应链管理概述

一、供应链管理的产生与发展

任何一种新型管理模式的诞生、发展乃至广泛应用都有其特定的背景,供应链管理也不例外。供应链管理的产生源于传统利润源的枯竭,是传统企业组织寻找新的利润源的结晶。20世纪80年代以前,精益制造、看板管理及全面质量管理等先进的企业内部管理技术曾大幅度地降低了企业的生产成本,显著地提升了企业的竞争优势。然而,到了20世纪80年代后期,随着全球化的到来,企业的传统利润源逐渐枯竭,市场竞争日趋激烈,导致用户需求的不确定性和个性化需求的增加、产品寿命周期的缩短和产品结构的日益复杂,这些都对传统的企业运作管理模式提出了挑战。

为了快速、有效地抓住市场机遇,满足顾客的个性化需求,挖掘新的利润增长点,从20世纪90年代起,国际上越来越多的企业将目光从企业内部管理转向企业的外部资源,即原材料的供应和产品的销售环节上。世界著名的宝洁公司通过与其供货商、销售商的紧密合作,共同制订商业计划,在短期内节约了数千万美元。还有一些企业利用"横向一体化"(horizontal integration)的思想来快速响应市场的需求。例如,美国福特汽车公司只完成其产品的设计和市场的销售这两个核心环节,将其余部分全部外包给合作伙伴来完成,福特汽车的发动机由日本的马自达公司生产,其他零部件由韩国的制造厂生产。福特汽车公司这样做的目的是利用其他企业的资源来促使产品快速上市,避免自己因投资而导致的基建周期长等问题,从而使产品赢得低成本、高质量、早上市等诸多方面的竞争优势。"横向一体化"形成了一条从供应商到制造商再到分销商的贯穿所有企业的"链",由于相邻节点企业表现出一种需求与供应的关系,当把所有相邻企业依此连接起来,便形成了供应链。

实践表明,供应链管理这一新的管理模式,使企业间的合作日益加强,每个企业都通过突出自己的核心业务来提高自身的核心竞争力,通过非核心业务的外包建立起良好的供应链体系。供应链上每个节点的企业都能轻装上阵,提供其业务范围内质量和价格方面均最有竞争力的产品和服务,达到降低管理成本、提高资源配置效率的目的,用最低的成本、最快的速度、最好的质量赢得市场,受益的不只是一家企业,而是一个企业群体。供应链管理被称为是21世纪企业利润增长的新源泉。

二、供应链管理的概念

供应链是一个组织的体系,但是供应链体系本身并不能天然地带来人们所期望的结果,必须通过对供应链的管理,才能让供应链真正发挥出其应有的作用,因此也就有了供应链管理(supply chain management, SCM)的概念。

近年来,供应链管理更加注重围绕核心企业的网链关系,如核心企业与供应商、供应商的供应商乃至与一切前向的关系,与用户、用户的用户及一切后向的关系,如丰田、耐克、尼桑、麦当劳和苹果等公司的供应链管理都从网链的角度来实施。在国外,有学者认为,供应链管理是通过前馈的信息流和反馈的物料流及信息流,将供应商、制造商、分销商、零售商,直到最终用户连成一个整体的管理模式。也有学者认为,供应链管理不是供应商管理的别称,而是一种新的管理策略,它把不同企业集成起来,以提升整个供应链的效率,注重企业之间的合作。归纳来看,供应链管理是一种集成的管理思想和方法,强调通过计划和控制实现企业内部与外部之间的合作,对供应链各种活动进行人为干预和管理。

国内学者马士华等也给出了供应链管理的定义,认为供应链管理就是使以核心企业为中心的供应链运作达到最优化,以最低的成本,令供应链从采购开始到满足最终顾客需求的所有过程,包括工作流(work flow)、实物流(physical flow)、资金流(funds flow)和信息流

(information flow)等均高效率地运作,把合适的产品以合理的价格及时准确地送到消费者手上。

三、供应链管理的核心理念

从供应链管理的概念和供应链的结构模型中,我们可以看出,供应链管理的对象是一个以核心企业或品牌商为核心的企业群。核心企业通常也就是品牌商,要使该品牌产品具有强大的竞争力,它的供应链管理就必须十分强大。为了使供应链达到提高竞争力的目的,供应链管理要坚持四大核心理念。

(一)整合理念

在多年的供应链管理实践中,人们已将供应链管理从一般性的管理方法提升到整合(integration)思维的高度。这一思维范式强调从供应链整体最优目标出发寻求最佳市场资源整合的模式。当一个企业要拓展一项业务或开辟一个新的市场时,首先应该从企业外部寻找最佳资源,而不是什么事都亲力亲为。再强大的企业,其资源和能力在庞大的市场面前都是十分有限的,如果什么事都只想着自己来做,可能会丧失很多机会,甚至将企业带入万劫不复的深渊。因此,整合理念就成为供应链管理的重要核心理念之一。

(二)合作理念

供应链管理是从"横向一体化"发展而来的,因此在供应链管理的实践中,人们非常强调合作伙伴之间的合作。只有合作伙伴之间有真诚的、战略性的合作,才能共同实现供应链的整体利益最大化。供应链管理的对象是一个企业群,其中的每一个企业都有各自的核心业务和核心能力,如何将这些企业的能力整合在一起,形成真正的合力,是实现供应链整体目标的关键。如果每个企业都只顾自身利益,那么将损害供应链的整体目标,最后也没有办法保证个体的利益。因此,供应链管理的核心企业要与自己的合作企业形成战略性的合作伙伴关系,核心企业必须兼顾合作伙伴的利益和诉求,这样才能调动合作伙伴的积极性。如果核心企业只想着如何从其他企业赚取利益,还想将风险转嫁到其他企业身上,这样的供应链是不可能健康发展的。

(三)协调理念

供应链管理涉及若干个企业在运营中的管理活动,为了实现供应链管理的目标,相关企业在运营活动中必须按照计划协调运作,不能各自为政。例如,供应商应该按照制造商的要求,将零部件按计划生产出来并准时配送到制造商的装配线上,并且不同零部件的供应商必须同步地将各自的零部件配送到位。任何一个供应商的延误,不仅会使自己遭受损失,而且会连累那些准时交货的供应商,当然更不用说对总装配延误的影响了。协调运作的另一个问题就是打破传统的企业各自为政的分散决策方式,通过协调契约的设计,使合作双方增加收益,同时达到供应链整体利益最大化的目标。

(四)收益分享

供应链管理强调的另一个重要理念就是收益共享。通过供应链资源整合,各企业之间形成了合作伙伴关系,协调运作达到整体利益最大化,这还不是供应链管理的全部。合作企业之所以愿意在一个供应链体系内共创价值,是因为它们看到这个供应链能够创造更多的收益,但是这些收益必须实行共享,才有可能将供应链的资源整合起来。如果合作企业发现供应链的利益被某个企业独占,它们是不可能参与到供应链管理系统中的,即使有可能介入,可能也是抱着短期利益最大化的心态,牺牲的是供应链未来的发展。因此,是否具有供应链管理的核心理念——收益共享,是保证合作伙伴能否真心实意地与核心企业站在一个阵营内的重要条件。

四、供应链管理的内容及关键要素

(一)供应链管理的内容

供应链管理主要涉及五个领域:需求、计划、物流、供应、回流。这五个领域中,需求是关键的要素。恰当的供应链设计取决于顾客的需求和满足这些需求所涉及环节的作用。任何一个供应链存在的主要目的,都是满足顾客需求,并在这一过程中获得利润。

在以上五个领域的基础上,我们可以将供应链管理细分为职能领域和辅助领域。职能领域主要包括产品工程、产品技术保证、采购、生产控制、库存控制、仓储管理、分销管理。辅助领域主要包括客户服务、制造、设计工程、会计核算、人力资源、市场营销。

由此可见,供应链管理关心的并不仅仅是物料实体在供应链中的流动,除了企业内部与企业之间的运输问题和实物分销以外,供应链管理还包括以下主要内容:战略性供应商和用户合作伙伴关系管理;供应链产品需求预测和计划;供应链的设计(全球节点企业、资源、设备等的评价、选择和定位);企业内部与企业之间的物料供应与需求管理;基于供应链管理的产品设计与制造管理,生产集成化计划、跟踪和控制;基于供应链的用户服务和物流(运输、库存、包装等)管理;企业间资金流管理(汇率、成本等问题);基于网络的供应链交互信息管理;反向物流管理。

供应链管理注重总的物流成本(从原材料到最终产品的费用)与客户服务水平之间的关系,为此,我们要把供应链各个职能部门有机地结合在一起,从而最大限度地发挥供应链整体的力量,达到供应链企业群体获益的目的。

(二)供应链管理的关键要素

为了从整体上了解供应链管理的构成要素,在上述供应链管理内容的基础上,我们可以将供应链管理的要素归纳为以下 10 点。

1. 需求管理

供应链管理的产生就是为了应对当今社会高新技术迅猛发展、市场竞争日益激烈、产品寿命周期缩短、产品结构越来越复杂、用户需求的不确定性和个性化增加的复杂环境,因此供应链管理必然也是以客户需求为导向的。

为了提高客户满意度,供应链企业必须同时做好线上和线下全渠道的客户需求管理工作,使供应链的运营能够围绕客户需求进行。供应链企业必须采用先进的需求管理和预测技术,将互联网时代的碎片化需求整合起来,这样才能准确掌握客户需求信息和客户动态,为客户提供便捷的消费渠道,快速响应客户的个性化需求,始终如一地为客户提供优质、可靠的产品和服务。

2. 供应链生产与计划管理

供应链生产与计划管理在整个供应链系统中处于中心位置,是连接所有相关的供应链企业生产系统与市场的枢纽,是供应链管理中最重要的要素之一。供应链计划的制订一般由核心企业主导,它的主要功能有:① 定义供应链活动范围;② 规划供应链企业的客户订单承诺能力、供应商物料需求计划、配送需求计划、订单交付周期压缩计划等;③ 制订主生产计划,包括需求预测、需求管理、主生产计划编制、制造支持、物流资源匹配支持等。整个供应链的生产活动都按照指令运行。供应链生产与计划管理着眼于优化整个供应链,涉及从原材料供应、产品制造、订单交付、产品配送直到到达最终客户的全过程的管理。

3. 采购及库存管理

在供应链管理中,采购及库存管理是通过供应商寻源、物料采购并维持一定量的库存来保证供应链的生产与订单交付的。

首先,企业要根据市场需求及企业生产策略,在供应端寻找最合适的供应商,完成物料采购,并根据生产进度将物料配送到生产线,以此保证物料的供应,这是供应链运作管理的重要工作之一。其次,企业在实际管理活动中,经常出现由于各种不确定性问题而导致的物料供应中断,如原材料延迟到达、机器故障、产品质量存在缺陷、客户订单突然取消等。为了抵御这些不确定因素对供应链整体的影响,企业管理者必须配置一定量的库存(如原材料、半成品和成品等不同形态的物料)以吸收和平衡随机波动因素带来的损失。因此,很长一段时间以来,企业为了提高客户订单准时交付率,常常要维持足够的库存量(作为安全缓冲),这样,即使供应链上的企业出现了问题,也不会太影响整个供应链的服务水平。然而,增加库存水平必然导致库存持有成本上升,过高的库存水平对供应链效率与成本都有巨大的影响,因此,协调好物料采购、控制好供应链中的库存水平、保证供应链的物料供应等,一直是供应链管理的重要组成部分。

4. 供应链网络设计

供应链网络系统是为客户提供产品生产和服务的物质基础,通常指由工厂、车间、设备、仓库、配送中心等实体构成的一个有机体系,是实现企业产品物流和配送活动的载体。供应链网络设计是指根据用户的需要,运用科学的方法,确定各种设备设施和仓储库房等的数量、地理位置与规模大小,并分配各设备设施所服务的市场(服务对象)范围,使之与供应链的整体经营运作系统有机结合,以实现高效、经济的供应链运作。供应链网络设计对设备设施的全局性布置以及投产后的生产经营费用、产品和服务质量、成本都有极大而长久的影响。

不同行业的供应链网络,对其功能的需要也不同。因此,供应链网络也需要根据不同的市场环境进行合理规划和设计,如响应型供应链、效率型供应链、敏捷型供应链等。无论哪种功能类型的供应链网络,有关定位、能力及设施特性的决策对供应链效率与响应速度都有很大的影响,保证供应链网络决策的合理性和正确性是供应链正常运行的前提,因而其成为供应链管理的重要组成部分。

5. 供应链合作伙伴关系管理

为了降低供应链总成本,降低供应链上的库存水平,增强信息共享水平,改善企业相互之间的交流,保持战略伙伴之间业务流程运作的一贯性,我们必须管理好供应链企业间的战略合作伙伴关系。供应链上的每个节点企业要想实现财务状况、质量、产量、交货、用户满意度以及业绩的改善和提高,都必须着眼于与其合作的企业建立起战略合作伙伴关系,而不能仅停留在一般的交易关系上,也不能仅从自身利益最大化角度出发。只有供应链的整体竞争力提高了,每个企业才能从中获得成长。供应链的绩效是以供应链成员企业之间充分信任和相互合作为基础的,可以说,供应链管理就是合作伙伴关系管理。

强调供应链合作伙伴关系,除了强调其作为供应链协调运作的基础与保障、共同分担供应链上的风险之外,还有另一层更重要的理念,即与合作伙伴分享供应链的总体收益,使供应链上的每一个成员都能够在供应链整体价值增加的情况下获得自己应得的那份收益。这就是人们常说的风险共担、收益共享。这是保证供应链协调运作的核心价值观。

6. 物流管理

在传统的企业管理体系中,物流仅仅被当作企业经营活动中的辅助内容,许多企业并不关注物流管理,缺乏战略性的物流规划和运筹优化。有的企业之所以缺乏整体竞争力,原因之一就是它们的物流体系不通畅,导致产品配送受阻,影响了产品的准时交货。传统的企业管理者只重视产品生产,而对保证生产正常进行的其他支持系统重视不够。例如,有的企业没有建立有效的供应物流协同管理体系,导致外购材料或零部件缺件,因而延误产品总装配进度,进而影响产品的按期交付。再如,有的企业没有建立敏捷的客户响应系统,产品不能及时、准确地配送到客户手中,企业的服务跟不上客户的需求,特别是在电子商务和C2M的环境下,供应链物流系统的末端配送水平直接影响客户的体验。供应链管理思想认为,要想使自己的供应链系统产生超常的竞争优势,就要使企业在成本、质量、时间、服务、灵活性上的竞争优势显著提高,这就需要从企业战略的高度对供应链物流系统进行规划和管理,把供应链管理战略通过物流管理落到实处。因此,供应链管理的理论研究与实践都将物流管理作为重要内容。

7. 供应链信息流管理

信息流是供应链上各种计划、订单、报表、库存状态、生产过程、交付过程等指令和其他关键要素相互之间传递的数据流,包含整个供应链中有关库存、运输、绩效评价与激励、风险防范、合作关系、设施和客户的信息以及对信息的分析。信息流直接影响着物流、资金流、商流及其他关键要素的运行质量,所以它是供应链性能改进中最重要的要素。对信息流的有效管理能够保证供应链企业对市场需求的响应更快、资源利用率更高。

信息技术的发展进一步增强了企业应用供应链管理的效果。成功的企业往往通过应用信息技术来支持和发展其经营战略。

8. 供应链企业的组织结构

为了提高供应链的效率与反应速度,不少企业对企业供应链管理模式,特别是企业的组织结构形式不断进行研究与实践。供应链组织创新是企业组织优化的重要组成部分,而且这种优化超越了企业的边界,连接起供应链的上下游企业,致力于形成一种现代的、能够支持整个供应链管理的全新组织体系,不仅对提高供应链的竞争力起着非常重要的作用,而且创造了新的组织管理理论。

9. 供应链绩效评价与激励机制

供应链绩效评价与激励是供应链管理中的一项综合性活动,涉及供应链各个方面的情况。供应链绩效评价的目的主要有两个:一是判断各方案是否达到了各项预定的性能指标,能否在满足各种内外约束条件下实现系统的预定目标;二是按照预定的评价指标体系评出参评方案的优劣,做好决策支持,帮助管理者进行最优决策、选择系统实施方案。供应链激励的目标主要是通过某些激励手段,调动合作双方的积极性,兼顾合作双方的共同利益,消除由于信息不对称和败德行为带来的风险,使供应链协调运作,消除双重边际效应,实现供应链企业共赢的目标。

通过建立供应链绩效评价与激励机制,我们可以围绕供应链管理的目标对供应链整体、各环节(尤其是核心企业)运营状况以及各环节之间的运营关系等进行事前、事中和事后分析和评价。如果供应链绩效评价与激励机制设置不当,将会造成系统无法正确判断供应链运行状况,不利于各成员合作关系的协调。因此,保证供应链绩效评价与激励机制的合理性和一致性是供应链运行的关键。

10. 供应链风险管理

在供应链管理的实践中,存在很多导致供应链运行中断或其他异常情况的风险。例如,2001年9月11日在美国发生的"9·11"恐怖袭击事件,2011年的日本大海啸等,都曾导致供应链运行中断,给企业、国家和世界经济造成了巨大的影响。因为企业的供应链是环环相扣的,任何一个环节出了问题,都可能影响供应链的正常运作。这些事件的发生具有极大的不确定性和偶然性,是无法预知的。因此,供应链风险管理是企业管理者必须充分重视的内容。

建立供应链风险防范机制和管理体系,能够使供应链系统在受到内外部各种风险因素的影响时仍然良好、稳健地运行。也就是说,供应链管理通过风险防范机制和有效的应急响应机制,能够快速地应对无法预测的风险,以最低成本最有效地保证供应链正常运行。因此,供应链风险管理机制设置的合理性和灵活性是供应链正常运行的保证。

数字资源 10-1
理解供应链的前世今生,才明白中国制造的意义

在21世纪,企业的成功与否关键在于供应链管理的成功与否,而供应链管理的成功与否取决于人们对供应链管理系统的结构与思想的认识和把握。全面构建供应链管理系统的关键要素体系,是供应链有效运行的前提和保障。

第三节 供应链物流管理

一、供应链物流管理概述

(一)供应链管理与物流管理的关系

供应链管理与物流管理有着十分密切的关系。供应链管理是由物流管理发展而来的,

但是供应链管理已经超出了物流管理的范围。供应链管理的核心是通过供应链上贸易伙伴的密切合作来获得潜在的竞争优势。物流是为满足顾客需求,对从来源点到使用点的货物、服务及相关信息的有效率与有效益的活动和储存进行计划、执行与控制的供应链过程的一部分。可见,物流管理的战略导向是顾客需求,物流是供应链过程的一部分。我们可以从两个方面来理解供应链管理与物流管理的关系。

1. 供应链管理是物流管理的延伸

供应链管理要求企业从仅关注优化物流活动,转变为关注优化所有的企业职能,包括需求管理、市场营销和销售、制造、财务和物流,将这些活动紧密地集成起来,以实现在产品设计、制造、分销、顾客服务、成本管理以及增值服务等方面的重大突破。鉴于成本控制对企业获利仍很关键,物流绩效将逐渐对整个企业的快速反应能力做出评估。这种内部定位,要求高层管理者将企业的战略计划和组织结构的关注点放在物流职能上。

供应链管理考虑企业外部存在的竞争优势和机会,关注外部集成和跨企业的业务职能,通过重塑它们与它们的代理商、顾客和第三方联盟之间的关系,来寻找生产率提高和竞争能力扩大的空间。信息技术将整个供应链连接在一起,企业将视它们自己和它们的贸易伙伴为一个扩展企业,从而形成一种创造市场价值的全新方法。

2. 供应链管理是物流管理的新战略

供应链管理的运作关注传统的物流运作任务,如加速供应链库存的流动,与贸易伙伴一起优化内部职能,并且提供一种在整个供应链上持续降低成本以提高生产率的机制。然而,供应链管理的关键要素、真正力量在于它的战略方面。供应链管理扩展企业的外部定位和网络能力,能使企业运用共同市场理念,构造变革性的渠道联盟,以寻找产品和服务方面的重大突破,并且管理复杂的渠道关系使企业能主导市场方向,产生相关的新业务,探索关键性的新机会。

(二)供应链物流管理的概念

供应链物流管理是以物流为控制对象的供应链管理。它致力于将企业生产经营中的所有物流活动组成一个完整的供应链,实行一体化管理。完整的供应链管理包括整个供应链的商流、资金流和信息流等的管理,物流管理只是供应链管理的一个方面。就目前而言,供应链管理应用最多也最为成功的领域是物流,即供应链物流管理。

从物流系统的角度看,供应链物流管理是将供应链中的上下游企业作为一个整体,通过相互合作、信息共享,实现库存的合理配置,提高物流的快速反应能力,降低物流成本的一种物流管理方式。简言之,供应链物流管理就是运用供应链管理思想对供应链物流活动进行计划、组织、协调和控制。

供应链物流管理强调供应链成员组织不是孤立地优化自身的物流活动，而是通过协作、协调与协商提高供应链物流的整体效率。供应链物流管理注重总的物流成本与客户服务水平之间的关系，利用系统理论和集成思想，把供应链成员的各个职能部门有机地结合在一起，最大程度地发挥出供应链的整体优势。在供应链物流管理中，由于涉及的企业和环节较多，所以它比单个企业的物流管理复杂，操作难度大。但是，它能带来的效益却不是各企业单独管理所能比拟的。正因为供应链物流管理具有高度复杂性，所以在实践中，供应链成员需要积极参与，密切配合，如此方能创造出供应链物流管理应有的效益。

（三）供应链物流管理的目标

供应链物流管理的目标是通过调和总成本最小化、客户服务最优化、总库存最小化、总周期时间最短化以及物流质量最优化等目标之间的冲突，实现供应链绩效最大化。此处以总成本最小化、客户服务最优化、总周期时间最短化为例进行说明。

1. 总成本最小化

众所周知，采购成本、运输成本、库存成本、制造成本以及供应链物流的其他成本费用都是相互联系的。因此，为了实现有效的供应链物流管理，必须将供应链各成员企业作为一个有机整体来考虑，并使供应物流、制造物流与分销物流之间达到平衡。所以，总成本最小化目标并不是指运输费用或库存成本，或其他任何供应链物流运作与管理活动的成本最小，而是整个供应链物流运作与管理的所有成本的总和最小化。

2. 客户服务最优化

为整个供应链的有效运作提供高水平的服务是供应链物流的本质。由于物流服务水平与成本费用之间存在二律背反关系，要建立一个效率高、效果好的供应链物流网络结构系统，就必须考虑总成本费用与客户服务水平的平衡。供应链物流管理以最终客户为中心，客户的满意是供应链赖以生存与发展的关键前提。因此，供应链物流管理的主要目标就是以最低的总成本费用实现整个供应链客户服务的最优化。

3. 总周期时间最短化

在当今的市场竞争中，时间已成为竞争成功最重要的要素之一。当今的市场竞争不再是单个企业之间的竞争，而是供应链与供应链之间的竞争。从某种意义上说，供应链之间的竞争实质上是时间的竞争，最大限度地缩短从客户发出订单到获取满意交货的整个供应链物流的总周期时间，是供应链物流管理的重要目标之一。

（四）供应链物流管理的特点

1. 供应链物流的起点：客户物流

由于整个供应链都是由客户需求拉动的，因而客户的采购物流是供应链物流的起点，整个供应链物流管理要以满足客户物流需求为核心，主动积极地为客户提供增值物流服务。

2. 供应链物流的协调与管理中心：核心企业

供应链是基于核心企业的利益共同体，虽然各成员企业都具有独立法人资格，相互之间没有行政上的隶属关系，但整个供应链体系是靠核心企业驱动的。同样，对供应链物流而言，核心企业发挥调度与管理中心作用，负责对从供应商到核心企业的供应物流，到核心企业的内部物流，再到分销商与最终客户的分销物流的总体协调与控制，确保供应链物流总成本最小化。

3. 供应链物流管理的利润源：企业接口物流

在实行供应链管理之前，供应商与制造商、制造商与分销商、分销商与客户等关联企业之间的接口往往出现管理"真空"，存在大量的物流延迟、重复作业和冗余库存等。通过供应链物流管理，成员企业之间实现了全流程的无缝作业，能大幅提高接口工作效率，有效减少物流重复、浪费与失误。

4. 供应链物流管理实现的基础前提：现代信息与网络技术

网络的普及和运用，为供应链物流的信息共享与信息交互提供了基础平台；电子数据交换技术、企业资源计划（enterprise resource planning，ERP）、客户关系管理（customer relationship management，CRM）的不断完善与广泛应用，为供应链物流管理提供了技术保障。

5. 供应链物流管理实现的理论保证：现代管理思想与方法

业务流程重构能够消除各职能部门以及供应链成员企业的自我保护主义，实现供应链物流组织的集成与优化；准时制管理、快速反应、有效客户反应、全面质量管理等管理思想与技术方法的综合运用，为实现供应链物流管理方法的集成提供了可能；资源整体优化配置，有效地运用价值链激励机制，寻求非增值活动及相应结构的最小化，实现供应链物流管理效益的优化与集成。

二、供应链物流管理的方法

(一)供应商管理库存策略

供应商管理库存(vendor managed inventory,VMI)策略是于20世纪80年代末出现的一种新型的供需双方之间的合作性策略,打破了传统各自为政的库存管理模式,实现了在降低供应链总库存成本的同时提高客户服务水平。VMI策略充分体现了供应链的集成化管理思想,适应了市场变化的要求,是一种新的、有代表性的供应链管理环境下的库存管理思想。

VMI策略的主要思想是供应商在用户的允许下设立库存,确定库存水平和补给策略,并拥有对库存的控制权和决策权。精心设计的VMI系统,不仅可以降低供应链的库存水平,降低成本,而且用户还可以获得高水平的服务,改进资金流,与供应商共享需求变化的透明性,并获得更多用户的信任。

1. VMI策略的核心原则

(1)合作精神(合作性原则)

在实施该策略时,相互信任与信息透明是很重要的,供应商和用户(零售商)都要有较好的合作精神,才能够相互保持较好的合作。

(2)使双方成本最小(互惠原则)

VMI策略解决的不是关于成本如何分配或谁来支付的问题,而是如何减少成本的问题。该策略可使双方的成本都最小。

(3)框架协议(目标一致性原则)

双方都明白各自的责任,在观念上达成一致的目标。双方要回答的问题很多,例如库存放在哪里、什么时候支付、是否需要管理费、要花费多少等,这些问题都需要体现在框架协议中。

(4)总体优化原则

供需双方需要共同努力,消除浪费并共享收益。

2. VMI策略的实施方法

要实施VMI策略,就要改变订单的处理方式,建立基于标准的托付订单处理模式。首先,供应商和批发商(分销商)要一起确定供应商订单业务处理过程所需要的信息和库存控制参数,然后建立一种订单的标准处理模式,如电子数据交换报文标准,最后把订货、交货和票据处理各个业务功能集成在供应商一方。

库存状态透明性(对供应商而言)是实施 VMI 策略的关键。它使供应商能够随时跟踪和检查销售商的库存状态,从而快速响应市场的需求变化,对企业的生产(供应)状态进行相应的调整。为此,需要使用一种能够使供应商和批发商(分销商)的库存信息系统透明连接的方法。

VMI 策略的实施可分为以下几个步骤。

第一步,建立客户情报信息系统。供应商想要有效地管理销售库存,就必须能够获得客户的有关信息。供应商通过建立客户信息库来掌握需求变化的有关情况,把零售商/制造商的需求预测和分析功能集成到供应商的系统中来。

第二步,建立销售网络系统。供应商要很好地管理库存,就必须建立起完善的销售网络管理体系,保证自己的产品需求信息和物流畅通。为此,供应商必须做到以下几点:① 保证自己产品条码的可读性和唯一性;② 解决产品分类、编码的标准化问题;③ 解决商品存储运输过程中的识别问题。

第三步,建立供应商和零售商的合作框架协议。供应商和零售商一起通过协商,确定订单处理的业务流程以及库存控制的有关参数(如再订货点、最低库存水平等)、库存信息的传递方式等。

第四步,组织机构的变革。VMI 策略改变了供应商的组织模式。过去一般由会计经理处理与客户有关的事情,引入 VMI 策略后,订货部门拥有了一个新的职能——负责用户库存的控制、库存补给和服务水平。

一般来说,在以下的情况下,适合实施 VMI 策略:零售商或批发商没有 IT 系统或基础设施来有效管理他们的库存;制造商实力雄厚,并且比零售商市场信息量大;有较高的直接存储交货水平,因而制造商能够有效规划运输。

(二)联合库存管理模式

VMI 策略是一种供应链集成化运作的决策代理模式,它把客户的库存的控制权和决策权交给供应商,当然,供应商也要承担更大的责任和风险,因此这还是与供应链管理的双赢原则略有差距。因此,联合库存管理(jointly managed inventory,JMI)模式应运而生。它更强调风险分担、计划协同、共同管理,它由供需双方根据协议共享信息并且共同监督需求和供应流程,体现了供应链企业之间互惠互利和合作共赢的关系。简单来说,它是对 VMI 策略的优化。

JMI 模式是一种在 VMI 策略的基础上发展起来的上游企业和下游企业权利责任平衡和风险共担的库存管理模式。JMI 模式强调供应链中各个节点企业同时参与,共同制订库存计划,使供应链中的每个库存管理(供应商、制造商、分销商)都从相互之间的协调性考虑,对需求的预期保持一致,从而消除需求变异放大现象。任何相邻节点需求的确定都是供需双方协调的结果,库存管理不再是各自为政的独立运作过程,而是供需连接的纽带和协调中心。JMI 模式的实施包括以下几个方面的内容。

1. 建立供需协调管理机制

为了发挥 JMI 模式的作用,供需双方应从合作的精神出发,建立供需协调管理的机制,明确各自的目标和责任,建立合作沟通的渠道,为供应链的 JMI 模式提供有效的机制。没有一个协调的管理机制,就不可能实施有效的 JMI 模式。建立供需协调管理机制,要从以下几个方面着手。

(1)建立共同合作目标

要实施 JMI 模式,首先供需双方必须本着互惠互利的原则,建立共同的合作目标。为此,供需双方要理解双方在市场目标中的共同之处和冲突点,通过协商形成共同的目标,如用户满意度、利润的共同增长和风险的减少等。

(2)建立联合库存的协调控制方法

联合库存管理中心扮演着协调供需双方利益的角色,起协调控制器的作用,因此需要对库存优化的方法进行明确。这些内容包括库存如何在多个供应商之间调节与分配,库存的最大量和最低库存水平、安全库存的确定、需求的预测等。

(3)建立一种信息沟通的渠道或系统

信息共享是供应链管理的特色之一。为了提高供应链的需求信息的一致性和稳定性,减少由于多重预测导致的需求信息扭曲,应增加供应链各方对需求信息获得的及时性和透明性。为此,应建立一种信息沟通的渠道或系统,以保证需求信息在供应链中的畅通性和准确性。要将条形码技术、扫描技术、零售管理系统和电子数据交换系统集成起来,并且要充分利用互联网的优势,在供需双方之间建立一个畅通的信息沟通桥梁和联系纽带。

(4)建立利益分配和激励机制

要有效运行基于协调中心的库存管理,就必须建立一种公平的利益分配制度,并对参与协调库存管理中心的各个企业(供应商、制造商或批发商)进行有效的激励,防止机会主义行为,增加协作性和协调性。

 2. 发挥两种资源计划系统的作用

为了发挥 JMI 模式的作用,在供应链库存管理中,应充分利用目前比较成熟的两种资源管理系统:制造资源计划(manufacturing resource planning,MRP)和配送需求计划(distribution requirement planning,DRP)。可以在原材料联合库存协调管理中心应用制造资源计划,而在产销联合库存协调管理中心应用配送需求计划,这样就能把两种资源计划系统很好地结合起来。

 3. 建立快速反应系统

快速反应系统在美国等西方国家的供应链管理中被认为是一种有效的管理策略,经历了三个发展阶段。一是商品条码化,通过对商品的标准化识别处理加快订单的传输速度;二是内部业务处理自动化,采用自动补库与电子数据交换系统,提高业务自动化水平;三是采用更有效的企业间合作,消除供应链组织之间的障碍,提高供应链的整体效率,如通过供需双方合作确定库存水平和销售策略等。

目前,在美国等西方国家,快速反应系统的应用已处于比较高级的阶段,人们通过合作计划、预测与补货等策略进行有效的用户需求反应。快速反应系统需要供需双方的密切合作,而协调库存管理中心的建立可以为快速反应系统发挥更大的作用创造有利的条件。

4. 发挥第三方物流企业的作用

第三方物流企业是供应链集成的一种技术手段,它为用户提供各种物流方面的增值服务,如产品运输、订单选择、库存管理等。有一种第三方物流企业是由一些公共仓储公司通过提供更多的附加服务演变而来的,还有一种第三方物流企业是由一些制造企业的运输和分销部门演变而来的。

把JMI模式的部分功能代理给第三方物流系统来进行管理,可以使企业更加集中精力于自己的核心业务,第三方物流企业在供应商和用户之间起着桥梁的作用。

(三)快速反应策略

快速反应策略是在20世纪80年代末从美国服装行业发展起来的一种供应链管理策略,目的在于减少供应链中从原材料到用户的时间和库存,最大限度地提高供应链的运作效率。

快速反应策略是指通过供应链成员企业之间建立战略合作伙伴关系,利用EDI技术等,进行销售时点以及订货补充等经营信息的交换,用多频次、小批量配送方式连续补充商品,以实现缩短交货周期、减少库存、提高顾客服务水平和企业竞争力为目的的一种供应链物流管理方法。快速反应策略的实施步骤如下。

1. 采用条形码和EDI技术

零售商首先必须安装条形码、POS扫描和EDI等技术设备,以加快POS机收款速度,获得更准确的销售数据并使信息沟通更加流畅。

2. 自动补货

自动补货是指基本商品销售预测的自动化,要求供应商更快更频繁地运输重新订购的商品,以保证店铺不缺货,从而提高销售额。自动补货使用过去和目前的销售数据对其可能变化的趋势进行定期预测,以确定订货量,并由供应商主动向零售商频繁交货。在自动补货系统中,供应商通过与零售商缔结战略合作伙伴关系,共享信息,从而自动跟踪补充各个销售点的货源,使供应商提高供货的灵活性和预见性。

3. 先进的补货联盟

成立先进的补货联盟是为了保证补货业务的流畅。零售商和消费品制造商联合起来检查销售数据,制订关于未来需求的计划和预测,在保证有货和减少缺货的情况下降低库存水平。还可以进一步由消费品制造商管理零售商的存货和补货,以加快库存周转速度,提高投资毛利率。

4. 零售空间管理

零售空间管理是指根据每个店铺的需求模式来规定其经营商品的花色品种和补货业务。一般来说,对于花色品种、数量、店内陈列及培训或激励售货员等决策,消费品制造商也可以参与甚至制定决策。

5. 联合产品开发

这一步的重点不再是一般商品和季节性商品,而是像服装等生命周期很短的商品。厂商和零售商联合开发新产品,这能缩短从新产品设计到新产品上市的时间,而且零售商可以经常在店内对新产品进行试销。

6. 快速反应的集成

通过重新设计业务流程,我们将前五步的工作和公司的整体业务集成起来,以支持公司的整体战略。这一步要求零售商和消费品制造商重新设计整个业绩评估系统、业务流程和信息系统,设计的中心围绕着消费者而不是传统的公司职能,这就需要集成的信息技术。原来属于各企业内部事务的计划工作(如生产计划、库存计划、配送计划、销售规划等)现在也需要供应链各企业共同参与。

(四)有效客户反应策略

有效客户反应策略是20世纪90年代初在美国杂货行业发展起来的一种供应链管理策略。有效客户反应策略是供应链上各个企业以业务伙伴的方式紧密合作,了解消费者需求,建立以消费者需求为基础、具有快速反应能力的系统。有效客户反应策略以提高消费者价值、提高整个供应链的运作效率、降低整个系统的成本为目标,最终着眼于提高企业竞争能力。其最终目标是零售商和供应商组成联盟,一起为消费者最大的满意度以及最低成本而努力,建立一个敏捷的消费者驱动的系统,实现精确的信息流和高效的实物流在整个供应链内的有序流动。因此,有效客户反应策略的实施重点包括需求面的品类管理改善、供给面的物流配送方式改进等。有效客户反应策略的主要基础架构涉及三大领域:供应面管理、需求面管理、使有效客户反应策略付诸实践的标准工具及整合力的应用。

(五)协同计划、预测与补货模式

协同计划、预测与补货(collaborative planning, forecasting and replenishment, CPFR)模式是1995年由沃尔玛主导和提出的供应链管理的一种新模式。CPFR模式是在联合预测和补货(collaborative forecast and replenishment, CFAR)模式的基础上,进一步推动共同计划的制订,即合作企业实行共同预测和补货,同时原来属于各企业内部事务的计划工作(如生产计划、库存计划、配送计划、销售规划等)也由供应链各企业共同参与。CFAR是利用互联网,通过零售企业与生产企业的合作,共同做出商品预测,并在此基础上实行连续补货的系统。

CPFR模式的本质特点表现为以下几点。

1. 协同

从CPFR模式的基本思想看,供应链上下游企业只有确立起共同的目标,才能使双方的绩效都得到提升,取得综合性的效益。CPFR模式的新型的合作关系要求双方长期承诺公开沟通、信息分享,从而确立其协同性的经营战略,尽管这种战略的实施必须建立在信任和承诺的基础上,但是这是买卖双方获得长远发展和良好绩效的唯一途径。正是因为如此,协同的第一步就是保密协议的签署、纠纷机制的建立、供应链计分卡的确立以及共同激励目标的形成(例如,共同激励目标不仅包括销量,而且包括双方的盈利率)。应当注意的是,在确立这种协同性目标时,不仅要建立起双方的效益目标,而且要确立协同的盈利驱动性目标,只有这样,才能使协同性能体现在流程控制和价值创造的基础之上。

2. 计划

沃尔玛与制药公司华纳-兰伯特(Warner-Lambert)之间的CFAR模式为消费品行业推动双赢的供应链管理奠定了基础。此后,当美国产业共同商务标准协会(Voluntary Interindustry Commerce Solutions Association, VICSA)定义项目公共标准时,认为需要在已有的结构上增加"P",即合作规划(品类、品牌、分类、关键品种等)以及合作财务(销量、订单满足率、定价、库存、安全库存、毛利等)。此外,为了实现共同的目标,还需要双方协同制订促销计划、库存政策变化计划、产品导入和终止计划,以及仓储分类计划。

3. 预测

任何一个企业或买卖双方都能做出预测,但是 CPFR 模式强调买卖双方必须做出最终的协同预测,像季节因素和趋势管理信息等,无论对服装或相关品类的供应方还是销售方,都是十分重要的,基于这类信息的共同预测能大幅减少整个价值链体系的低效率、死库存,促进产品销售,节约整个供应链的资源。与此同时,最终实现协同促销计划是实现预测精度提高的关键。CPFR 模式所推动的协同预测还有一个特点,即它不仅关注供应链双方共同做出的最终预测,而且强调双方都应参与预测反馈信息的处理和预测模型的制订和修正,特别是如何处理预测数据的波动等问题,只有把数据集成、预测和处理的所有方面都考虑清楚,才有可能真正实现共同的目标,使协同预测落在实处。

4. 补货

做销售预测时,必须将时间序列预测和需求规划预测转化为订单预测,并且供应方约束条件,如订单处理周期、前置时间、订单最小量、商品单元以及零售方长期形成的购买习惯等,都需要供应链双方加以协商解决。根据美国产业共同商务标准协会提出的 CPFR 模式指导原则,协同运输计划也被认为是补货的主要因素。此外,也需要将例外状况的出现纳入考量范围。所有这些都需要在双方公认的计分卡基础上定期协同审核。对于潜在的分歧,如基本供应量、过度承诺等,双方事先应及时加以解决。

本章小结

本章介绍了供应链的概念、特点及类型,供应链管理的概念、核心思想及关键要素,供应链物流管理的概念、特点及运作模式等内容。

21 世纪,市场竞争已经转变为供应链与供应链之间的竞争。供应链是围绕核心企业,通过对信息流、物流、资金流的控制,从采购原材料开始,制成中间产品(零部件)以及最终产品,最后通过销售网络把产品送到消费者手中的,将供应商、制造商、分销商、零售商直到最终用户连成一个整体的功能网链结构。根据产品的需求特性,我们可以将供应链划分为效率型供应链和响应型供应链。

供应链管理是在供应链上实施的计划、组织、管理和控制,超越了单个企业的限制。供应链管理的核心理念为:整合、合作、协调和分享。

供应链物流管理是以物流为控制对象的供应链管理,是供应链管理中一项重要的管理活动。它强调供应链成员组织不是孤立地优化自身的物流活动,而是通过协作、协调与协商提高供应链物流的整体效率。其目标是总成本最小化、客户服务最优化及总周期时间最短化。供应商管理库存策略、联合库存管理模式、快速反应策略、有效客户反应策略,以及协同计划、预测与补货模式是供应链物流管理常采用的策略和方法。

◇ 思考与练习

1. 简述供应链的概念及其特征,并分析一家你熟悉的企业供应链的基本结构。
2. 简析供应链的类型,并简要分析某一企业供应链的特性。
3. 什么是供应链管理?供应链管理具有哪些特点?
4. 供应链管理的核心思想是什么?
5. 供应链管理的关键要素是哪些?
6. 简述物流管理和供应链管理之间的联系。
7. 简析供应链物流管理的目标及特点。
8. 阐述供应链物流管理的方法。
9. 简析供应商管理库存策略的实施步骤。
10. 简述联合库存管理模式的实施策略。
11. 简述协同计划、预测与补货模式的本质特点。

◇ 案例分析

戴尔的供应链管理

戴尔开创的直销模式,冲击了所有的制造业企业,改变了产业形态。戴尔直销模式的背后,是其出色的供应链管理。它能在收到顾客个人化需求的订单后,立即向不同的供应商采购材料,迅速生产,再将产品交给快递公司分发送货。在整个过程中,戴尔能保证公司的实际材料库存量始终保持在最低水平,从而使产品的价格更具有竞争力。戴尔的供应链管理实施要点主要包括以下几个方面的内容。

第一,减少供货商数量并将它们集中。

戴尔在全球有6个工厂,其中有2个工厂位于马来西亚的槟城(1996年1月成立)和中国的厦门(1998年8月成立)。戴尔将原本发给200多家供货商的订单集中,交给其中50家供货商,但条件是他们在戴尔工厂旁边建仓库,就近供货,不愿配合的供货商就被戴尔从供应链中剔除。戴尔本身的零件库存时间不到 2 个小时,戴尔接到订单后,再通知供货商送零件来,从进料到组装完出货,最快只要 4 个小时。

这个观念类似丰田汽车当年的"零库存"生产方式,在 PC 业则属创举,颠覆过去 PC 业先做市场预估、再依据预估备料生产的模式,后来这个观念陆续被同行业其他企业采用。

为了降低库存并提高零件的流通性,供货商也发展出了应对方法,就是把零件尽量模块化,减少库存多种不同要件的成本,增加不同零件间的兼容性。

生产电源供应器的台达,是戴尔供应链成员之一。台达从 1997 年开始就和戴尔建立了合作关系。台达也在学习戴尔精神,并积极向下推动,减少零件的供货商数目,以及所使用的零件的数目,以更利于管理。

戴尔对供货商有一套考核制度,考核项目包含品质、物流和服务等,戴尔不断检查每一家供货商的表现,将其作为保留或淘汰供货商的依据。戴尔对供货商的考核非常精细,这使戴尔对供货商非常了解。

第二,强化供应链上的信息流通速度和透明度。

和戴尔做生意的供货商,等于是帮戴尔管理库存,必须很清楚戴尔未来的出货计划,以免因库存过多而导致成本增加,或者因库存不够而影响戴尔的生产进度。对戴尔来说,它必须随时掌握整条供应链上的库存情况,确保供应链上的每一家企业的运作都正常。这涉及双向的信息流通和信任。供应链就像一条神经,戴尔必须确保这一整条神经运作正常,任何一小段出问题,整条神经就会瘫痪。在供应链的运作上,换供货商的成本很高,因为学习曲线是效率的损失。

戴尔高效运用信息科技,架构起了连接客户、生产线和供货商的网络,并要求供货商配合。戴尔采用了两大软件供货商 web Methods(专注于 EAI 和 B2B 领域)和 2 Technology(专注于供应链管理)提供的软件产品,这能帮助戴尔在订购处理系统和客户采购处理系统之间进行实时的信息交换,戴尔和这两家供货商都能够互相了解彼此的生产流程。戴尔可以告诉供货商该生产哪些产品,何时运给戴尔;帮助企业型客户通过网络向戴尔采购,订单处理效率提高 50%,订单错误率降低 50%,这为戴尔每年省下 500 万美元的错误采购处理成本,以及数百万美元的流程处理成本。这是戴尔库存周转天数只有 5 天(约为同业的 1/10)的关键因素。

由于戴尔是接单后生产,不走经销通路,没有存货放在店面的货架上,所以一旦货从戴尔的工厂送出,就等于已经完成了销售。戴尔会把每天各种机型 PC 的销售数字公布在内部网站上,让供货商查询,供货商可以了解接下来哪些零件需求多,哪些零件需求少。另外,戴尔也会把即将或刚接到的订单信息公布在内部网站上,帮助供货商做零件预估。戴尔会在交货前 13 周做预估,并随着时间的推移进行数据修正,一直到交货 2 周前冻结预估数字,供货商就根据这个数字在预定时间交货。

第三,降低研发和设计比重,放大伙伴价值。

戴尔的核心能力在于管理好整条供应链,将新产品在最短时间交到客户手上。和这件事无关的事都被交给供应链上的伙伴来完成。"全世界有人做得比我好,我就买他的;戴尔自己要做的,就是没人比得上我的。"戴尔的创始人迈克尔·戴尔(Michael Dell)曾这样强调。

戴尔的研发费用只占整体营收的2%左右,在世界排名前十的计算机公司中,戴尔是研发费用占比最低的一家,但成长动能却最强。关键在于,戴尔把PC的研发和设计工作交给位于中国台湾的代工伙伴广达,戴尔则专心去争取订单。

资料来源:《戴尔公司供应链管理流程综合分析报告》(https://www.docin.com/p-226708976.html),内容有改动。

■ 思考题:
1. 根据戴尔的案例材料,分析戴尔的供应链管理成功的关键是什么?
2. 戴尔为什么要减少供应商数量并将它们集中?
3. 戴尔采用何种方式强化供应链上的信息流通速度和透明度?
4. 供应链信息透明度给戴尔带来了哪些优势?
5. 戴尔如何实现供应链共赢?

第十一章 综合案例分析

第一节 宜家家居全球化的外包物流系统

宜家家居(IKEA)以其质量可靠、价格适中、服务周到而享誉全球。从1943年创始,宜家家居如今已遍布全球多个国家和地区,成为国际知名的家具公司。

宜家家居目前在全球55个国家和地区拥有超过2000家供应商,在33个国家设立了40个贸易代表处。2000家供货商为宜家家居生产宜家家居目录册和宜家家居商场内的所有产品。其中,大部分产品、大部分厂商来自经济发展水平较发达的国家和地区。同时,宜家家居也在一些经济发展水平欠发达的国家和地区进行部分产品的采购。2000—2003年,宜家家居的一项主要任务就是帮助改善部分供货商的生产环境。具体措施是宜家家居向这些供货商提供有关基本要求的文件材料,然后对供货商的执行情况进行跟踪检查。宜家家居供货商的数量在不断增加,主要在欧洲,也有一部分在亚洲。供货商对于制作材料和生产工艺的选择在相当大程度上取决于宜家家居提供的产品规格文件。文件内容包含了所有限制性规定,例如,对于某种化学成分、金属材料或其他原材料的使用规定。此外,宜家家居同时对环境管理制度做了简化修订。宜家家居具有鲜明的产品物流特色,如全面采用平板包装和组装分开计价等。

宜家家居在降低物流成本方面采用新的物流理念,主要体现为以下三点。

一、减少仓储设备

宜家家居要求供货商把大多数货物直接送到自选商场,省略中间的仓储存放和搬运工作。针对必须转运的货物,宜家家居也做了许多新的尝试,比如减少货物的转运次数,目前,

1立方米的货物处理次数可以达到8次,宜家家居的目标是将这个数字降低到2.5次。同时,宜家家居还加大力度扩大门店的面积,降低仓储面积。

二、采用密集运输,以降低成本

2000年,宜家家居货物运输量达2100万立方米,船舶运输占20%,铁路运输占20%,公路运输占60%。宜家家居经过考察后发现,改变送货方式可以降低物流成本。以德国境内的宜家家居为例,它共有1600个供应商,其中1500个分布在东亚、北美、北欧和东欧,这些供应商将货物直接送到集中仓储中心,其余100个供应商把货物直接送到展销中心。按照货物的体积计算,约有50%的货物是由供应商送到集中仓储中心,宜家家居再每星期将货物从集中仓储中心分送到展销中心;另外50%的货物由供应商直接送到展销中心,例如大型床垫,或者是长木条等体积较大的货物。

宜家家居主要采用的送货方式有三种。一是快速反应。根据展销中心的需要,直接在计算机上向供应商发送订单,货物会在一至两周内由集中仓储中心送到展销中心。二是卖方管理存货。供应商每天收到其所生产的货物的存货情况,决定补货时间、种类和数量。三是宜家家居直接通过计算机网络向国外的供应商订货,用集装箱将货物集中海运到德国汉堡,然后由码头运输到各展销中心。

宜家家居所有产品都采用平板包装,可以最大限度地降低货运量,增加装货能力。目前,宜家家居不仅关注货物的单位包装数量,而且竭力采用船舶和火车作为货运方式。因此,所有宜家家居仓库都可以直通铁路网或货运港口。

三、降低整体运作成本

宜家家居针对特殊订单,成立地方性的服务中心,将货物集中到离顾客最近的服务中心,然后再送到顾客手中。宜家家居没有自己的车队,其运输全部由外包负责,由外部承运代理负责运输。所有宜家家居承运代理必须遵从环境标准和多项检查,如环境政策与行动计划、机动车尾气排放安全指数等,必须达到最低标准和要求。为了减少公路运输尾气的排放,宜家家居设法增加了产品的单位包装数量,并采用二氧化碳排放量少的货运方式。目前,宜家家居已建立铁路公司,以确保铁路承运能力,提高铁路货运比例。增加产品单位包装数量是宜家家居的一项永无止境的工作,这不仅涉及在集装箱内增加单位装箱数量,而且涉及提高产品集合包装的数量。高效的外包物流系统和不断优化的运输方式,使宜家家居的物流能够顺应业务的发展需要,从而促进宜家家居快速发展。

资料来源:《宜家家居全球化的外包物流系统》(https://www.docin.com/p-31411561 56.html),内容有改动。

■ 思考题：

1. 宜家家居采用什么方式来降低成本？
2. 宜家家居在发展中注重对环境的影响，请分析其物流中的环境保护因素。
3. 如何实施物流外包？

第二节 马钢的绿色物流

一、马钢简介

马钢（全称为马鞍山钢铁股份有限公司）是我国特大型钢铁联合企业，A＋H 股上市公司，由安徽省政府授权经营。2020 年，马钢钢产量首次突破 2000 万吨，营业收入首次突破 1000 亿元，人均年钢产量首次迈上 1000 吨台阶。

马钢的前身是成立于 1953 年的马鞍山铁厂；1958 年，马鞍山钢铁公司成立；1993 年，成功实施股份制改制，分立为马钢总公司和马鞍山钢铁股份有限公司；1998 年，马钢总公司依法改制为马钢（集团）控股有限公司。在几十年的发展历程中，马钢为我国钢铁工业的发展做出了重要贡献。20 世纪 60 年代，建成了我国第一个车轮轮箍厂，填补了车轮轮箍国产化的空白，创造了"三清、四无、五不漏、规格化、一条线"的文明生产活动，"江南一枝花"享誉全国。20 世纪 80 年代，建成了我国第一套高速线材轧机，成为我国线材高速轧制技术的摇篮。20 世纪 90 年代，成为我国首批 9 家规范化股份制试点企业之一，享有"中国钢铁第一股"的美誉；1998 年，建成我国第一条 H 型钢生产线，填补了国内 H 型钢产品的空白。

近年来，马钢坚持以发展为第一要务，以结构调整、创新驱动为主线，以令人瞩目的"马钢速度"完成了总投资 400 多亿元的两轮大规模结构调整，拥有世界先进的冷热轧薄板、彩涂板、镀锌板、H 型钢、高速线材、高速棒材和车轮轮箍等生产线，长材、板带、轮轴三大系列产品全面升级换代，车轮、H 型钢、冷镦钢、管线钢等产品拥有自主知识产权和核心技术，热轧 H 型钢荣获"中国名牌"产品称号，马钢商标被评为中国驰名商标，2016 年，马钢荣获"全国质量奖"。马钢构建了"1＋N"多元产业协同发展新格局："1"即钢铁主业，主要业务集中于马钢，在全国拥有四大钢铁生产基地；"N"即矿产资源业、工程技术、贸易物流、节能环保、金融投资、信息技术、新材料及化工能源等多个非钢板块。

面对钢铁行业发展大势，马钢深入贯彻新发展理念，积极融入"一带一路"倡议，《中国制造 2025》和长江经济带建设,以全面创新助推动力变革,以全面协同促进效率变革,以全面精益引领质量变革,奋力实现新时代马钢全面精益运营的新跨越。

二、马钢物流简介

马钢物流(全称马钢集团物流有限公司)是马钢集团旗下全资子公司,注册资本37500万元,拥有汽运、仓配、航运、港口四大物流板块,是国家5A级综合服务型物流企业、国家多式联运示范工程项目单位。马钢物流现拥有2个全资子公司、1个分公司、4个控股子公司、2个参股子公司等合计20家经营单位,业务辐射海内外。

在汽运板块,马钢物流的业务包括公路运输、车辆维修、汽车回收拆解、危险品运输、新旧车交易、租赁和油品贸易,拥有大型、专业、先进、环保的车辆和特种装备500余台,实现汽运专业化管理和产业链整合,年货运量2300万吨。

在仓储板块,马钢物流仓配分公司承担着马钢各类原燃料、备件材料、物资的仓储、加工、配送和各类废旧物资的回收、利用以及对外销售,同时面向社会经营创效。拥有仓库与料场近200座,仓储面积33万平方米,各类工程机械197台,全年出入库总量超过2100万吨。马鞍山钢晨钢铁物流园有限公司是国家4A级物流企业,是安徽省最大的钢铁物流园和钢材交易中心,年吞吐量达330万吨。其为客户提供钢铁产品的仓储、交易、物流配送、延伸加工、供应链金融服务、综合信息服务,其运营定价已成为地区物流市场的风向标。

在航运板块,安徽中联海运有限公司是国家4A级物流企业,拥有万吨级以上散货船8艘,自有运力规模达到25万吨,以江海联运为主要发展方向,是区域市场水运竞争力引领者。安徽中联海运有限公司已成为华润集团、宝武集团、海螺集团、马钢集团等大型货主企业江海直达货物运输的首选承运商。

在港口板块,马鞍山港口集团是国家4A级物流企业、高新技术企业,是集装箱、大宗件杂货、散货集疏运及对台直航的现代化综合性港口,在装卸、仓储、配送、保税、外贸进出口代理等方面为客户提供综合性物流服务。其拥有中心港区、人头矶港区、太平府港区等三大港区,年设计吞吐能力为3000万吨。

三、马钢物流的绿色之路

我国提出碳达峰、碳中和战略目标,国家和省级政府部门制定了相应的实施方案。交通运输部在2017年发布了《关于推进长江经济带绿色航运发展的指导意见》,对如何做好绿色航运做出了进一步的指示,目的是规范物流业环保要求,提高环境质量。2018年,中共安徽省委、安徽省人民政府出台了《关于全面打造水清岸绿产业优美丽长江(安徽)经济带的实施意见》,对环保和安全提出了要求,达不到最新环保和安全要求的,将依法依规搬迁或转型。钢铁行业作为高耗能高污染的"两高"行业,首当其冲面临着低碳转型的发展要求。为积极响应国家绿色环保政策,马钢物流公司召开了绿色物流、清洁运输研讨会,讨论了公司各板块应该采取的措施。

会议中,A总说:"我们应当全面考虑这些政策在技术、经济、社会等各方面为钢铁物流带来的影响,结合马钢物流的实际,去设计适宜公司进行绿色物流转型发展的具体实施方案。同时,我们也需要多了解其他省、市、自治区关于建设绿色长江经济带所颁布的一些政策和指导意见,并积极调研与学习长江经济带和沿海的各港口、码头、船运公司以及钢铁物流企业建设发展绿色物流的具体做法,为我们未来采取各种环保举措提供政策依据和技术支撑。"

B总补充说:"国家目前正在大力发展绿色环保的长江经济带,未来有可能会对内河的运输与装卸等环节提出节能减排的要求,我们需要未雨绸缪,早做准备,但是目前,我们并不了解国家和各地方政府对绿色内河运输提出的具体意见及举措,这是需要大家进行积极探索的地方。我们马钢物流的大部分运输过程离不开内河运输,希望大家对该问题引起注意。"

C总表示:"马钢的钢铁生产和运输基本处于沿江3千米范围内,属于大气污染防治的重点区域,所以我们应高度重视国家的相关环保政策。在目前生产经营状况较为良好的情况下,公司应参照具备条件的钢铁企业的做法,争取国家政策的最大支持。总体上,我们公司目前有以下几个想法:尽快确定可否将胶带机加防尘罩界定为密闭运输,以便确认我们下一步是否需要进行超低排放项目改造;是否建设专用煤码头;如何利用江边铁路线实现水铁联运,减少水运转公路运输的物流量,控制和减少无组织排放;是否考虑在热电南区恢复铁路运输(据悉,公司拟拆除通往热电南区煤场的铁路站场,建议公司慎重考虑),以便增加铁路运量,提高铁路清洁方式运输比例;是否用新能源汽车或达到国六排放标准的汽车替代汽运公司自有的570辆生产物流用车;如何从马钢现有社会承运商队伍中培育战略合作伙伴,提高集中度,保证稳定的资源量以支持其车型置换,适应环保管控要求等。公司的这些设想考虑了钢铁物流企业的自身特点,从航运、汽运、港口板块,在运输、装卸、储存三个主要物流环节考虑了面对环保政策变化时企业应采取的对策。但是这些设想和方案的可行性,以及它们给马钢物流带来的影响尚未显现,这需要我们进一步进行探索。"

谈到了环保问题,各部门领导都异常活跃,积极参与讨论。领导们提到,2016年,《船舶发动机排气污染物排放限值及测量方法(中国第一、二阶段)》[国家标准(GB 15097—2016)](下文简称新标准)发布。该标准规定船舶在排放控制区内,第一阶段氮氧化物排放不大于17m/m;第二阶段氮氧化物排放不大于14m/m。此外,该标准还要求2021年7月1日起进入船舶控制区的在用船舶,如最大单台发动机功率大于500kW,应使用满足标准规定的第二阶段排放要求的船舶发动机。2022年1月1日起,不能满足标准规定的第二阶段排放要求的船舶,靠泊排放控制区沿海水域内具备岸电供应能力的码头时应按规定使用岸电。

"公司目前8条船舶主机均满足控制排放标准第一阶段的要求,即氮氧化物小于17m/m。经调研,目前市场上暂无将船舶发动机由排放Ⅰ控制标准改造至排放Ⅱ控制标准的正规机构。新标准出台后,水路运输受到的影响很大。当前公司原燃料的采购、产成品的运输以水路运输为主,新标准一出台,我们也面临难题。如何节能减排、是否需要利用新能源、船舶靠泊作业是否使用岸电等一系列问题随之而来。此外,受长三角水域船舶排放控制区的影响,很多现有的水运作业也都要进行调整。目前我们还是对各省市出台的环保政策了解得不够全面,我们应当积极了解、学习长江经济带上各个省市出台的一些环保政策。另外,因为我们公司的原材料采购主要以海运为主,我们也应当多了解一些沿海城市对发展绿色船舶运输的指导意见,以及船舶公司为实施绿色运输而采取的一些举措。"D经理说道。

"对于清洁能源的使用,《关于推进长江经济带绿色航运发展的指导意见》提到当前我国要积极推进LNG(液化天然气)动力船舶和配套码头建设,包括完善LNG动力船舶和加注码头建设、运营、管理规范和配套政策,鼓励LNG动力船舶建造和改造,推进LNG加注码头建设等工作内容。目前,公司内部对于是打造新的船型,还是调整现有船型产生了不同意见。LNG船舶的加气问题也是一大难题。公司港口目前无LNG运输或储存,LNG作为危化品,是否适用于散货码头?同时,由于船舶采用的LNG罐装气量有限,也导致LNG燃料可能不适用于所有运输线。"D经理补充道。

"我们很多船舶运输作业也因粉尘的原因要进行优化了,原有的方式已经不能满足我们现在的需求,比如,宁波到马鞍山的原燃料运输就受到了影响。宁波散装煤炭等原燃料物流目前全部为水运,由于长江水运航道的环保、环境整治影响,散货运输停运频繁。这成为亟待解决的难题。有关部门已经规定,钢铁道路运输,包含铁路运输、管状皮带运输、新能源汽车和国六标准车辆运输在内的清洁运输比例应在整体承运量的80%以上,目前,马钢物流的清洁运输比例约为75.4%,仍有1000万吨的货物运输需改装为清洁运输。为了应对政策规定,我们对宁波到马鞍山进口原燃料铁路运输进行了可行性分析,我们计划开辟新的通道,利用宁波铁路(应急通道/辅助通道)按一定的量进行运输,用以辅助宁波到马鞍山的进口原燃料水路运输,以满足集团对我们公司提出的保产保供需求。"E经理说道。

"不光水运,路上运输也在抓紧想办法赶上时代节奏。"F经理说道,"汽运公司为落实《打赢蓝天保卫战三年行动计划》《关于全面加强生态环境保护 坚决打好污染防治攻坚战的意见》和《关于推进实施钢铁行业超低排放的意见》的要求,确保清洁运输目标如期实现,特制定了一系列的工作方案。工作方案的目标就是在2018年底实现现有粉粒物料(除红渣)的全封闭汽车运输。到2020年10月底前,依据马钢物流各物流优化项目进度,同步实施汽车运输项目退出(共退出运量约1000万吨/年,退出车辆约101辆),保障马钢物流实现清洁运输达80%以上。依据国家车辆管控政策和国六车辆(或新能源车)投放市场情况,及时实施车辆技术改造或淘汰更新,以保证车辆自身排放符合国家最新车辆排放标准要求。在充分利用国家政策、满足马钢物流超低排放目标实现的前提下,公司通过非清洁运输项目退出、排放不达标车辆淘汰、国六排放车(或新能源车)投入、尾气排放新技术改造、修理环保设施提标等途径,推进超低排放改造工作。然而,关于国六排放车的相关政策尚不明朗,相关改造成本也没有统一标准,我们也在密切关注这方面的动态,以求可以高效低成本达到新的环保指标。"

此时,G经理也表示:"新增车辆的数目以及车辆超低排放技术的改造比例目前还需进一步确定,以实现使用最少的资金满足环保要求的目标。"

"比起水运,港口作业排气污染物相对比较少,我们关注的重点就是装卸过程中的粉尘。"H经理说,"为了满足国家法律法规和行业规范的要求,落实马鞍山港'十三五'发展战略中建设'平安绿色港口'的目标,我们也做了很多工作。港航管理部门和各级环保部门先后以文件、整改通知等形式,对港口提出了岸电、码头和船舶垃圾污染物收集、固体废弃物暂存、物料覆盖、港机设备油改电、油改气等各种环保和节能方面的具体要求,这类项目增加了企业的成本压力。但是这些工作具体怎么实施、如何实施、实施步骤等,我们还需要进一步商讨,希望各位同仁多提意见和建议。"

"港口物流应利用自身的口岸优势,依托相对先进的软硬件环境,强化对公司港口周边物流活动的辐射能力,突出港口集货、存货、配货特长。港口应以临港产业为基础,以信息技术为支撑,以优化港口资源整合为目标,发展具有涵盖物流产业链中所有环节特点的港口综合服务体系。港口物流是特殊形态下的综合物流体系,作为物流过程中的一个无可替代的重要节点,绿色物流要求我们开展物流活动时要做到降低环境污染、减少资源消耗。但港口作业难免会对环境产生影响,如船舶污水,港口作业过程中的灰尘、噪声和污水,以及港口建设过程中的疏浚弃土等。在港口的集疏方式中,汽车运输存在高能耗、易抛洒、高排放等问题,成本也较高。因此,我们需要积极学习国内外优秀经验,建设绿色物流港口。当前,我国绿色港口物流发展方面,深圳港做得较好,在原有码头建设基础上扩大规模,建立了港口物流园区,并积极与国际组织开展环保合作,争取建立'环保友好型生态港'。另一个是天津港。天津港为了改善港口环境质量,采取消除和限制并举的治理措施,优化港口布局,积极推动货物设施建设以及港区大规模物流绿色化运作,从2017年4月底开始,天津港就不再接受柴油汽车运输煤炭进港。此外,也有很多港口通过创新,坚持科技兴港,发展绿色港口物流。但是,我国的绿色港口建设起步较晚,目前还普遍存在绿色思想落后、标准化水平低、绿色基础设施不完善等一系列情况,这些也深深地影响着港口的可持续发展。"H经理补充道。

"我相信大家通过积极讨论,已经可以充分理解国家为何要走绿色钢铁物流之路,但我们公司的汽运、航运、港口、仓储等板块的绿色物流之路要如何走,怎么走,这需要大家积极探索,也需要我们多借鉴国内外经验,看看人家的绿色钢铁物流是怎么发展的,再结合我们自身特点,制订切实可行的绿色钢铁物流可持续发展方案。"A总最后总结道。

资料来源:《马钢物流的绿色化、智慧化、高效优质化转型之路》(https://www.docin.com/p-2367475413.html),内容有改动。

■ 思考题:
1. 根据案例内容,查阅国家和地方出台的有关绿色物流和环保的政策。
2. 梳理总结马钢物流公司研讨会的主要内容。
3. 对马钢物流进行 PEST 分析。
4. 简述马钢物流在绿色化方面存在的问题。
5. 马钢物流在汽运、港口、仓储等板块如何发展绿色物流?

第三节 京东物流的发展

一、京东物流概述

京东在 2007 年正式宣布开始自建物流,随后位于北京东三环的潘家园站的第一个站点正式营业,开启物流起航之路。2012 年 8 月,北京京邦达贸易有限公司(简称京邦达)注册成立,此后,京东物流也把 8 月 18 日作为京东物流的生日。成立之初,京东物流更多的是基于提升消费体验去打造物流平台,更多的场景在于消费者在网上下单到快递员送货上门。

京东物流的核心是通过自建物流体系,在全国不同的几大城市建立区域仓运营,然后根据购买数据、规模的大小,完成及时补货,再从仓储到消费者家里,实现点和点之间的配送。京东物流仓配一体化的模式,通过建设越来越多的仓库,使货物离消费者越来越近,导致货物移动的距离越来越短,所以速度越来越快,成本也越来越低。因此,当时京东物流的模式是希望通过这种正向循环来提升消费者体验。这也被认为是京东的"撒手锏",不仅让自身物流费用降低,而且能提升消费者体验,并让全行业受益。

二、京东物流的新发展

京东通过自建物流的模式,逐步建立了自己的仓储、配送设施以及全自营的队伍,支撑起了京东零售过千亿的业务规模。从 2010 年到 2015 年,京东物流开始追求专业化和规模化的经济效应,通过建设亚洲一号,将京东物流的客户时效和服务标准打造成为全球标杆之一。到 2016 年,京东物流全面进入开放化和智能化的时代,着手为产品筹备社会化开放。

2016 年 11 月 23 日,在公布 2016 年第三季度财报一周后,京东物流品牌化方案出炉。"京东物流"作为品牌,向社会开放三大服务体系:仓配一体化供应链服务、快递和物流云。这是京东物流业务首次正式全面开放,此前,京东物流仅服务京东自营和部分第三方卖家。品牌开放令很多龙头物流企业感到焦虑。毕竟,有着近 10 年运营经验的自营物流成熟体系的京东物流,完全可以成为一家比同行更好的社会化物流企业。

2017 年 4 月 25 日,京东物流正式宣布独立物流业务,以子集团形式运营。当时,京东物流还确立了一个目标:在 5 年后(2022 年)成为年收入规模超过 1000 亿元的物流科技服务商。京东明确提出要从零售走向"零售+零售基础设施服务"。在这场深层次的变革和战略转型中,京东物流是零售基础设施服务的核心组成部分,也在从自有走向公共服务。

纵观物流发展历史,我们可以发现,每一次变革都是两股力量共同推动的结果:一是消费和产业的升级;二是技术的突破。这两股力量交互作用,牵引供应链的"权力中心"不断转移,物流在整个商业系统中发挥的作用和扮演的角色也在不断升级,进而推动物流不断演化。2017年12月8日,京东物流提出以"3S"——短链(short-chain)、智慧(smartness)、共生(symbiosis)为特征的无界物流发展方向,为全面开放做好了准备。从最早的仓配一体化业务开放,到近年新产品的推出、个人快递等新业务的上线,京东物流取得了不错的成绩。

2019年8月13日,京东集团发布的2019年第二季度财报显示,整个集团净收入为1503亿元,其中净服务收入达到168亿元人民币(物流以及其他服务收入占比34%,粗略估计,第二季度京东物流非自营收入为57亿元),以开放物流业务为代表的物流及其他服务收入同比增长98%,继续保持在90%以上,高于总收入增速。同时,财报也透露,经过多年布局,京东物流目前已实现盈亏平衡。

渠道下沉是京东2019年很重要的一个战略,下沉对物流来说就是要以更快的速度把货物送到消费者手中,所以京东物流推出"千县万镇24小时达"时效提升计划,内部称为"4624",即四到六线城市,24小时内送达。在过去的9年,京东物流通过"211限时达"(2010年推出),打通了一二线城市最高端消费者在网上购物的物流通道。京东物流希望通过"4624",以更快的速度把货物送到四到六线城市消费者手中。以往,京东物流凭借自营的优势,已经打造了高水平的产品服务能力,但下沉的供应链建设思路也要打破原有的模式,通过开放共生的体系,利用产地的资源,把当地的车、当地的仓、当地的农户能力结合起来。

伴随着消费升级和技术进步,供给端的商业主流业态趋势会由原来B2C向C2B转变,供应链也会由推动式转变为拉动式,未来会呈现智能化生产、网络化协同、个性化定制、服务化延伸的新模式和新业态。B2C的成品配销改变的是消费者的体验,而端到端B2B的产业供应链的根本性是优化成本结构。所以,在产业互联的趋势下,打造一个智能、共生的产业供应链平台将是未来物流行业的新趋势。

总而言之,人工智能、大数据、云计算、机器人等技术的发展,将会深刻影响物流的每一个环节,物流企业在不断降低成本、提高效率的同时,还将反向指导上游生产制造,为消费者提供更好的服务体验。京东物流构建供应链产业平台后,真正要做的是在整个前端环节(从采购开始,到生产、制造),通过技术的力量,形成标准化的平台,而这个平台可以综合计划、运输、仓储等,提供一体化的服务,使各方充分协同。京东物流依托智能科技,通过打通供应渠道、物流平台、服务场景、消费需求等多维度的界限,为用户创造随时随处随需、唾手可得的价值体验升级。

资料来源:《上午下单下午收货,京东物流是如何炼成的?》(https://xueqiu.com/8287638557/206713176),内容有改动。

■ 思考题：
1. 总结京东物流的发展历程。
2. 京东为什么会从最初的选择第三方物流到自建物流？你认为自建物流的选择是对还是错，为什么？
3. 如何理解京东物流提出的"3S"为特征的无界物流发展方向？
4. 根据京东物流的发展经验，分析物流行业经历的变化。

第四节　顺丰的成长之路

在快递和物流行业，顺丰是一个特殊的存在。对于许多从事电商业务的商家而言，"顺丰发货"是一个可以写在最显著位置的重要卖点，而对于大多数消费者而言，顺丰往往就意味着更快速可靠的快递服务。在行业层面，顺丰的服务流程和水平已经成为标杆，"服务媲美顺丰"是对一家快递企业的最高评价。

2023年是顺丰成立的30周年，这30年也可以说是中国民营快递发展的30年，站在这个时间节点回顾过去，我们所看到的，不仅是顺丰30年来的变化，更是中国快递物流行业的发展，以及由此带来的我们生活方式的蜕变。

一、顺丰简介

顺丰速运是一家主要经营国际、国内快递业务的国内快递企业，于1993年3月26日在广东顺德成立。2019年2月，国家邮政局发布的《关于2018年快递服务满意度调查结果的通告》显示，2018年快递服务总体满意度得分为75.9分，较2017年上升0.2分，在快递企业总体满意度排名中，顺丰速运居首位，在时限准时率方面，顺丰速运排名第一。

2016年5月23日，顺丰股权置换欲借壳上市，资产作价433亿元。2017年2月24日，顺丰控股在深圳证券交易所（深交所）举行重组更名暨上市仪式，正式登陆A股。2017年6月1日凌晨，顺丰宣布关闭对菜鸟的数据接口。经国家邮政局协调，菜鸟和顺丰同意从2017年6月3日12时起，全面恢复业务合作和数据传输。

2017年11月20日，三架波音747飞机在深圳市中级人民法院的指导下在阿里巴巴旗下拍卖平台正式开拍，顺丰航空有限公司分别以1.607808亿元和1.620386亿元拍下其中两架飞机，总共耗资3.2亿余元。

2017年12月20日,湖北国际物流核心枢纽项目开工仪式在湖北鄂州市举行。项目总投资逾180亿元,将为打造全球第四个、亚洲第一的航空物流枢纽奠定坚实基础。

二、顺丰的发展史

顺丰的创立人王卫是个充满传奇色彩的人,王卫1971年出生于上海一个典型的知识分子家庭,他的父亲是一名空军俄语翻译,母亲是一名大学教授,对王卫稍有了解的人可能知道他并没有上过大学。20世纪70年代,出生于这样优秀的家庭却没有上过大学,难免会让人感到好奇,其实是因为王卫7岁时举家移居香港,父母亲的学历不被承认,收入微薄,导致王卫很早就为了生计而外出务工。所以,从某种方面来说,王卫的童年经历使他日后创立顺丰、带领顺丰走上巅峰成为可能。

顺丰的迅速发展离不开当时的时代背景,可以说是天时地利人和成就了顺丰。20世纪八九十年代,中国香港作为曾经的亚洲四小龙之一,经济贸易非常繁荣,但香港面积太小,于是毗邻香港的珠江三角洲就成为香港的加工制造基地,码头货运业兴盛。22岁的王卫瞅准了商机,在广东顺德成立了顺丰速运,后来顺丰一路高歌猛进,逐渐成长为今日快递行业的标杆企业。

(一)顺丰的第一单

1992年,改革春风吹暖了中国,香港的制造业北移,珠三角成为重要的制造业基地,粤港之间的货物、信件来往迅速增加,这就成了王卫改变命运的机遇。

1993年,王卫在顺德成立了顺丰速运,专做两地间的货物和邮件往来业务。据说,顺丰的第一单,就是王卫骑着自行车完成派送的。1996年,随着客户数量的不断增长和国内经济的蓬勃发展,顺丰将网点逐步扩大到广东省以外的地区,顺丰也从一个区域性的公司逐渐向全国性公司发展。

这段时间也正是中国民营快递行业的萌芽阶段。经济的快速发展、工业化的快速推进,对快递物流服务产生了巨大的需求,市场需要更加多样化、多渠道的寄件收件服务。把握时代风口,顺势而为,这是包括顺丰在内的许多企业的成功之道。

(二)第二次飞跃,是"飞"出来的

进入21世纪,快递物流行业已经成为中国社会经济活动中必不可少的组成部分。行业的参与者越来越多,多元竞争和优胜劣汰随时在发生。优秀企业不断做大做强,获得用户的认可,自身也往正规化、国际化方向发展。

顺丰就是其中之一,而这中间标志性的事件,就是在2003年开启的包机服务。顺丰当时已经确立了自身高端快递的定位,做出了一个令同行震惊的决定:与扬子江快运签下合

同,成为国内率先使用全货运专机的民营速递企业。当时,许多人不看好顺丰,认为对于一家民营"小公司"而言,要养活自己的机队风险太大。

事实证明,飞机成为顺丰第二次飞跃的关键。空运的高效和可靠造就了顺丰的"高端"形象,使它迅速占领全国,开启了自身发展的黄金十年。在这段时间里,顺丰对内推广了运单扫描查询系统,启动了ERP项目,对外推广了网上下单业务,开拓了国际件业务,业务遍及韩国、新加坡、美国、马来西亚等国家。

也就是在这段时间,中国经济的另一股新生力量经历了爆发、泡沫和重生,最后形成了不容小觑的规模,那就是互联网和电商。而它们,也成为顺丰第三次飞跃的助力。

(三)借助互联网的力量,实现第三次飞跃

到了21世纪的第二个10年,中国的互联网经济和电商平台已经获得了极大的成长,这为快递行业带来了巨大的运力需求。

为了应对这样的需求,顺丰再次顺势而为,在广州、东莞等地成立共享服务中心。为了响应电商业务的不同需求,顺丰也开通了高铁电商专列,在全国范围内针对电商B2C客户推出"分仓备货"服务,同时还推出了丰巢快递柜业务。

为应对越来越多的生鲜配送需求,顺丰成立了"顺丰冷运",大幅提升顺丰在全国范围内的运营和资源整合能力。当O2O模式逐渐丰富时,顺丰也进军O2O同城配领域,建立了"顺丰同城"。

顺丰的国际业务也借助电商和互联网获得了飞跃式发展,"顺丰国际"开通了印尼、印度、柬埔寨等流向服务,并上线俄罗斯电商专递。截至2022年底,顺丰国际快递业务覆盖全球84个国家及地区,跨境电商服务覆盖全球200多个国家及地区。

(四)以世界500强企业之姿,迎接第四次飞跃

物流快递行业如今又一次站在了十字路口。随着AI、大数据、无人机、无人车等技术的不断进化和落地,传统的快递配送模式或许将迎来重大的变革。就如王卫早年间所说的,快递行业迟早要从挥洒汗水的体力劳动,变成需要头脑和技术的脑力劳动。一家快递企业是否优秀,就取决于其能否积极地拥抱这种变化。

2017年,随着顺丰控股正式登陆A股,顺丰又一次进入发展的新阶段。2018年,顺丰获全国首张无人机航空运营许可证。2020年,顺丰大型无人机首次投入业务场景,"三段式空运网"由理想变为现实。

在中转环节,顺丰基于大数据最优配置仓储资源,引进全自动化分拣和场地管理系统,实现仓储和转运的效率提升,提高能源使用效率。在运输环节,顺丰应用智能地图进行运输路线规划,结合快件时效、距离等因素,通过智能算法提供路径最优解。同时,公司依托大数据分析和深度学习技术,整合货运路线与运力资源,实现车辆与货物的精准匹配,提升陆地运输效率。

2022年,顺丰又迎来了一个新的里程碑,由顺丰参与投资建设的鄂州花湖机场正式投运,这是亚洲第一座、世界第四座专业货运机场,花湖机场是国家重大生产力布局项目,是湖北打造国内大循环节点和国内国际双循环战略链接的重要支撑。

2022年8月3日,《财富》杂志发布2022年世界500强排行榜,顺丰首次进入世界500强,这也是中国民营快递首次进入世界500强。

三、结语

从1993年的一个小门面,到2023年的一家跨国企业,顺丰用自己的不懈努力,向世人展示了一个真正的中国梦。从顺丰30年的发展历程中,我们看到了一个企业、一个行业的发展。顺丰高速发展的30年,也是中国经济高速发展的30年,它是中国高质量发展的缩影,更是我们这个时代滚滚向前的先锋。这30年是一个时代的结束,更是一个时代的开始。就目前而言,中国的快递物流行业与国际同行相比,还有许多需要学习和提高的空间。

资料来源:《顺势而为,顺丰30年快速成长的秘诀》(https://www.thepaper.cn/newsDetail_forward_22444934),内容有改动。

■ 思考题:
1. 顺丰为什么会成为快递业的标杆?其核心竞争力是什么?
2. 分析顺丰的优势、劣势、机会和面临的威胁。
3. 查阅快递业巨头联邦快递的成长轨迹及现状,并比较顺丰和联邦快递的发展历程。
4. 除了传统快递业务,顺丰开拓的新业务有哪些?

第五节　百世和极兔"联姻"

2021年10月29日,百世集团宣布同意其在国内的快递业务以约68亿元人民币(合11亿美元)的价格转让给极兔速递。百世集团的其余业务保持不变,创始人周韶宁将会退出百世快递中国区董事会。消息传出当日,百世集团股票大跌,跌幅达－23.70%,收盘价为每股1.61美元,百世集团两个多月的股价上行态势直接转为下跌状态。百世集团剥离掉大幅亏损的快递业务,看起来并没有得到资本市场强有力的欢迎,毕竟快递业务对于百世集团业绩的影响是非常大的。而极兔速递自闯入国内市场以来,引发了快递市场的风云变化。极兔速递收购百世快递后,改变了快递行业"四通一达"的局面,直接抬高了极兔速递在国内的市场影响力,快递行业将迎来新变化。

一、极兔前进,百世倒退

说起百世集团,大部分人首先想到的其实是百世快递,但实际上百世集团除了快递业务外,还有快运、供应链等业务。2010年,百世收购汇通快递,成立百世汇通(后更名百世快递),百世集团才有了快递业务。完成收购后,快递业务实际上是百世集团营收的重要来源。财报显示,百世集团2020年的营收为300亿元,其中快递业务营收为194.18亿元,占整体营收近65%。但是拥有快递业务的百世集团似乎并没有摆脱盈利难题。2017—2020年,百世集团的净亏损分别是12.28亿元、5.08亿元、2.19亿元、20.51亿元。到了2021年上半年,净亏损仍有10.74亿元。百世集团是上市的快递企业中唯一亏损的企业。百世集团2021年第二季度的财报显示,百世集团的总负债达到了175亿元,资产负债率高达95.21%,由此可见,百世集团的经营存在很多问题。另外,百世集团从上市以来,股价一直在下跌,最初上市时,市值为43.3亿美元,到2021年9月底已经跌到不足6亿美元,缩水近九成。实际上,2017—2019年,百世集团的净亏损已经呈收窄趋势,百世集团艰难维持着快递业务,似乎看到了盈利的曙光。但在2020年,百世集团出现大幅亏损,其原因离不开极兔和顺丰的入场,百世快递本身通过低价策略获得的市场份额,在极兔和顺丰的挤压下大幅收缩。尤其在本身亏损的前提下,应对快递市场低价倾销的竞争环境,百世集团自然显得力不从心,亏损也是理所当然。艰难维持的快递业务也逐渐成为百世集团的"有毒"资产,甚至拖累了百世集团的发展。在2021年第二季度,百世集团的快递业务营收同比下滑了17.1%,快运业务营收同比增长了2%,百世集团尝试减少快递业务的影响。看似快递业务是百世集团的"核心",实际上,仓储、供应链等业务才是其一直发力的重点。证明之一就是,2017年百世集团赴美上市,是以智能供应链服务商的身份,而不是快递企业。百世集团出售国内快递业务也就成为可能。极兔速递收购百世快递,不仅能帮助百世集团剥离亏损的快递资产,而且能提供一大笔现金。收购完全完成后,极兔速递的市场份额将提升至第三位,仅次于中通和韵达。

极兔速递于2015年在雅加达成立,创立之初是用来解决OPPO手机在东南亚的运输问题,创始团队和早期投资都有着明显OPPO背景。随着东南亚地区电商市场的发展,极兔速递开始了突飞猛进的发展,很快成为东南亚第二大快递企业。2020年3月,极兔速递进入国内,凭借低价策略迅速发展,在两个月的时间里,极兔速递的日均业务量就突破了百万单,6个月的时间就实现了覆盖国内核心城市,与拼多多的合作更是让极兔速递有了更快的发展。揽入电商快件也使得极兔速递有了更大的底气去搅动整个快递市场,极兔速递以"8毛钱发全国"这种令人惊愕的低价策略抢占了市场份额。包括极兔速递在内的各家快递公司都陷入了利润缩减的境地,价格的强烈内卷也让通达系宣布"封杀"极兔速递,即便如此,也依然挡不住极兔速递的扩张步伐。

尤其是2021年年初，极兔和百世两家快递公司为争夺义乌商家再次打出了市场低价，双方毫不退让，结果却以义乌邮政局开出罚单、停运部分分拨中心结束。没想到几个月后，极兔速递收购了百世快递，两家握手言和。实际上，极兔速递能迅速在国内打开市场并保持强劲的扩张势头，离不开拼多多的支持。有着极深OPPO背景的极兔速递在国内走的是"农村包围城市"的快递发展路线，极兔速递依靠着其下沉市场的加盟商体系，很快就站稳了脚跟，资本的助力又为极兔的发展增添了新的动力。极兔速递在2021年4月完成了一笔由博裕、红杉等机构投资的18亿美元的融资，估值达78亿美元，4个月后又收到一笔2.5亿美元的战略融资。资本显然知道在旧的"四通一达"的快递市场格局下，极兔速递有着巨大的潜力改变这一态势，毕竟极兔速递显现出了巨大的优势。百世集团早有出售快递业务的倾向，而且也早有媒体消息透露出极兔速递会是接盘者，此外，猜测的收购方除了极兔速递外，还有字节跳动。直播电商的兴起，使得字节跳动成为新的电商平台搅局者，2021年8月份，字节跳动全面推广自己的电子面单系统，供应链和物流方向上的发展也成了一种必然。媒体消息透露，极兔速递似乎更有诚意，在低价竞争的快递物流环境下，极兔速递用高于其市值的价格收购百世快递，并且是以现金的方式结算，百世选择了极兔，似乎成了理所当然。

二、百世+极兔，天作之合？

然而，极兔速递收购百世快递显然也是经过一番深思熟虑的，收购会极大地增加极兔速递的快递市场份额，增强自身价值，也会在很大程度上加强极兔速递在快递市场的"鲶鱼效应"，增强其市场影响力。

收购百世快递后，极兔获得了百世快递在国内的末端网点，还包括其管理团队。极兔速递在创立初期，其经营发展理念就借鉴了百世快递，极兔速递收购百世快递，双方都有着很强烈的心理认同感。有消息称，极兔速递在准备进入国内市场时，就考虑收购百世快递，但被一口回绝。即便如此，极兔速递依然从百世快递"挖"了一批管理人才，这意味着极兔速递在国内市场复制了百世。而且极兔速递想要开拓的不仅仅是国内市场以及东南亚市场，更是占领全球快递市场。因此极兔速递需要更多的管理人才，百世快递自然就成了极兔速递的必选项。

三、极兔虽然对百世"觊觎已久"，但是百世为什么相中了极兔呢？

实际上，百世快递的选择并不多，不仅仅是因为符合条件的收购方不多，也是因为百世快递艰难维持的局面亟待改变。除了资本市场的信任度大幅降低外，快递业务并没有带给百世集团更多的收益。看似营收获得了增长，其实盈利空间并没有朝向有利的一面发展，尤其是快递行业极其强调成本控制，加上价格战的影响，百世集团的快递业务自然很难有进步。

数据显示,快递票单价从2010年的20.65元,降到了2020年的10.55元,接近腰斩。百世快递本身就是以低价策略获得了部分市场份额,还是"四通一达"中表现最差的那个。随着新的价格战到来,百世快递自然没有更大的竞争力,其市场占有率也从2019年的11.9%下滑至2020年的10.2%。百世快递的大股东阿里巴巴已经做出了上百亿元的巨大投资,但百世快递的困难局面仍不见好转。不仅管理人才被竞争企业挖走,高层人才也在不断流失,百世集团的快递业务被剥离似乎也成了必然。百世集团抛弃了亏损的快递业务,将资金用于快运等业务的发展;极兔速递收获了百世集团的快递体系和人才。

此外,对于整个市场来说,极兔速递收购百世快递势必会给现有的快递市场格局带来冲击。数据显示,2021年第一季度,中通的市场占有率为20.4%,韵达为16.4%,圆通为14.3%,申通为9.8%,百世为8.1%;收购完成后,极兔速递的市场份额超过圆通,位居第三位。整个快递市场仍呈扩大趋势,数据显示,2020年,我国的快递服务企业累计完成了833.58亿件,同比增长31.2%。据前瞻研究院预计,2021—2026年,我国快递产业业务收入将以10%左右的年增长率保持增长,到2026年,有望突破15000亿元。这就意味着极兔速递这条"鲶鱼"将会更加有力地搅动整个快递市场格局,尤其是在新的政策监管下,市场并购可能骤起,快递行业新一轮的洗牌即将到来。

资料来源:《百世和极兔"联姻",快递江湖风云再起?》(https://www.thepaper.cn/newsDetail_forward_15347442),内容有改动。

■ 思考题:

1. 简单介绍极兔速递。
2. 分析极兔速递的物流战略。
3. 如何看待极兔速递对百世快递业务的收购?你认为这对我国快递市场有什么影响?

第六节　从宝供物流看第三方物流的发展

宝供物流企业集团有限公司(简称宝供物流)创建于1994年,总部设在广州,是国内第一家经批准以物流名称注册的企业集团,是中国最早运用现代物流理念为客户提供物流一体化服务的专业公司,也是目前我国最具规模、最具影响力、最领先的第三方物流企业。

一、从传统仓储到第三方物流的发展

（一）起步

刘武是宝供集团的总经理和创始人。1985年,刘武进入汕头供销储运公司,公司在广州设立转运站,刘武被调到广州。1990年,广州转运站由于经营不善出现亏损,公司决定关门时,刘武提出承包转运站。刘武承包的转运站在当时采用7×24小时运作机制,给人留下了货运准时、货物没有损坏、仓库干净整洁的印象,在铁路运输方面小有名气。1994年,宝洁公司进入中国。当时广东省的物流市场基本被国有的储运和运输企业垄断,这些企业服务差,运输中常有货物损坏的情况。在此背景下,宝洁找到刘武。宝洁公司委托的第一笔业务是将4个集装箱的货物从广州运到上海,近7000件货物在运输中仅有一件破损。宝洁对第一单业务非常满意,此后逐渐加大委托业务。

（二）传统储运公司

1994年,广州宝供储运有限公司(简称宝供储运)注册成立。成立初期,规模非常小,仓库和车队都是租来的,也只有宝洁一个客户。为满足宝洁的需求,在公司成立后的两个月里,刘武又在广州、上海、北京、成都等地设立了4个分公司。这样,宝供储运负责宝洁公司货物从广州工厂的仓库到客户仓库整个环节的运输和仓储,为宝洁提供门到门的"一条龙"服务。随后,宝洁公司将所有的铁路运输业务都委托给了宝供储运。为了提高宝供储运的仓库管理水平,宝洁要求其遵循国际通用的GMP标准。GMP标准是美国食品、药品管理局颁布的,它对从原材料的检验、产品的生产、成品的检验到产品的物流等流程都规定了十分明确的操作标准。保洁首次按照GMP标准的19个关键要素对宝供储运进行评估检查时,竟给宝供储运亮出了黄牌。经过3个月的整改,宝供储运的广州、上海、北京三个分公司的得分都在95分以上,成都分公司得了100分,成为宝洁公司在亚太地区仅有的2个模范仓库之一。随后,宝洁又对宝供储运提出新的要求,希望宝供储运增加整个运输过程中的信息透明度,迫使宝供储运建设自己的信息系统。很快,宝供储运的信息化建设驶入快车道,而严格的质量管理体系和完善的信息系统又为宝供储运带来许多新客户。1997年,宝供储运有40多个客户,其中90%为外资企业,它们主要专注于自己的核心业务,构建核心竞争力,而将所有的关联业务都外包给第三方企业去做。

（三）第三方物流企业

1997年,随着其他储运公司的进步和发展,宝洁出于降低成本的考虑,结束了与宝供储运的铁路总代理合同。虽然宝洁仍然把宝供储运当作主要货运商,但是宝洁已经开始有意识地将部分业务分散给其他储运公司,引入竞争。

1999年,宝供储运的信息系统为其赢得了更多的客户。这时,宝供储运不再是一个传统的仓储和运输企业,而成为一个真正的第三方物流企业。它在信息技术的基础上,为自己的客户提供仓储、配送、信息管理、订单管理等全方位的服务,在整个供应链管理过程中起着至关重要的作用。宝供储运将客户的产品从生产线下线,到送至全国各地的零售商的整个过程都进行了管理。因此,宝供储运想为自己正名,申请注册"宝供物流企业集团有限公司"。

由于当时在国内,"物流"还是一个非常新颖的名词,主管部门不清楚物流应该归口在哪个行业,无法完成注册。于是,刘武提出申请,并解释了物流的含义。1999年10月,经批准,注册资本为1.2亿元的"宝供物流企业集团有限公司"正式注册成立,成为我国第一个以"物流"命名的企业。从宝供储运变为宝供物流,宝供见证了我国物流业的发展。

2000年,宝供物流广泛应用现代物流管理的理论和观念,大力拓展物流配送、为客户提供个性化物流解决方案等新型物流服务,全面扩充物流服务领域,成为40多家跨国公司和10多家大型企业的战略联盟伙伴。

(四)走向第四方物流企业

随着客户的增多和业务的发展,宝供物流对自己的角色定位也一直在发生改变。最初,宝供物流只是为客户提供单纯的货物储存和运输服务,然后,宝供物流又为客户提供信息管理服务,增加物流过程的信息透明度,负责客户产成品的整个物流过程,成为一个典型的第三方物流企业。自2000年开始,宝供物流开始为客户提供供应链管理服务,利用信息连接供应链上的各个企业,以提高客户的供应链管理绩效,降低整个供应链的成本,宝供物流称自己为"供应链一体化服务商",这实际上是第四方物流企业的概念。

做一个"供应链一体化服务商"并非一个简单的概念转换。原来的宝供储运基本上是一个无资产的第三方物流企业,仓库是租来的,使用的是社会车辆。可是宝供物流要和客户结成供应链一体化合作伙伴,就要为客户的客户提供服务,客户的客户在哪里,自己的服务就必须延伸到哪里。宝供物流的客户一般是大型外资企业,其产品会销往全国各地,因此,宝供物流必须建设一个庞大的服务网络,才能将服务延伸到客户的客户。这个网络不仅包括虚拟的信息网络,而且包括配送中心网络等。这样才能集成地为客户的供应链提供信息流和物流统一的服务,提高整个供应链的反应速度,为客户赢得竞争优势。为了实现转向,宝供物流开始实施"基地战略"。在原有的合肥基地的基础上,建设广州南岗、苏州、顺德、北京、沈阳等10个基地。这10个基地作为宝供物流的配送中心,形成了覆盖全国的服务网络。配送中心作为制造商和零售商之间的桥梁,对货物的出入库、存储、分拣、配货以及车辆调度等进行科学、高效的管理,为客户提供高效、优质的物流服务。每个物流基地都按照现代物流配送中心的标准建设,里面有大型立体仓库、完善的机械设备、先进的计算机网络和信息系统。立体仓库占地面积少,全部采用货架和托盘,货物更安全,处理速度也更快。截至 2006 年夏季,苏州基地和广州南岗基地已经运作多年,顺德基地已经建成。宝供由一个无资产型的第三方物流企业,转为一个轻资产型的第三方物流企业。

二、宝供物流现在的主要业务

宝供物流现在主要有以下业务。

一是物流咨询服务,包括系统诊断与优化、物流系统规划与设计、物流模式设计、物流布点规划及解决方案、供应链管理。

二是物流运作服务,包括运输服务、仓储服务。

三是物流信息服务,包括信息系统规划、信息管理、EDI 对接、客户定制服务。

四是物流增值服务,包括客户化产品服务、运输增值服务、其他增值服务。

五是供应链金融服务,包括供应链资金诊断与咨询、应收账款融资、贸易融资、现货质押融资等服务。

从一家传统仓储企业到第三方物流公司,再到现在的"供应链一体化服务商",宝供物流的服务品质得到一批全球 500 强企业、国内大中型制造及商贸企业的认可,宝供物流与联合利华、宝洁、强生、庄臣、玫琳凯、三星、飞利浦、美孚、阿克苏诺贝尔、中石油、吉利汽车、东鹏陶瓷等全球众多知名企业结成战略联盟,创造供应链价值。宝供物流的发展历程反映了第三方物流企业的发展轨迹,也折射了我国物流从无到有、从有到强的发展历史;宝供对信息技术的利用也反映了信息技术如何促进第三方物流的发展。

资料来源:《第三方物流企业发展的经济学分析——宝供物流企业集团案例》(csl. chinawuliu.com.cn/html/19886830.html),内容有改动。

■ 思考题:

1. 宝供物流如何从传统的仓储企业发展到第三方物流企业甚至第四方物流企业? 根据你的理解,解释"第三方物流"和"第四方物流"。
2. 根据宝供物流的发展历史,分析传统物流向现代物流转变的特点和必要性。
3. 你认为宝供物流的核心竞争力是什么?
4. 宝供物流以信息化发展闻名,请分析信息化对第三方物流企业的意义。

参 考 文 献

[1] Meixell M J, Norbis M. A Review of the Transportation Mode Choice and Carrier Selection Literature[J]. The International Journal of Logistics Management,2008,19(2):183-211.

[2] 陈荣秋,马士华.生产运作管理[M].4版.北京:机械工业出版社,2013.

[3] 丁俊发.改革开放40年中国物流业发展与展望[J].中国流通经济,2018(4):3-17.

[4] 何明珂.物流系统论[M].北京:高等教育出版社,2004.

[5] 胡建波.现代物流概论[M].北京:清华大学出版社,2018.

[6] 贾平.现代物流管理[M].2版.北京:清华大学出版社,2017.

[7] 李创,王丽萍.物流管理[M].2版.北京:清华大学出版社,2016.

[8] 李牧原.2022年上半年我国集装箱运输与多式联运运行情况分析[J].集装箱化,2022(8):1-5.

[9] 李松庆.第三方物流定义探讨[J].当代财经,2004(5):68-71.

[10] 刘玲燕.我国快递过度包装政府治理的困境及其对策研究[D].衡阳:南华大学,2019.

[11] 卢靖雯.集装箱码头装卸作业效率影响因素分析[J].珠江水运,2019(1):86-87.

[12] 骆温平.第三方物流:理论、操作与案例[M].上海:上海社会科学院出版社,2001.

[13] 吕晓飞,赵慧,张蓓.食品用塑料包装容器产品发展综述[J].标准科学,2019(2):91-94.

[14] 马士华,林勇.供应链管理[M].6版.北京:机械工业出版社,2020.

[15] 马欣然,巩伟,丁文赢.中欧班列开展集装箱液体集装袋运输的探讨[J].铁道货运,2021,39(12):15-19.

[16] 汝宜红,田源.物流学[M].3版.北京:高等教育出版社,2019.

[17] 申纲领,王永志.现代物流管理[M].2版.北京:北京大学出版社,2015.

[18] 施先亮.智慧物流与现代供应链[M].北京:机械工业出版社,2020.

[19] 宋莹.以绿色低碳循环发展为目标治理商品过度包装[J].轻工标准与质量,2022(5):10.

[20] 田肇云.现代物流管理[M].北京:机械工业出版社,2015.

[21] 王辉.物流学[M].北京:中国铁道出版社,2010.

[22] 王林,曾宇容.面向现代物流的物流企业信息化研究[J].科技管理研究,2005(5):41-43.

[23] 王淑云.物流外包的理论与应用[M].北京:人民交通出版社,2004.

[24] 王勇.物流管理概论[M].北京:机械工业出版社,2016.

[25] 王之泰.新编现代物流学[M].北京:首都经济贸易大学出版社,2008.

[26] 吴贵生,李纪珍,孙议政.技术创新网络和技术外包[J].科研管理,2000(4):33-43.

[27] 吴健.现代物流学[M].北京:北京大学出版社,2010.

[28] 肖婕.基于3D打印技术的中空包装容器的设计与研制——以冷冻饮品为例[J].包装技术,2020(1):62-67.

[29] 谢海泓.集装箱码头单船装卸作业成本优化研究[D].青岛:中国石油大学,2019.

[30] 徐寿波.大物流论[J].中国流通经济,2005(5):4-7.

[31] 许菱,熊能品,谭波.基于物流流通加工环节的农产品包装问题探究[J].物流科技,2016(10):20-23.

[32] 叶玉玲,刘锴,刘佳林.基于环境成本的公铁货物运输方式选择研究[J].华东交通大学学报,2022(5):70-77.

[33] 袁雪妃,尹爱光.浅议现代物流产业中流通加工职能的延伸[J].环渤海经济瞭望,2017(3):53-55.

[34] 张亮,李彩凤.物流学[M].2版.北京:电子工业出版社,2018.

[35] 张树山.物流信息技术与应用[M].北京:国防工业出版社,2006.

[36] 张余华.物流管理学[M].北京:高等教育出版社,2017.

[37] 郑凯,田源.物流学导论[M].北京:机械工业出版社,2022.

与本书配套的二维码资源使用说明

本书部分课程及与纸质教材配套数字资源以二维码链接的形式呈现。利用手机微信扫码成功后提示微信登录,授权后进入注册页面,填写注册信息。按照提示输入手机号码,点击获取手机验证码,稍等片刻就会收到4位数的验证码短信,在提示位置输入验证码成功后,再设置密码,选择相应专业,点击"立即注册",注册成功(若手机已经注册,则在"注册"页面底部选择"已有账号? 立即登录",进入"账号绑定"页面,直接输入手机号和密码登录)。接着按照提示输入学习码,须刮开教材封底防伪涂层,输入13位学习码(正版图书拥有的一次性使用学习码),输入正确后提示绑定成功,即可查看二维码数字资源。手机第一次登录查看资源成功以后,再次使用二维码资源时,在微信端扫码即可登录进入查看。